Joaquim Braga

Dies symbolische Prägnanz des Bildes

Reihe Philosophie

Band 39

Joaquim Braga

Die symbolische Prägnanz des Bildes

Zu einer Kritik des Bildbegriffs nach
der Philosophie Ernst Cassirers

Centaurus Verlag & Media UG

Zum Autor:
Joaquim Braga ist wissenschaftlicher Mitarbeiter an der Universität Coimbra, Portugal.

Bibliografische Information der Deutschen Nationalbibliothek
Die Deutsche Nationalbibliothek verzeichnet diese Publikation in der Deutschen Nationalbibliographie; detaillierte bibliographische Daten sind im Internet über http://dnb.d-nb.de abrufbar.

ISBN 978-3-86226-136-9   ISBN 978-3-86226-975-4 (eBook)
DOI 10.1007/978-3-86226-975-4

ISSN 0177-2783

Gedruckt auf säurefreiem und chlorfrei gebleichtem Papier.

Alle Rechte, insbesondere das Recht der Vervielfältigung und Verbreitung sowie der Übersetzung, vorbehalten. Kein Teil des Werkes darf in irgendeiner Form (durch Fotokopie, Mikrofilm oder ein anderes Verfahren) ohne schriftliche Genehmigung des Verlages reproduziert oder unter Verwendung elektronischer Systeme verarbeitet, vervielfältigt oder verbreitet werden.

© *CENTAURUS Verlag & Media KG, Freiburg 2012*
www.centaurus-verlag.de

Umschlaggestaltung: Jasmin Morgenthaler, Visuelle Kommunikation
Satz: Vorlage des Autors

DANKSAGUNG

An meinen Vater

Eine schriftlich vermittelte Geste der Dankbarkeit ist immer schwierig zum Ausdruck zu bringen. Trotzdem möchte ich, dass folgende Worte meine Gefühle und meinen Dank vermitteln. Mein besonderes Wort des Dankes geht vor allem an meinen Doktorvater Herrn Professor Doktor Oswald Schwemmer, der nicht nur die hilfreiche Unterstützung bei der Gliederung und Entwicklung dieser Dissertation gegeben hat, sondern auch immer mit seinen konstruktiven Kritiken und fachspezifischen Ratschlägen dazu beigetragen hat, dass ich in diesem Jahre meine philosophische Kenntnis auf eine neue Art und Weise des Denkens vertiefen und verbessern konnte. Daher widme ich ihm auch diese Reflexion. Ein großer Dank geht auch an Herrn Professor Doktor Christian Möckel, an Herrn Professor Doktor John Michael Krois und an meine Kollegen, die in den zahlreichen gemeinsamen Kolloquien viele Fragen für mein Forschungsprojekt ans Licht gebracht haben. Bedanken möchte ich mich auch bei meinem Freund, dem Maler Pedro Boese. Sein Werk und die Gespräche mit ihm über Malerei und Kunst waren immer eine außerordentliche Inspiration. An die portugiesische Institution *Fundação para a Ciência e a Tecnologia* richte ich meine sehr ausdrückliche Anerkennung und Dankbarkeit, da sie mich finanziell unterstützt hat und es ohne sie nicht möglich wäre meine Doktorarbeit an der Humboldt-Universität Berlin zu Ende zu bringen. Schließlich, aber nicht zuletzt, möchte ich mich bei meiner Freundin Joana Mota bedanken, denn sie hat immer dafür gesorgt, dass ich nicht den Blick zur Welt verloren habe.

INHALTSVERZEICHNIS

DANKSAGUNG 5
EINLEITUNG UND FRAGESTELLUNG 11

1 BILD UND PRÄSENZ
DAS KRITERIUM DER ADÄQUATION 21
1.1 Intuitive und symbolische Bildlichkeit 22
1.2 Wirklichkeitswahrnehmung und Bildwahrnehmung 27
1.3 Die Hauptmomente des Ähnlichkeitsprozesses 31
    1.3.1 Das Moment der Kongruenz 31
    1.3.2 Das Moment des Widerstreits 36
1.4 Präsenz, Transparenz, Bildbewusstsein 39
1.5 Schluss 43

2 BILD UND REPRÄSENTATION
DAS KRITERIUM DER DENOTATION 45
2.1 Der Primat der Referenz 46
2.2 Bezugnahme als Denotation 51
2.3 Fiktion als Nulldenotation 55
2.4 Die Umkehrung der Denotation: Kontext als Referenz 59
2.5 Schluss 65

3. BILD UND KULTUR
   DAS KRITERIUM DER ARTIKULATION 67
   3.1 Die Stellung des Bildes als Kulturmedium 68
   3.2 Die Frage nach der Artikulation 72
   3.3 Bildliche und diskursive Symbolkonfigurationen 80
   3.4 Die sinnliche Existenzform des Bildes 86
       3.4.1 Das Prinzip der Verkörperung 86
       3.4.2 Das Prinzip der Integration 91
   3.5 Schluss 91

4. ARTIKULATION UND SINN
   DER AUFBAU DES PRÄGNANZPROZESSES 97
   4.1 Die symbolische Begründung des Sehens 98
   4.2 Symbolische Prägnanz als Sinnerzeugungsprozess 106
   4.3 Die Modalisierung der Form 111
       4.3.1 Das *physiognomische* Formerlebnis 113
       4.3.2 Das *differenzierte* Formerlebnis 120
   4.4 Sinn und Konfiguration 126
   4.5 Schluss 133

5. PRÄGNANZ UND AUSDRUCK
   DIE TRANSFORMATION DER DYNAMIK DES GEFÜHLS 135
   5.1 Der Körper als Beispiel 136
   5.2 Gefühlsausdruck versus Bildbewusstsein – *erste Bemerkung* 142
   5.3 Korrespondenz und Identität 145
   5.4 Gefühlsausdruck versus Bildbewusstsein – *zweite Bemerkung* 155
   5.5 Immanenz und Dynamik 157
   5.6 Schluss 167

6 FORM UND DIFFERENZ
DIE INDIVIDUALITÄT DES BILDES ALS KUNSTWERK 169
6.1 Der Weg zum Bild. Die Bestimmung des Kunstästhetischen 170
6.2 Expressive Individualität 175
    6.2.1 Die Umdrehung der Prägnanzbildung 175
    6.2.2 Die malerische Hebung der Bildlichkeit 179
6.3 Physische Individualität 185
    6.3.1 Formschaffung als materielle Umformung 185
    6.3.2 Reproduzierbarkeit und Prägnanzverlust 190
6.4 Der Weg zur Wirklichkeit. Die Rekonfiguration des Außerbildlichen . 198
6.5 Schluss 205

KONKLUSION 207
BIBLIOGRAPHIE 211

EINLEITUNG UND FRAGESTELLUNG

Vor uns steht eine kleine Leinwand, die unsere Aufmerksamkeit jeden Augenblick überrascht. Ohne auf die Zeit zu achten, verlieren wir uns in einem bisher noch nicht in solcher Intensität erlebten, ungewöhnlichen Spiel von Farben, Licht, Punkten und Linien. Die Leinwand, die am Anfang nur ein kleiner Gegenstand im überdimensionierten Raum des Museums war, fängt durch unsere scharfe Beobachtung an, sich plötzlich langsam zu transformieren. Sie wird Bildwerk. Dank dieser Verwandlung sind wir auch jetzt etwas anderes geworden, nämlich Zuschauer eines echten Kunstwerks. Und die Distanz zwischen uns und dem Gemälde hat sich dermaßen verkleinert, dass wir den Eindruck haben, je mehr wir sehen, desto mehr fühlen wir uns innerhalb seines Farben- und Lichtspiels. Aber wir gehen nicht immer ins Kunstmuseum. Außerhalb seiner Räume und fast überall sind wir in unserem alltäglichen Leben mit verschiedenen Bildarten – und sogar größeren als unser kleines Gemälde – konfrontiert. Zahlreiche Zeitungs- und Zeitschriftenfotos, Werbungs- und Videobilder, Kino- und Internetbilder erzeugen das sogenannte „visuelle Zeitalter" (wie erklärungsbedürftig dieser Ausdruck ist, werden wir besonders am Ende unserer Untersuchung merken), aufgrund der gesteigerten kulturellen Tendenz, Informationen und menschliche Erfahrungen durch Bilder zu vermitteln. Eine theoretische Antwort auf diese Tendenz hat sich auch innerhalb der Reflexion über die Kulturmedien ziemlich verstärkt. Eine Textualität der Kultur und die Herrschaft eines diskursiven Denkens werden in vielen Wissenssystemen – sowohl in den Kulturwissenschaften als auch in den Naturwissenschaften – der gemeinsamen Idee einer unbegrenzten

Bildkultur in unseren Gesellschaften gegenübergestellt, die ihre eigenen Strukturen und Werte besitzt, die sich nicht nur auf linguistische Methoden reduzieren lassen. Das Bild wird Bildbegriff.

Anhand dieser sozusagen theoretischen Verwandlung kommt das Verhältnis von Bild und Kultur jedenfalls sehr deutlich zum Ausdruck; vor allem die Grundbedingung, dass beide notwendige Bausteine für die Problematik des Bildbegriffs sind. Allerdings ist manchmal die Auslegung eines solchen Verhältnisses unklar. Die gegebene Tatsache, dass es in unseren Kulturen verschiedene Bildarten gibt, führt sehr oft beispielsweise zu der Idee einer kulturellen Unbestimmtheit des Bildbegriffs, nämlich unter der Voraussetzung, dass die Wahrnehmung von Bildern, im Gegensatz zur Sprache, keine besondere kulturelle Differenz einschließt, weil das, was sie immer darstellen können, auch immer und auf die gleiche Art und Weise wahrgenommen werden kann. Ein Bild – wenn man eine solche Idee illustrieren will –, das einen bestimmten Gegenstand darstellt, bewirkt dasselbe invariable und transkulturelle Wahrnehmen wie zum Beispiel ein gespiegelter menschlicher Körper an einer Wasseroberfläche. (Diese Idee aber, wie wir sehen werden, scheint immer noch – mehr oder weniger explizit – ein Übergewicht in einigen Bildtheorien zu haben.)

Wir werden aber eine solche Lesart nicht vertreten. Stattdessen steht hier als grundlegende Frage vielmehr, inwiefern und unter welchen Bedingungen sich das Bild als kulturelles Symbol denken lässt, und wie sich sein symbolisches Spektrum mit den gesamten symbolischen Formen ins Verhältnis setzen lässt. Die Vorbereitung dieser Fragen wird hier aus diesem Grunde eine Zusammenkunft mit der Philosophie Ernst Cassirers voraussetzen. Cassirers kulturphilosophische Begründung des Symbolbegriffs an einer Wechselbeziehung von Wahrnehmungswelt und symbolischen Formen, von Sinnlichkeit und Bedeutung wird unser grundsätzlicher, theoretischer Ausgangspunkt sein.

Denn gemäß seiner Auffassung sind Kulturmedien als mehr als nur Vermittlungsinstanzen zu begreifen, weil menschliche Gebilde immer einen unabdingbaren Gliederungsprozess erfordern, der sie zuerst kulturell wahrnehmbar und übertragbar macht. Die dynamische Natur, die sie verbergen, ist nicht nur durch ihre vermittelten Inhalte gegeben, sondern sie steckt bereits in ihren sinnlichen Erscheinungsformen selbst. So verstanden, und was das Bild angeht, muss auf diese Weise das Verhältnis von Bild und Kultur in erster Linie auf die wesentlichen Symbolisierungsmodi, die ein solches Verhältnis ermöglichen, zurückgeführt werden. Diese Leitidee führt uns zu der ersten Hauptfrage unserer Reflexion, und zwar zu der notwendigen Voraussetzung eines kulturphilosophischen Kriteriums, mittels welchem wir das Bild als Kulturobjekt einführen wollten:

1. *Wie soll im Besonderen eine Philosophie der Kultur, zu der wir mit dieser Reflexion beitragen, die mannigfache Relation zwischen Bild und Symbolisierungsmodi begreifen? Eine kulturphilosophische Deutung des Bildbegriffs verlangt zu diesem Zweck ein theoretisches Kriterium, das in der Lage sei, aus den verschiedenen bildlichen Manifestationen unserer Kulturen gemeinsame Eigenschaften und kennzeichnende Unterschiede aufzufinden.*

Allgemeiner lässt sich sagen, dass in einer solchen dynamischen Wechselbeziehung untereinander – das heißt, zwischen Bild und kulturellen Formen – sich auch die wesentliche Frage nach dem Verhältnis von Sinnlichkeit und Bedeutung des Bildes befindet, nämlich den Bildungsformen seiner symbolischen Artikulation. Es wird notwendig zu analysieren und zu erklären, wie diese beiden Dimensionen (Sinnlichkeit und Bedeutung) in Beziehung zueinander gesetzt werden können. Und diese Analyse wird in der heutigen Bilddebatte nicht angetroffen. Betrachtet man genau die zwei Hauptrichtungen der bildtheoretischen Reflexion, wird man in der Regel eine ausgeprägte Divergenz finden wie Phänomenalität und Zeichenhaftigkeit zueinander stehen. Die Inkompatibilität zwischen der phänomenologischen Lehre der Bild-*Erscheinung* und der semiotischen Lehre der Bild-*Bedeutung* kündigt, ganz allgemein betrachtet, einen unvermeidlichen Gegensatz von Wahrnehmungs- und Zeichenformen an. Damit wird die Frage nach einer Integration beider auch keine Antwort ergeben. Dieser Unterschied lässt sich besser verstehen. Unter Rekurs auf ein angebliches mimetisches Zusammenfallen von Bild- und Wirklichkeitswahrnehmung wird die phänomenologische Lehre ihre Leitidee eines Primats der Wahrnehmung vor den Bedeutungsprozessen stellen. Eine semiotische Lesart des Bildbegriffs hingegen sieht in einer Denotationsbeziehung von Bild und Dargestelltem keine symmetrische Korrelation, sondern was die erste bestimmt, ist in erster Linie durch Konventionsnormen geregelt.

Es ist allerdings nicht unsere Absicht eine mögliche Kompatibilität beider Bildtheorien vorzuschlagen. Die bildtheoretische Spannung zwischen „Erscheinung" und „Bedeutung" könnte, wenn man so will, auch als Indiz dafür gelten, dass eine solche Spannung bereits ein eigenartiges Charakteristikum jeder Bilderfahrung ist. Und diese noch frühe Vermutung wird sich teilweise bestätigen und erklären, wenn wir mit Cassirer den Symbolisierungsprozess des Bildes genauer betrachten. Dennoch haben wir uns dann zu fragen, auf welche Weise sich das Moment des Erscheinens und das Moment des Bedeutens miteinander zusammenbinden lässt. Wenn unser kulturelles Denken immer noch durch die Sprache geprägt ist, was geschieht dann mit unserer Wahrnehmung? Ein Bild ist immerhin eine Erscheinung, die jedoch, und anders als unsere alltäglichen Gegenstände, etwas auch zugleich zur Erscheinung bringt. Dieses „Bringen" oder dieses „Sichtbarmachen" schließt einen wahrnehmungsgesteuerten Prozess ein; einen Prozess, in dem das Bild seine

bestimmte symbolische Konfiguration gewinnt und ebenfalls sich von anderen Bildarten unterscheidet. Beide Voraussetzungen lassen sich streng genommen in eine weitere Hauptfrage fassen:

2. Es ist vor allem unerlässlich begreiflich zu machen, wie Wahrnehmungs- und Symbolisierungsprozesse in Bezug zueinander gesetzt werden können. Die Frage ist nicht nur wie wir in der Lage sind ein Bild wahrzunehmen, sondern vielmehr, wie unsere Wahrnehmung in der Lage ist unterschiedliche Bildarten zu gliedern. Gibt es überhaupt einen allgemeinen Grundsatz, den eine solche Gliederung voraussetzen kann?

Diese zweite Hauptfrage erstreckt sich also auf eine kulturelle Artikulation und Integration von Wahrnehmungs- und Bedeutungsprozessen. Sie darf als theoretische Basis dafür gelten, dass der Symbolisierungsprozess – wie wir ihn von Anbeginn mit Cassirers Philosophie interpretieren wollen – sich immerzu aus einer unerlässlichen Zusammenwirkung beider bildet. Erst beide Momente zusammen konstituieren einen stabilen Ausgangspunkt für eine kulturphilosophische Deutung des Bildbegriffs. Denn es ist eine unbestreitbare Tatsache, dass Bilder wahrnehmbare sinnliche Konfigurationen sind, dass sie aufgrund ihrer Ausdrucksmöglichkeiten mannigfache sinnliche Gestalten sichtbar machen – und dies bildet sich immer auf der Grundlage einer beiliegenden Aktivität unseres sinnlichen Wahrnehmens. Andererseits ist es auch wahr, so müsste man folgern, dass das, was wir als Bild wahrnehmen, sich nicht auf seine reine Sichtbarkeit beschränkt, sondern ein Bild ermöglicht üblicherweise auch ein Interpretationsfeld von Bedeutungen, die sehr oft – wie zum Beispiel im Fall der nicht-künstlerischen Bilder – einer außerbildlichen oder sogar nicht-visuellen Natur angehören. In diesem Sinne gibt es keine bloße visuelle Identität zwischen Bild und Bedeutung. Eine bildliche

Darstellung einer menschlichen Figur kann zum Beispiel eine bestimmte Musiknote bezeichnen. Zahlreiche Assoziationen sind hier immer möglich. Für unsere Reflexion grundlegend sind aber nicht so sehr diese visuellen und nicht-visuellen Bedeutungsmöglichkeiten des Bildes, sondern unsere theoretische Zielrichtung liegt vielmehr darin, wie im bildlichen Symbolisierungsprozess Wahrnehmung und Bedeutung einander durchdringen, sich miteinander integrieren.

Ein weiterer Grund, der sich aus einer angeblichen Trennung von Erscheinung und Bedeutung ergibt, ist freilich die Frage, inwiefern sie den Weg frei lässt für eine Bestimmung des Bildbegriffs bezüglich der verschiedenen kulturellen Bildformen. Wenn das Moment des Sinnlichen und das Moment des Bedeutens sowohl in der phänomenologischen als auch in der semiotischen Bildtheorie abgesonderte Momente sind, was für ein Differenzierungskriterium folgt daraus, das wir auf die zahlreichen Bilder, die wir in unserem Alltag erfahren, anwenden können? Die Schwierigkeit liegt auf der Hand. Die Trennung beider Momente macht auch quasi die Fragestellung nach dem Sinn, nämlich dem kulturellen Verhältnis von Bild, Wahrnehmung und symbolischen Formen, undurchführbar. Wir haben aber oben schon erwähnt, dass jedes bildliche Sichtbarmachen einen wahrnehmungsgesteuerten Prozess einbezieht. Ein Prozess ist jedoch nicht ohne eine bestimmte Sinnrichtung vollziehbar und denkbar. So muss daher unsere dritte Hauptfrage lauten:

3. *Das Grundverhältnis von Bild und Wahrnehmung impliziert zugleich die verschiedenen kulturellen Artikulationsformen. Zwischen Bild und Wahrnehmung gibt es demzufolge die Mittelstellung des Sinns, das heißt, die Art und Weise wie sich Bild und Wahrnehmung in Bezug auf die Welt der symbolischen Formen miteinander verbinden. Das Spezifische an dieser Frage besteht also darin zu präzisieren, welche symbolische Dimensionen*

solche Verbindungen erschließt und ebenso, wie sich diese auf den Bildbegriff anwenden lassen.

Die Bildfrage als Sinnfrage eröffnet die Möglichkeit eines kritischen Horizonts des Bildbegriffs selbst. Eine Kritik des Bildbegriffs, wie wir sie verstehen wollen, muss sich auch mit einer Kritik unserer begrifflichen Sprache beschäftigen, insbesondere mit einer theoretischen Bestimmung des Worts „Bild". Und kaum ein anderes Wort unserer alltäglichen Sprache schwingt heutzutage so sehr zwischen Überschätzung und Unterschätzung wie „Bild". Eine negative Schätzung wie diejenige, die die Bilder mit einer „Ästhetisierung" oder „Entmaterialisierung" der Wirklichkeit oder sogar mit einem „Machtverlust des Worts" verknüpft, hat sich quasi überall stark etabliert, was üblicherweise auch dazu führt, dass eine gewisse Ikonophobie und Ikonoklastie zum Ausdruck kommt. Diese Ambivalenz stellt uns vor ein philosophisches Problem, das einer durchsichtigen Antwort bedarf, hauptsächlich einer Klärung, wie die Bildfrage, als Sinnfrage verstanden, gleichzeitig als Prüfstein für die Erläuterung des Bildbegriffs bezüglich der eigenen Konfigurationsdynamik der kulturellen symbolischen Formen dienen könnte. Wollen wir dieses Problem mit einer doppelseitigen Fragestellung aufstellen, so würde sie grundsätzlich lauten: Inwieweit ist der bildliche Symbolisierungsprozess nur ein rein visuelles Geschehen und Erlebnis? Und damit, inwiefern ist die Bildfrage nur eine bildtheoretische Frage?

Wenn es zutrifft, dass – wie wir vorher kurz beschrieben haben – ein Bild eine sinnliche Konfiguration ist, die das Moment seines Erscheinens immer voraussetzt, dann ist es auch wahr, dass das Moment seines Bedeutens nicht immer eine visuelle Identität zwischen Erscheinung und Symbolisiertem verbirgt. Es gibt natürlich noch weitere Aspekte darüber, die unsere Aufmerksamkeit verdienen werden. Gerade jene offene Spannung von Erscheinung und Bedeutung aber zeigt sich bereits als Möglichkeit einer normativen Bestimmung des Bildbegriffs. Das kulturphilosophische Kriterium, das wir hier nach Cassirer ausarbeiten werden, soll uns gleichzeitig auf diese Weise dienen, um in Verbindung mit der Frage nach der Normativität des Bildbegriffs zu bringen. Sie ist kategorisch darauf angewiesen, sich aus der Wechselbeziehung von Bild und symbolischen Formen zu ergeben. Würde eine Trennung voneinander plausibel und vertretbar sein, würde es auch von da an, so weit es mir scheint, keine mögliche Annäherung an einen normativen Bildbegriff geben. Darum soll denn unsere vierte und letzte Hauptfrage die folgende Sichtweise einbeziehen:

4. *Aus den Fragen (1), (2) und (3) ergibt sich die theoretische Hauptfrage nach einer normativen Bestimmung des Bildbegriffs selbst. Oder so formuliert: zeigen sich in den verschiedenen Sinnrichtungen des bildlichen Symbolisierungsprozesses bestimmte Unterscheidungszeichen für eine Reformulierung des Bildbegriffs? Und wenn ja, welche symbolischen Formen könnten als Paradigma für eine solche Bestimmung gelten?*

Während also die ersten drei Fragen mit dem Prozess von Bild, Wahrnehmung und symbolischen Formen zu tun haben, ist die vierte Frage vornehmlich an die *Differenz* gebunden, – das heißt, die Individualität des Bildes als kulturelles Medium, die ein solcher Prozess zum Ausdruck bringt. Obwohl wir diese Hauptfrage als letzte aufstellen, ist sie doch von Anbeginn an mit unseren drei Hauptfragen eng verbunden. Genauer betrachtet, so möchten wir an dieser Stelle betonen, dass bereits die drei ersten Hauptfragen das Antwortkriterium ebenso wie das Gliederungskriterium bilden um die vierte Frage ins Spiel zu bringen.

In den folgenden Kapiteln werden die von uns eingeführten vier theoretischen Hauptfragen präsentiert, und in Bezug auf den Bildbegriff dargelegt. Mit Cassirer als Referenzautor wollen wir vor allem eine grundlegende Basis im Umgang mit den symbolischen Dimensionen des Bildes erwerben, die sich, obschon er in seinem Werk keine systematische Auslegung des Bildbegriffs entwickelt hat, trotzdem in seiner gesamten Philosophie immer wieder mit bestimmten bedeutungsvollen Betrachtungen und Darlegungen für unser Thema zeigen. Unsere erste Herausforderung liegt genau darin, das heißt, in der Aufgabe die Betrachtungen und Darlegungen in einem Brennpunkt zusammen zu bringen. Obwohl die Inhalte, die wir aus seiner Philosophie in unsere Reflexion integrieren und analysieren werden, insbesondere im dritten Kapitel eintreten, enthalten bereits das erste und das zweite Kapitel eine gemeinsame Lesart, welche dem kritischen Horizont von Cassirers Philosophie entspricht.

1

BILD UND PRÄSENZ

DAS KRITERIUM DER ADÄQUATION

Der Begriff der Präsenz erscheint seit Edmund Husserls phänomenologischer Methode als theoretischer Mittelpunkt und Leitmotiv einer philosophischen Analyse des Bildes. Der Hauptgrund dafür findet sich vornehmlich im Versuch die reine Sichtbarkeit des Bildes gegen ein Vorverständnis ihrer symbolischen Bedeutung zu bestimmen. Die Grundzüge einer solchen bedeutungsfreien Bildlichkeit schließt die Rolle der Wahrnehmung im direkten Zusammenhang mit der Intentionalität des Bildbewusstseins ein. In seiner Auseinandersetzung mit dem Bildbegriff hat Husserl besonders zu deuten versucht, inwieweit sich eine Bildwahrnehmung von einer alltäglichen gegenständlichen Wahrnehmung differenzieren lässt. Er sucht nicht den Sinn der kulturellen Gliederung des Wahrnehmungsprozesses, sondern er sucht den Sinn des Bildes verständlich zu machen, indem er die reine Eigenart des Bildphänomens als eine besondere Form der menschlichen Vorstellung begreift. Dank diesem theoretischen Ausgangspunkt scheint dann der Husserlsche Bildbegriff an eine Art Spannung zwischen Imagination und Wirklichkeit, Bewusstsein und Wahrnehmung gebunden zu sein. Damit hängt eng zusammen, dass Husserls phänomenologische Reduktion bereits eine derartige Spannung impliziert. Wir möchten aber diese Sichtweise nicht direkt bewerten. Unser Interesse liegt vielmehr bei den entscheidenden Momenten, die eine reine phänomenologische Beschreibung des Bildes begründen. Wir werden in diesem

Kapitel die angebliche reine Sichtbarkeit des Bildes auslegen und die Rolle, die die symbolische Dimension des Bildes innerhalb der Husserlschen Phänomenologie spielt, in Frage stellen. Was eindeutig geklärt werden muss, hat mit den folgenden zwei Hauptfragen zu tun. *Erstens*: welche Momente bilden überhaupt eine reine phänomenologische Analyse des Bildbegriffs; *Zweitens*: welche Antwort können sie auf die Frage nach der symbolischen Dimension des Bildes geben. Diese letztere Frage lässt sich, wie wir sehen werden, in Bezug auf den Husserlschen Begriff der Adäquation deuten. Wichtig ist jedoch nicht nur die Spezifikation dieser Fragen, sondern vor allem die Auseinandersetzung die der Adäquationsbegriff erlaubt. Dies soll als Orientierungspunkt in diesem Kapitel dienen.

1.1 Intuitive und symbolische Bildlichkeit

Die „Einklammerung" der Kulturwelt, das Vorwissen über unser menschliches Leben in Klammern gesetzt – die Ausschaltungsmethode der Husserlschen *Epoché* –, ist ein Hauptmoment der phänomenologischen Reduktion. Die Epoché jedoch bedeutet keine Negation der Kulturwelt, der sozialen Intersubjektivität und damit des Kulturobjekts, sondern sie bezeichnet vielmehr den theoretischen Weg zu einer reinen phänomenologischen Analyse des Bewusstseinserlebnis beziehungsweise des Bewusstseinsaktes der Wahrnehmung.[1] Bilder sowie andere Kulturobjekte (Werkzeuge, Möbel, Häuser und so weiter), so erkennt auch Husserl an, „werden von uns ganz unmittelbar als geistig bedeutsame Dinge erfahren; sie werden nicht als bloß physische gesehen, sondern in ihrer sinnlich erfahrenen Gestalt, in ihrer räumlichen Form

---

[1] Vgl. Husserl, Edmund, *Phänomenologische Psychologie*, Hrsg. und eingeleitet von Dieter Lohmar, Text nach Husserliana, Band IX, Hamburg, Felix Meiner Verlag, 2003, S. 110-118.

und jeder Windung dieser Form, in ihren sonstigen sinnlichen Zügen drückt sich ein geistiger Sinn aus."[2] Dieser Sinn, wie Husserl weiter bemerkt, ist keine externe Assoziation, keine zufällige Verkörperung, sondern er ist „innerlich eingeschmolzen als darinliegender, darin ausgedrückter – wir können auch sagen ‚eingedrückter' – Sinn."[3] Die Reduktion, die eine phänomenologische Methode voraussetzt, will zuerst „das äußere Wahrnehmen als Erlebnis" eines „reinen subjektiven Leben" analysieren.[4] Deswegen muss sie – die Reduktion - „jede Wahrnehmungssetzung des Objekts" vermeiden.[5] Was hier vielmehr zählt ist die Voraussetzung einer „natürlichen Einstellung der Wahrnehmung"[6] – das heißt, einer Wahrnehmung die keinen Sinn außer sich selbst enthüllt. Obwohl Husserl aber den Status des Bildes als Kulturobjekt anerkennt, will er das Bild als kulturfreies Objekt, als rein intentionales Bewusstseinerlebnis analysieren. Diese Idee, die der Theorie der phänomenologischen Reduktion entspricht, ergibt sich aus einer Betrachtung des Kulturobjekts als Erfahrungswelt, die nur einen „unvollkommenen", einen „angedeuteten Sinn" erfasst.[7] Husserl will dann das Bild von diesem kulturellen, intersubjektiven geistigen Sinn befreien.

Solch ein Entwurf einer reinen Phänomenologie der Erkenntnis ist in vielen Punkten mit Immanuel Kants Transzendentaltheorie der reinen Formen der Erkenntnis vergleichbar. In dem von Husserls gebrauchten Gegensatz von symbolischer und intuitiver Bildlichkeit findet man aber Beispiele unterschiedlicher theoretischer Richtungen. Während Kant die Sphäre des Symbo-

---

[2] Ebd., S. 111.
[3] Ebd., S. 112.
[4] Ebd., S. 190.
[5] Ebd., S. 188.
[6] Ebd., S. 189.
[7] Ebd., S. 113.

lischen als Bestandteil der „intuitiven Vorstellungsart"[8] versteht, und damit keine feste Trennung von beiden voraussetzt, folgt Husserl einer anderen Richtung, nämlich der leibnizschen Auffassung von „symbolischer" und „intuitiver" Erkenntnis. Diese letztere – also die intuitive Erkenntnis – ist nach Gottfried Wilhelm Leibniz die vollkommenste Form aller Erkenntnisarten.[9] Husserl übernimmt diese leibnizsche Symbolauffassung und unterscheidet die Bildphänomene nach innerer – *immanenter* – und äußerer – *symbolischer* – Bildlichkeit:

„Ein Bild kann innerlich repräsentativ fungieren in der Weise immanenter Bildlichkeit; ein Bild kann äusserlich repräsentativ fungieren, in einer Weise, die im wesentlichen dem Bewusstsein symbolischer Repräsentation gleichkommt. Z. B. kann ein Holzschnitt der Raffaelschen Madonna uns erinnern an das Original, das wir in der Dresdener Galerie gesehen haben."[10]

So gesehen ist die immanente oder intuitive Bildlichkeit das originäre – symbolfreie – Gegebensein einer bildlichen Darstellung, ein Gegebensein das sich ohne irgendwelche Symbolvermittlung erfüllt. So könnte man auch sagen, es ist die Sphäre der reinen Sichtbarkeit überhaupt.[11] Die symbolische Bildlichkeit hingegen hat vor allem keinen echten ursprünglichen Bildcharakter, weil sie aufgrund ihrer außerbildlichen Verweisungsmodi auch keine sinnfreie

---

[8] Kant, Immanuel, *Kritik der Urteilskraft*, Hrsg. von Wilhelm Weischedel, Frankfurt am Main, Suhrkamp Verlag, 1974, §59, S. 295.
[9] „Die Erkenntnis ist entweder *dunkel* oder *klar* und die klare Erkenntnis wiederum entweder *verworren* oder *deutlich*, die deutliche Erkenntnis aber entweder *inadaequat* oder *adaequat* und gleichfalls entweder *symbolisch* oder *intuitiv*; wenn aber die Erkenntnis zugleich adaequat und intuitiv ist, so ist sie am vollkommensten." Leibniz, Gottfried Wilhelm, *Meditationes de Cognitione, Veritate et Ideis/Betrachtungen über die Erkenntnis, die Wahrheit und die Ideen*, In: *Opuscules Methaphysiques/Kleine Schriften zur Metaphysik*, Hrsg. und Übers. von Hans Heinz Holz, Darmstadt, Wissenschaftliche Buchgesellschaft, 1985, S. 25-47, S. 33.
[10] Husserl, Edmund, *Phantasie und Bildbewußtsein*, Hrsg. und eingeleitet von Eduard Marbach, Text nach Husserliana, Band XXIII, Hamburg, Felix Meiner Verlag, 2006, S. 37.
[11] Vgl. dazu Husserl, Edmund, *Ideen zu einer reiner Phänomenologie und phänomenologischen Philosophie: allgemeine Einführung in die reine Phänomenologie*, Tübingen, Max Niemeyer Verlag, 6. Aufl., 2002, S. 79.

Unmittelbarkeit besitzt.[12] Oder, wie Husserl auch formuliert hat: „Die symbolisierende Funktion ist eine äußerlich vorstellende, die bildliche eine innerlich darstellende, ins Bild die Sache hineinschauende."[13]

Für Husserl ist es genau diese immanente Bildlichkeit, die das Bild als ästhetisches Kunstwerk grundsätzlich konstituiert. Denn nach seiner Auffassung ist Immanenz immer mit einem „intuitiven Bildbewusstsein" verknüpft, das als solches zum Wesen jeder „ästhetischen Bildbetrachtung" gehört.[14] Dieser Gegensatz zwischen symbolischer und intuitiver Bildlichkeit ergibt sich aber aus einer ontologischen Trennung von Präsenz und Repräsentation, nämlich aus einer *Adäquatheit* oder *Inadäquatheit* untereinander. Husserl sieht in jeder immanenten Wahrnehmung eine Adäquatheit zwischen der Präsenz eines Inhalts und seiner eigenen Darstellung – das heißt, ein solcher Inhalt „bedeutet nichts anderes, er steht für sich selbst." Denn die Selbständigkeit eines wahrgenommenen immanenten Inhalts bedeutet in erster Linie, dass sich seine Bedeutung durch und durch vollkommen erfüllt, dass in ihm „kein Rest von Intention übrig ist, der erst nach Erfüllung langen müsste." Daher gilt Adäquation als vollkommene Bedingung einer bestimmten Erscheinung, „die in jeder Hinsicht absolut gesättigt ist und ihren Gegenstand in adäquater

---

[12] Insbesonders Hans-Georg Gadamer hat diese Idee weiter entwickelt und nach seiner Auffassung ist ein Bild weder ein Zeichen noch ein Symbol. Für ihn repräsentiert ein Zeichen etwas (*Y steht für X*); und ein Symbol vertritt etwas (*Y ersetzt X*). Während Zeichen und Symbole einen ursprünglichen „Funktionssinn" oder eine „Zeichennahme" besitzen – nach Gadamers Ausdruck, ihre „Stiftung" –, besitzen Bilder dagegen keine echte Zeichenbestimmung, sondern sie stehen immer in einer neutralen Stellung – das heißt, sie stehen „in der Tat zwischen dem Zeichen und dem Symbol." Das bedeutet aber nicht, dass das Bild keine Repräsentation braucht. „Das Bild dagegen repräsentiert zwar auch", wie er anerkennt, „aber durch sich selbst, durch das Mehr an Bedeutung, das es darbringt. Das aber bedeutet, daß in ihm das Repräsentierte – das ›Urbild‹ – mehr da ist, eigentlicher, so, wie es wahrhaft ist." Gadamer, Hans-Georg, *Wahrheit und Methode. Grundzüge einer philosophischen Hermeneutik*, Tübingen, J. C. B. Mohr (Paul Siebeck), 6. Aufl., 1990, S. 159-160. So hat diese Form von Repräsentation – wie übrigens bei Husserl – auch eine Art adäquat intuitiven Charakter. Denn sie ergibt sich aus einer ununterbrochenen Adäquation zwischen Bild und Sinn, die als solche von Gadamer dagegen in dem Wesen des Symbols anerkennt, kein Spannungsverhältnis untereinander erlaubt. Ebd., S. 83.
[13] Husserl, Edmund, *Phantasie und Bildbewußtsein*, A.a.O., S. 84.
[14] Ebd., S. 38.

Weise zeigt, wie er in sich selbst ist."[15] Daraus geht hervor, dass ein Bild keine symbolische Gliederung braucht, weil es immer ein direktes Ergebnis einer reinen intuitiven Vorstellung bleibt. Oder wie Husserl auch formuliert hat:

„Wenn wir ein gutes farbiges Bild sehen, so können wir uns so hineinsehen und so im perzeptiv Dargestellten leben, dass wir in gar keinem symbolisierenden Bewusstsein mehr leben, von keinem berührt werden. Es braucht überhaupt nicht dazusein."[16]

Eine immanente adäquate Wahrnehmung bedeutet daher eine untrennbare Einheit, eine absolute Übereinstimmung von Wahrnehmung und Wahrgenommenen – also keine faktische Einheit, sondern eine originäre und invariante Einheit. „In jeder adäquaten Wahrnehmung", wie Husserl betont, „ist aber das Wahrgenommene apodiktisch gewiß."[17] Ganz im Gegenteil geschieht dies aber bei einer „inadäquaten Wahrnehmung". Hier wird sich die Intentionalität der Wahrnehmung vor der Präsenz eines sinnlichen Inhalts nicht vollkommen auflösen. Husserl argumentiert für eine solche Inadäquatheit, oder anders formuliert, eine solche Nicht-Absolut-Erfüllung mit der Idee einer „Transzendenz", die einen symbolischen Inhalt von Anfang an durchdringt. „Der Inhalt repräsentiert, was in ihm selbst nicht liegt"[18] und damit ist implizit gemeint, dass er auch keine eindeutige Bedeutung gewinnen wird.[19]

---

[15] Husserl, Edmund, *Ding und Raum: Vorlesungen 1907*, Hrsg. von Karl-Heinz Hahnengress und Smail Rapic, Mit einer Einl. von Smail Rapic, Text nach Husserliana, Band XVI, Hamburg, Felix Meiner Verlag, 1991, S. 116.
[16] Husserl, Edmund, *Phantasie und Bildbewußtsein*, A.a.O., S. 175.
[17] Husserl, Edmund, *Phänomenologische Psychologie*, A.a.O., S. 186-187.
[18] Husserl, Edmund, *Logische Untersuchungen*, Bd. 2, Teil 2: *Elemente einer phänomenologischen Aufklärung der Erkenntnis*, Tübingen, Max Niemeyer Verlag, 1993, S. 239-240.
[19] Diese Inadäquatheit, die die symbolischen Bilder nach Husserls Meinung überhaupt charakterisiert, kommt schon bei Georg Wilhelm Friedrich Hegels Auffassung des Symbolbegriffs und seiner Stellung in der Entwicklung der Idee des Ästhetischen in der Kunst vor. Für Hegel ist die Bedeutung eines Symbols „wesentlich zweideutig", weil sie nicht vollkommen ausgedrückt ist.

Unter welchen theoretischen Voraussetzungen aber begründet Husserl die Idee einer intuitiven und adäquaten Bildwahrnehmung? Und welche Wirkungen haben sie überhaupt für den Bildbegriff?

1.2 Wirklichkeitswahrnehmung und Bildwahrnehmung

Edmund Husserls bildtheoretischer Ansatz privilegiert vornehmlich das phänomenologische Verhältnis von *Bild und Wirklichkeit*. Der Hauptpunkt in diesem Verhältnis bringt nicht nur die Vermittlungsinstanz des Bildes und ein entsprechendes Bildbewusstsein zum Ausdruck, sondern er bezeichnet auch gleichzeitig einen Kernpunkt der von Husserl entwickelten Methode der phänomenologischen Reduktion. Das Bild[20] scheint bei ihm – und vielleicht ist das ein plausibler Grund warum er sich mit der Bildfrage so beschäftigt hat – eine wichtige Frage aufzuwerfen, nämlich die Frage nach dem Verhältnis von *Faktum* und *Fiktum*. Damit will Husserl nicht einfach das Wesen von Wirklichkeits- und Bildwahrnehmung untersuchen, sondern er sucht vielmehr in jeder Bilderfahrung nach ihrer „Durchdringung", ihrer intentionalen Wechselbestimmung.

Husserls Bildphänomenologie ist gewissermaßen eine Inversion des Modells einer Theorie der *Wirklichkeitswahrnehmung*: das Objekt im Bilde steht im Gegensatz zum Objekt in der Wirklichkeit. Aufgrund dieser Tatsa-

---

Hegel, G. W. F., *Vorlesungen über die Philosophie der Kunst*, Hrsg. von Annemarie Gethmann-Siefert, Hamburg, Felix Meiner Verlag, 2003, S. 119. Wie er auch an anderer Stelle ausdrücklich formuliert: „Dieser Ausdruck, dies sinnliche Ding oder Bild stellt dann so wenig sich selber vor, daß es vielmehr einen ihm fremden Inhalt, mit dem es in gar keiner eigentümlichen Gemeinschaft zu stehen braucht, vor die Vorstellung bringt." Hegel, G. W. F., *Vorlesungen über die Ästhetik*, In: *Ästhetik*, Band I, Hrsg. von Friedrich Bassenge, Berlin und Weimar, Aufbau-Verlag, 3. Aufl., 1976, S. 299.

[20] Eine zweite Bedeutung des Terminus „Bild" findet sich auch bei Husserl, nämlich um die Vorstellungen der Phantasie zu begreifen – Bilder also, die keine materielle Existenzform besitzen.

che, dieser Umkehrung ist die *Bildwahrnehmung* eine Art Gegen-Wahrnehmung, eine Wahrnehmung, die den dargestellten Gegenstand ohne seine ursprüngliche Art und Weise des Gegebenseins kondensiert. Damit ist auch gemeint: es gibt bei Husserls Bildphänomenologie einen gewissen Primat der Welt der Wahrnehmung über die der Imagination; die Bildwahrnehmung vollzieht sich vor allem im Medium einer Synthesisleistung des Bewusstseins, die als Hintergrund immer eine Spannung von Wirklich und Unwirklich voraussetzt. Bereits die triadische Teilung des Bildbegriffs bei Husserl enthüllt die Notwendigkeit einer solchen Wechselbestimmung von Wahrnehmung und Bewusstsein. Husserl hat den Bildbegriff in drei unterschiedliche Ebenen gegliedert: er bezeichnet die physische Existenz des Bildes als *Bildding* (Bildträger als zum Beispiel Leinwand); die wahrgenommene Erscheinung die von einem Bildträger vermittelt wird nennt er *Bildobjekt* (die Szene oder das Motiv eines Bildes); und unter dem Ausdruck *Bildsujet* versteht Husserl „das repräsentierte oder abgebildete Objekt"[21] einer bildlichen Darstellung, oder anders gesagt, die externe Referenz – real oder imaginär – eines Bildobjekts.[22]

Der Prozess der Bildbetrachtung erfüllt sich dann, wenn das Bildding zum Bildobjekt wird – das heißt, wenn die piktorischen Eigenschaften der Leinwand einer Darstellungsform entsprechen; dies geschieht aber nur wenn durch

---

[21] Husserl, Edmund, *Phantasie und Bildbewußtsein*, A.a.O., S. 21.
[22] Eugen Fink, in der Tradition von Husserls Phänomenologie des Bildes, bezeichnet die Einheit von Bildträger und Bildwelt (Bildobjekt und Bildsujet) als *Bildfaktum*. Ein Bild, so Fink, ist „das einheitliche, sinnzusammengehörige Ganze von realem Träger und von ihm getragener Bildwelt. Es ist widersinnig und heißt die Intentionalität des Bildbewußtseins von Grund aus mißverstehen, die mögliche Sonderexistenz der Bildwelt anzunehmen. Sie ist immer und wesensmäßig zusammen mit einem realen Träger." Und er fügt hinzu: „Unter Träger verstehen wir – ganz roh gesprochen – das, was an einem Bilde real, schlichte Wirklichkeit ist: die Leinwand, auf die die ‚Landschaft' dargestellt ist, das Wasser, in welchem sich der Baum spiegelt usw. (...) ‚Bildwelt' nennen wir die im Bilde dargestellte ‚Unwirklichkeit'. Das Zusammen von wirklichem Träger und unwirklicher Bildwelt macht erst das konkrete Bildfaktum aus." Fink, Eugen, *Studien zur Phänomenologie 1930-1939*, Den Haag, Martinus Nijhoff, 1966, S. 74.

das Bildobjekt ein Bildsujet gleichzeitig zum Ausdruck kommt. Diese letzte Verbindung zwischen Bildobjekt und Bildsujet ist nach Husserls Auffassung nur möglich durch eine Ähnlichkeitsbeziehung: der Bildprozess ist ein Ähnlichkeitsprozess. Dass der erscheinende Gegenstand des Bildobjekts einen realen oder imaginären Bezug aufweist, bedeutet nicht, dass er ein unterschiedliches bildliches Referenzverhältnis voraussetzt. Bei Husserl – wie übrigens zum Beispiel bei Hermann von Helmholtz – wird dieses Verhältnis anstatt einer *Zeichenbeziehung* als *Ähnlichkeitsbeziehung* bezeichnet:

„Das Zeichen hat mit dem Bezeichneten inhaltlich zumeist nichts gemein, es kann ihm Heterogenes ebensowohl bezeichnen, als ihm Homogenes. Das Bild hingegen bezieht sich auf die Sache durch Ähnlichkeit, und fehlt sie, so ist auch von einem Bilde nicht mehr die Rede."[23]

Diese Formulierung von Husserl findet sich auch bei Ludwig Wittgenstein. Ein Bild schliesst immer eine Ähnlichkeitsbeziehung, oder wie er auch formuliert, „in Bild und Abgebildetem muß etwas identisch sein, damit das eine überhaupt ein Bild des anderen sein kann."[24] Daraus lässt sich schließen, dass

---

[23] Husserl, Edmund, *Logische Untersuchungen*, Bd. 2, Teil 2: *Elemente einer phänomenologischen Aufklärung der Erkenntnis*, A.a.O., S. 54. Dieser Gedanke findet sich auch schon bei Helmholtz in gleicher Weise formuliert. Er sieht die Bilder in „einer Art der Gleichheit mit dem abgebildeten Gegenstande"; das Zeichen hingegen „braucht gar keine Art der Aehnlichkeit mit dem zu haben, dessen Zeichen es ist. Die Beziehung zwischen beiden beschränkt sich darauf, dass das gleiche Object, unter gleichen Umständen zur Einwirkung kommend, das gleiche Zeichen hervorruft, und dass also ungleiche Zeichen immer ungleicher Einwirkung entsprechen." Helmholtz, Hermann von, *Die Thatsachen in der Wahrnehmung*, in: *Vorträge und Reden von Hermann von Helmholtz*, 2. Band, Braunschweig, Verlag von Friedrich Vieweg und Sohn, 5. Aufl., 1903, S. 213-247, S. 222. Husserl sieht auch in eigenen Fälle die Ähnlichkeit als Beziehung zwischen Zeichen und Bezeichnetem eintreten. Diese Art „Zeichenähnlichkeit" aber impliziert nach Husserls Meinung keine Bildvorstellung. So Husserl: „Denn auch das Zeichen kann dem Bezeichneten ähnlich sein, ja vollkommen ähnlich. Die Zeichenvorstellung wird dadurch aber nicht zur Bildvorstellung. Die Photographie des Zeichens *A* fassen wir ohne weiteres als Bild dieses Zeichens auf. Gebrauchen wir aber das Zeichen *A* als Zeichen für das Zeichen *A*, wie wenn wir schreiben: *A ist ein römisches Schriftzeichen*, so fassen wir *A* trotz bildmäßiger Ähnlichkeit nicht als Bild, sondern eben als Zeichen." Husserl, Edmund, *op. cit.*, S. 54-55.
[24] Wittgenstein, Ludwig, *Logisch-philosophische Abhandlung/Tractatus logico-philosophicus*, Frankfurt am Main, Suhrkamp Verlag, 2003, 2.161, S. 15.

das Bildobjekt immer eine *Mittelstellung* zwischen Bildding und Bildsujet einnimmt. Als endgültiges Ergebnis eines Ähnlichkeitsprozesses und der damit verknüpften Synthesis des Bildbewusstseins ist es (das Bildobjekt) auch alles was wir am Ende wahrnehmen können.

Die Repräsentation ergibt sich nur durch eine unmittelbare Verweisung auf ein symmetrisches Verhältnis von Bild und abgebildetem Gegenstand. Im Bildobjekt verbildlicht sich das Bildsujet selbst – oder es macht sich sichtbar –, das heißt, das Gemeinte einer Darstellung wird sichtbar: „In das Bild schauen wir den gemeinten Gegenstand hinein, oder aus ihm schaut er ‹zu› uns her."[25] Aus dieser Fundierung, aus dieser Koexistenz von Bildobjekt und Bildsujet – was eine gewisse Vorkenntnis des abgebildeten Gegenstands voraussetzt, unabhängig davon ob dieser eine reale Existenz hat oder nicht – resultiert der Ähnlichkeitsprozess des Bildes. Der Repräsentationsbegriff wird daher im Verlauf des Ähnlichkeitsverhältnisses des Repräsentierenden mit dem Repräsentierten seine Begründung finden. Denn die Repräsentation vollzieht sich nur in den konstitutiven Momenten des Ähnlichkeitsprozesses; und dieser ergibt sich bei Husserl aus zwei unterschiedlichen Hauptmomenten: 1) das Moment eines *symmetrischen* Verhältnis von Bildobjekt und Bildsujet; und 2) das Moment eines *asymmetrischen* Verhältnis zueinander. Fangen wir also mit der Analyse des ersten Moments an.

---

[25] Husserl, Edmund, *Phantasie und Bildbewußtsein*, A.a.O., S. 32.

1.3 Die Hauptmomente des Ähnlichkeitsprozesses

1.3.1 Das Moment der Kongruenz

Die Konstitution des Bildobjekts gilt bei Husserl als dasjenige Moment des Ähnlichkeitsprozesses, in dem sich vor allem eine vorgestellte Vergegenwärtigung des abgebildeten Gegenstandes erfüllt: das Bildobjekt vergegenwärtigt das Bildsujet. Ohne diese Vergegenwärtigung oder Verbildlichung eines *Nicht-Jetzt im Jetzt* „haben wir ja kein Bild."[26] Aus der Annahme, dass ein Bild immer noch ein ähnliches Sujet impliziert, wie wir vorhin gesehen haben, ergibt sich dann der Imperativ einer Art Durchdringung von Bildobjekt und Bildsujet, oder wenn man so will, eine Indifferenz von Bild und Abgebildetem. Nur unter dieser Voraussetzung kann nämlich plausibel gemacht werden, warum die Ähnlichkeit die Hauptstruktur der Bildlichkeit und des Bildbewusstseins ist, warum die Repräsentation immer mit einem Kongruenzverhältnis von Bild- und Wirklichkeitswahrnehmung anfängt.

Beide Fragen greifen ineinander. Das verbindende Merkmal zwischen Ähnlichkeit und Repräsentation schließt nach Husserls Bildphänomenologie das Moment einer Übereinstimmung ein, einer „Deckung"[27] von Bildobjekt und Bildsujet. Dabei ist zu beachten, dass eine solche Deckung nicht unbedingt in Form einer sukzessiven Abfolge gegeben ist, sondern sie wird vielmehr nur in einem einzigen Akt der Bildwahrnehmung kondensiert. Das Bildsujet – wie zum Beispiel eine wirkliche Landschaft – „erscheint nicht als ein zweites neben der Bildlandschaft"[28]; die Landschaft als Bildsujet erscheint in einer vollkommenen oder immanenten Übereinstimmung mit dem Bildobjekt.

---

[26] Ebd., S. 33.
[27] Ebd.
[28] Ebd., S. 31.

Diese Immanenz durch Ähnlichkeit – *adaequatio imaginis ad rem* – bedeutet hierbei zugleich, dass das Bildsujet ein Primat über das Bildobjekt darstellt. Folgendes Zitat kann diese Formulierung verdeutlichen:

„Das Veranschaulichen im Bild, das im Bilderscheinen das Bewusstsein vom Bildsujet hat, ist nicht ein beliebiger Charakter, der dem Bild anhaftet; sondern die Anschauung vom Bildobjekt weckt eben ein neues Bewusstsein, eine Vorstellung von einem neuen Objekte, das mit dem Bildobjekt als ganzem, und im einzelnen nach den oder jenen Punkten, innere Verwandtschaft, Ähnlichkeit hat. (...) *Diese neue Vorstellung liegt nun aber nicht neben der Vorstellung des Bildobjekts, sondern deckt sich mit ihr, durchdringt sie und gibt ihr in dieser Durchdringung den Charakter des Bildobjekts.* Die Deckung bezieht sich auf die Momente der Ähnlichkeit. Wir blicken in das Bildobjekt hinein, wir blicken auf das, wodurch es Bildobjekt ist, auf diese Momente der Ähnlichkeit. Und in ihnen stellt sich uns das Sujet dar, durch sie blicken wir in das Sujet hinein."[29]

Der Primat des Bildsujets sichert also grundsätzlich den sinnlichen Status des Bildobjekts. Im dem Maße wie sich die Durchdringung oder Deckung unmittelbar erfüllt, kommt auch die Sinnlichkeit der piktorischen Eigenschaften des Bildes zum Ausdruck. Das Bild stellt das Bildsujet dar; das Aufkommen der Darstellung jedoch beruht auf der Tatsache, dass ein außerbildliches Element – das Bildsujet – immer mit einem bildlichen Element verknüpft wird. Was zum Bild ähnlichkeitsmäßig nicht passt – wie zum Beispiel jene sinnlichen Darstellungsformen des Bildes, die im Bildsujet keine entsprechenden wirklichen Eigenschaften hätten –, wird dann auch nicht richtig bildlich wahrgenommen. Ein Gemälde – nehmen wir zum Beispiel das Bild *Blue Nude* (Akt in Blau) von Henri Matisse –, das einen menschlichen Körper als gezeichnete Gestalt wiedergibt, würde man nur durch letztgenannte Kongruenzform an Bildsujets koppeln; die Bildlichkeit der Farbe – weil kein menschlicher Kör-

---

[29] Ebd., S. 33-34. Die Hervorhebung ist von mir.

per Blau ist – hätte keine sinnliche Bedeutung mehr. Kurzum: die unmittelbare Vorstellung des Bildsujets würde eine bildliche Diskretion oder Verlust der piktorischen Eigenschaften des Bildes (genauer gesprochen des Bilddings) bedeuten.

Dieses Moment des Ähnlichkeitsprozesses schafft aufgrund des symmetrischen Verhältnis von Bild und Abgebildetem eine Vorstellung in der Art und Weise des *als ob*: „als ob das Objekt selbst, das ganze und volle Objekt, da wäre"[30], wie Husserl auch formuliert. Husserl argumentiert dann für seine Bildauffassung mit dem Gedanken, dass ein Bild, beziehungsweise eine Büste aus Marmor, ein materielles Ding unter anderen Gegenständen ist. Was es zu einem echten Bilde macht und damit „nicht bloß das Ding aus Marmor" anzuschauen bleibt, ist die Tatsache, dass in seiner Erscheinung „eine Person bildlich gemeint" ist.[31] Aber dieses Referenzverhältnis durch Ähnlichkeit ergibt sich nicht aus einer einfachen Korrespondenz zwischen Bildobjekt und Bildsujet. „Die Ähnlichkeit zwischen zwei Gegenständen", so betont Husserl,

„und sei sie auch noch so groß, macht den einen noch nicht zum Bilde des anderen. Erst durch die Fähigkeit eines vorstellenden Ich, sich des Ähnlichen als Bildrepräsentanten für ein Ähnliches zu bedienen, bloß das eine anschaulich gegenwärtig zu haben und statt seiner doch das andere zu meinen, wird das Bild überhaupt zum Bilde."[32]

Vor dieser intentionalen „Fähigkeit" haben wir also noch kein Bild, wie Husserl es versteht. So bildet diese Beziehung durch Ähnlichkeit – oder „die Erfüllung des Ähnlichen durch Ähnliches", wie Husserl sie auch bezeichnet – den Kern und die Voraussetzung für eine „Erfüllungssynthesis", die die

---

[30] Ebd., S. 34.
[31] Husserl, Edmund, *Logische Untersuchungen*, Bd. 2, Teil 2: *Elemente einer phänomenologischen Aufklärung der Erkenntnis*, A.a.O., S. 54.
[32] Husserl, Edmund, *Logische Untersuchungen*, Bd. 2, Teil 1: *Untersuchungen zur Phänomenologie und Theorie der Erkenntnis*, Tübingen, Max Niemeyer Verlag, 7. Aufl., 1993, S. 422.

innere intuitive Vorstellung zwischen Bild und abgebildetem Gegenstand schafft.[33] Ein Bild wird erst nur als Bild wahrgenommen, wenn das Bildobjekt und das Bildsujet keinen getrennten Gegenständen mehr entsprechen, das heißt, wenn sie als Ergebnis der Synthesis des Bildbewusstseins in eine positive – untrennbare – Beziehung zu einander treten.

Die Koexistenz in dieser Ähnlichkeitsbeziehung von Bildobjekt und Bildsujet ist ein unerlässliches erstes Moment der Erfüllungssynthesis, ein Moment in dem beide sich nicht voneinander trennen lassen. „Wann immer ein Ding ein anderes suggeriert", wie Charles Sanders Peirce seine Ähnlichkeitstheorie des ikonischen Zeichens begründet, „sind beide einen Augenblick lang zusammen im Geist gegenwärtig."[34] Das Spezifische an der Ähnlichkeitsbeziehung ist, so hat auch René Magritte dieselbe Idee formuliert, dass sie „einen spontanen Akt des Denkens" (*un acte spontané de la pensée*)[35] voraussetzt – das heißt, sie ist in Wahrheit kein echtes Verhältnis, sondern vielmehr ein unmittelbarer Akt. Und das heißt auch, dass eine Ähnlichkeitsbeziehung immer einer unmodifizierbaren Erkenntnis verhaftet bleibt, denn sie ist nicht durch eine äußere Verweisung gegeben, sondern durch die reine Intuition des Geistes („La ressemblance est toujours inspirée, elle est la pensée qui surgit

---

[33] Husserl, Edmund, *Logische Untersuchungen*, Bd. 2, Teil 2: *Elemente einer phänomenologischen Aufklärung der Erkenntnis*, A.a.O., S. 55.
[34] Peirce, Charles S., *Semiotische Schriften*, Band I, Hrsg. und übers. von Christian Kloesel und Helmut Pape, Frankfurt am Main, Suhrkamp Verlag, 1986, S. 226. Das ikonische Zeichen besitzt nach Peirces Auffassung einen Darstellungscharakter, der – im Gegensatz zu einem Index und einem Symbol – eine Ähnlichkeitsbeziehung fordert: „Ein Ikon ist ein Zeichen, das für sein Objekt steht, weil es als ein wahrgenommenes Ding eine Idee wachruft, die naturgemäß mit der Idee verbunden ist, die das Objekt hervorrufen würde. Die meisten Ikons, wenn nicht alle, sind *Ähnlichkeiten* ihrer Objekte." Ebd., S. 205. So verstanden bedeutet das, dass das Ikon nicht die gleiche sinnliche Form wie das abgebildete Objekt besitzt, sondern – wie Umberto Eco auch betont – es „hat die *konfigurationellen* Merkmale des Objekts, von dem es Ikon ist." Eco, Umberto, *Zeichen. Einführung in einem Begriff und seine Geschichte*, Übers. von Günter Memmert, Frankfurt am Main, Suhrkamp Verlag, 1977, S. 140.
[35] Magritte, René, *Écrits complets*, Édition établie et annotée par André Blavier, Paris, Flammarion, 2009, S. 510.

sans modifier sa connaissance immédiate").³⁶ Darauf beruht ihre angebliche geistige Spontaneität.

Dies bringt uns zu einem weiteren wichtigen Punkt und zwar zu der Frage, inwieweit die Einsicht plausibel ist, dass es zwischen Bild und abgebildetem Gegenstand eine Ähnlichkeitsbeziehung gibt. Gibt es überhaupt eine Art visuelle und wahrnehmbare Kongruenz zwischen den piktorischen Eigenschaften eines Bildes und den visuellen Eigenschaften des dargestellten Gegenstands? Lässt sich ein dreidimensionaler Gegenstand, der in Wirklichkeit existieren kann, durch eine zweidimensionale Bildfläche ähnlich reproduzieren und wahrnehmen?

Ich möchte an dieser Stelle ein Gegenargument einschieben. Es besteht kein Grund zur Annahme, dass die visuelle Präsenz eines bildlich dargestellten Gegenstandes oder einer Szene seine materielle Absenz impliziert. Ein Bild kann immer etwas darstellen, was keine reale Existenz besitzt – wie zum Beispiel das virtuelle Bildnis eines simulierten menschlichen Gesichtes. Präsenz ist nicht immer das Gegenteil von Absenz (und vice versa). Ferner ist die räumliche und zeitliche Wahrnehmung eines dreidimensionalen Gegenstands, ebenso wie seine materiellen sinnlichen Qualitäten wie etwa Geruch und Gewicht, nicht bildlich reproduzierbar. Etwas an einem Bild zu identifizieren oder wiederzuerkennen, bedeutet nicht notwendigerweise es in solch einer gleichen Art und Weise wahrzunehmen, als ob es räumlich und zeitlich quasi-präsent wäre.

Sowohl eine nicht-bildliche Gegenstandserfahrung als auch eine Bilderfahrung rufen unterschiedliche Wahrnehmungs- und Erfahrungsformen hervor.

---

[36] Ebd., S. 513. Daher ist die Ähnlichkeit nach Magrittes Meinung keine innewohnende piktorische Eigenschaft eines Bildes beziehungsweise Gemäldes. So Magritte: „La peinture est familièrement appelée: un art de la ressemblance. Mais une image peinte ne peut ressembler. Il n'appartient qu'à la pensée de ressembler. La pensée peut ressembler à une image peinte en devenent la connaissance d'une image peinte." Ebd., S. 511.

Identifizierung durch Visualisierung erfordert daher keine Ähnlichkeitsbeziehung, sondern sie ist vielmehr auf Lernen angewiesen.[37] Es ist anzunehmen, dass zwei oder mehr Gegenstände, die gleiche oder zumindest identische materielle Eigenschaften haben, nach einer Ähnlichkeitsbeziehung interpretiert und wahrgenommen werden können. In diesem Sinne können auch zwei Bilder ähnlich sein, soweit sie zum Beispiel gleiche Formen, Farben, Gestaltungen, Motive und Größe gemein haben, nicht aber ein Bild und der Gegenstand, den es abbildet. Eine bildliche Erfahrung, die ein symmetrisches Verhältnis von Bildobjekt und Bildsujet voraussetzt, lässt nur in dem Maße eine Simulation gelingen, wenn das Bild keine echte Vermittlung im engeren Sinn mehr erlaubt, sondern es vielmehr als *Simulacrum* erfahren wird. Denn ein Bild, wenn ich recht sehe, das keinen eigenen Vermittlungscharakter besitzt, ist auch gar kein Bild mehr. Husserl aber versucht diesen Widerspruch zu überwinden. Mit dem Eintreten eines zweiten Moments in den Ähnlichkeitsprozess will Husserl das symmetrische Verhältnis und damit die Kongruenz von Bildobjekt und Bildsujet auflösen.

1.3.2 Das Moment des Widerstreits

Wenn die Ähnlichkeit ein *symmetrisches Verhältnis* oder Deckung von Bildobjekt und Bildsujet voraussetzt, dann braucht man um ein Bildbewusstsein zu erreichen das Gegenteil davon – nämlich ein *asymmetrisches Verhältnis* von Bildobjekt und Bildsujet. Die Kontinuität untereinander muss überbrückt werden, damit das Bild seine Repräsentationsfunktion erfüllen kann; und um damit auch in gleicher Weise für das Bildobjekt seinen Platz in der Repräsentation selbst zu sichern. Sonst würde sich das Bildobjekt nicht vom Bild-

---

[37] Vgl. dazu Deregowski, Jan B., *Pictorial Perception and Culture*, In: *Image, Object, and Illusion*, San Francisco, Scientific American, 1974, S. 79-85.

sujet unterscheiden und es gäbe auch kein echtes Bildbewusstsein, sondern eine echte Illusion.

So setzt das zweite und letzte Moment des Ähnlichkeitsprozesses im Gegenteil keine Kongruenz voraus, sondern vielmehr eine gegenseitige Inkompatibilität von Bildobjekt und Bildsujet. Die Erscheinung eines „Bildobjekts" – das heißt, das intentionale Phänomen einer bildlichen Darstellung – „unterscheidet sich in einem Punkt von der normalen Wahrnehmungserscheinung, in einem wesentlichen Punkt, der es uns unmöglich macht, sie als normale Wahrnehmung anzusehen: Sie trägt in sich den Charakter der Unwirklichkeit, des Widerstreits mit der aktuellen Gegenwart."[38] Das Bildobjekt bringt einen abwesenden Gegenstand (das Bildsujet oder die Bildreferenz) zur Erscheinung und daraus ergibt sich ein Widerstreit mit der Gegenwart in der es wahrgenommen wird. Oder kurz formuliert: ein Nicht-Jetzt wird im Jetzt wahrgenommen.

Husserl bezeichnet diesen Widerstreitcharakter des Bildes als „einen phänomenologischen Charakter"[39], der in jeder Bilderfahrung präsent ist. Dieser Widerstreitcharakter besteht aus zwei Hauptbeziehungen: „Einmal a) den Widerstreit gegen die aktuelle Wahrnehmungsgegenwart. Das ist der Widerstreit zwischen Bild als Bildobjekterscheinung und zwischen Bild als physischem Bildding; b) das andere Mal den Widerstreit zwischen der Bildobjekterscheinung und der sich damit verschlingenden oder vielmehr sich mit ihr überschiebenden Vorstellung des Sujets."[40] In einer ersten Ebene (die Ebene der Wahrnehmung) zeigt sich also ein Widerstreit zwischen Bildträger und Bildobjekt – das heißt, das Bild ist kein einfacher Gegenstand, sondern es differenziert sich von seinem Erscheinungsort – und in einer zweiten Ebene (die

---

[38] Husserl, Edmund, *Phantasie und Bildbewußtsein*, A.a.O., S. 49.
[39] Ebd., S. 53.
[40] Ebd.

Ebene der Vorstellung) zwischen Bildobjekt und Bildsujet – das Bildobjekt zeigt etwas, das nur durch das Bild vorstellbar ist. Und dies passiert nicht ohne Grund. Es ist wegen solch einem doppelten Widerstreitscharakter des Bildes, dass jede Bildwahrnehmung sich dann von einer kontingenten Alltagswahrnehmung unterscheiden lässt. Wenn man, wie Husserl als Beispiel nimmt,eine Puppe für einen echten Menschen hält, hat man eine „Wahrnehmungserscheinung" – in diesem Falle also eine bloße „Täuschung". Eine bewusste Bildwahrnehmung wird dann hier nur erreicht, wenn die bildliche Darstellung als die „Erscheinung eines Nichts" modifiziert wird. Aus diesem „Widerstreit gegen die Wirklichkeit" ergibt sich das was Husserl als „Fiktum" oder „Scheinobjekt" einer Bilderfahrung nennt und was damit eine *conditio sine qua non* für jedes Bildbewusstsein ist.[41]

Der Widerstreitscharakter des Bildes bezeichnet daher das Moment des Ähnlichkeitsprozesses, in dem ein Ähnlichkeitsverlust der Repräsentation unmittelbar bewusst wird. Man kann hier von einer Art Enttäuschung sprechen, die die unmögliche Kontinuität des symmetrischen Verhältnisses von Bild- und Wirklichkeitswahrnehmung charakterisiert.[42] Husserl sieht eine solche Enttäuschung zum Beispiel in der Darstellungsweise eines menschlichen Porträts:

„Bei einem vollkommenen Porträt, das die Person nach allen Momenten (die irgend Merkmale sein können) vollkommen darstellt, ja schon bei einem Porträt, das dies in sehr ungenügender Weise tut, ist uns so zumute, als wäre die Person selbst da. Aber die Person selbst gehört einem anderen Zusammenhang an wie das Bildobjekt. Die

---

[41] Ebd., S. 50-51.
[42] Eine Illusionserfahrung des Bildes ist die Negation oder die Umkehrung seines Widerstreitsbewusstseins. So kann Husserl auch sagen, dass das Bild keine Illusion sei, weil die Natur des Bildobjekts immer ein Fiktum mit einem Widerstreitscharakter ist. So Husserl: „Das Bildobjekt ist ein Fiktum, aber nicht ein illusionäres, weil es nicht wie im Fall der Illusion ein in sich Einstimmiges ist, das durch die umgebende Wirklichkeit aufgehoben wird (bzw. in der Setzung, wo Einstimmiges mit Einstimmigem widerstreitet)." Ebd., S. 190.

wirkliche Person bewegt sich, spricht usw., die Bildperson ist eine starre, stumme Figur. Dazu der *Widerstreit mit der physischen Bildwirklichkeit*, der das Bildobjekt als sinnlichen Schein charakterisiert."[43]

Die Erscheinung eines Bildes bildet sich daher im Gegensatz, im Streit, mit einer normalen Erscheinung. Das Bild wird als Bild wahrgenommen, wenn die Wahrnehmung solche Differenz setzen kann. Die Wirklichkeit beziehungsweise Wirklichkeitswahrnehmung aber gilt bei Husserl immer als Prüfstein der Bildwahrnehmung; denn das Moment des Widerstreits ist nur denkbar, wenn sich aus einer Deckung von wirklich und unwirklich ein neues Bewusstsein – das Widerstreitsbewusstsein – ergibt.

1.4 Präsenz, Transparenz, Bildbewusstsein

Fassen wir jetzt die bisherigen Überlegungen über Husserls Bildbegriff kurz zusammen. Wie bereits angedeutet wurde, ist ein Bild nur dann ein Bild, wenn es dem, was es sichtbar macht, notwendigerweise ähnlich ist. In diesem Sinne teilen Bilder also mit den sogenannten „natürlichen Bildern"[44] beziehungsweise Spiegelbildern einen *Projektionscharakter*, das heißt, das Bild-

---

[43] Ebd., S. 34. Die Hervorhebung ist von mir.
[44] Die „natürlichen Bilder" werden in diesem Sinne als Urbeispiel für das Sichtbarwerden der „künstlichen Bilder" betrachtet. Diese Analogie dient auch, wie Eugen Fink vertritt, als Voraussetzung für eine phänomenologische Analyse des reinen Sinns der Bildlichkeit. So Fink: „Ein Bild kann in ästhetischen oder sonst welchen Bedeutsamkeitsfunktionen stehen (etwa eine Photographie), aber zur Bildlichkeit rein als solcher dürfen diese Charaktere nicht hinzugerechnet werden. Wir müssen also streng alles absondern, was über den reinen Bildsinn als solchen hinausliegt. Aber ist das nicht eine Abstraktion, die gerade das Wesentliche des ganzen Bildphänomens zerstört? Wir scheinen es zunächst leicht zu haben, sofern wir auf Bilder hinweisen können, die nicht in menschlicher Tätigkeit gebildet sind, sondern die uns in der Natur begegnen: z.B. Spiegelung eines Baumes im Wasser, Fata Morgana, Schatten usw. Aber wird man dann nicht einwenden, daß der Sinn dieser Bildlichkeit nur aus dem Zusammenhang der Naturkausalität zu begreifen ist? Sofern das Naturbild *indiziert* (z.B. ein Schatten den schattenden Gegenstand), ist es immer mehr als ein reines Bild. Also auch von dem ‚bedeutsamkeitsfreien' Bilde ist eine mit ihm ständig zusammenhängende Sinnesschicht abzunehmen, um den reinen Sinn der Bildlichkeit als solchen zu gewinnen." Fink, Eugen, *op. cit.*, S. 73.

sujet wird ins Bildobjekt projiziert. Der Bildträger ist damit eine Art „Projektionsfläche" geworden – wie dies mit den „natürlichen Bildern" geschieht. Der Unterschied liegt aber darin, dass die Dimension des Bildträgers der „künstlichen Bilder" eine intentionale Aktivität, nämlich den Vorstellungsakt des Betrachters voraussetzt. Der Betrachter projiziert den bewussten Gegenstand der Bildwahrnehmung, der sich aus der Spannung von Bildobjekt und Bildsujet ergibt, selbst. Projektion ist daher gleichzeitig positive Abbildung – Kompatibilität – und negative Abbildung – Inkompatibilität.

Das Bewusstwerden der Differenz zwischen Bildobjekt und Bildsujet entspricht zugleich einer Trennung zwischen Bildwahrnehmung und Alltagswahrnehmung. Das Bildobjekt ist durch eine Art Passivität geprägt. Denn wir müssen als Zuschauer das Bildsujet, den dargestellten Gegenstand oder die Szene, ins Bildobjekt als Darstellung hinzufügen. Wir sehen etwas, das abwesend ist – das Bildsujet –, durch etwas, das anwesend ist – das Bildobjekt. Jede bildliche Darstellung schließt also einen Modus der Sichtbarmachung ein; denn dieser Modus dient dem Erscheinen des dargestellten Gegenstandes als etwas, was nur im Bildobjekt vergegenwärtigt werden kann. In diesem Sinne macht das Bildobjekt etwas sichtbar, oder anders formuliert: die Sichtbarkeit des Bildes erzeugt den Erscheinungsmodus des Referenzgegenstandes. Der Betrachter ist dann nur Betrachter, wenn er in der Lage ist, sich den Referenzgegenstand durch die Sichtbarkeit des Bildobjekts vorstellen zu können. Ohne Bildsujet gibt es auch kein Bild, keine Darstellung, keine Betrachtung.

Diese Art von Fusion von Bildobjekt und Bildsujet verwandelt das Bild, wie Lambert Wiesing es genannt hat, in „eine Form artifizieller Präsenz".[45] Mit dem Ähnlichkeitsprozess wird das Bild einen Status der Transparenz ge-

---

[45] Wiesing, Lambert, *Artifizielle Präsenz. Studien zur Philosophie des Bildes*, Frankfurt am Main, Suhrkamp Verlag, 2005, S. 31.

winnen: es wird als *Transparenzmedium* gelten. Denn die Transparenz des Mediums Bild gilt in dieser Hinsicht für jede Form von Bild und jede Form von Bildwahrnehmung. Die Verbindung von Bildobjekt und Bildsujet braucht daher kein Symbolverhältnis, denn das Bewusstsein des Bildobjekts setzt von Anfang an die Existenz – wirkliche oder unwirkliche – eines außerbildlichen Objekts (das Bildsujet) voraus. Dieses letztere wird durch das Bildobjekt eine physikfreie Existenz gewinnen. Oder anders formuliert: das Bildobjekt gilt als Stellvertreter der Sichtbarkeit des Bildsujets auf dem Bildding. Die Frage „*Wie* repräsentieren Bilder?" lässt sich dann ersetzen durch die Frage „*Was* repräsentieren Bilder?" – das heißt, welche Gegenstandsformen sie zur Erscheinung bringen. Diese Übertragung macht nicht allein den Weg frei für eine Ähnlichkeitstheorie der Repräsentation, sondern sie erlaubt auch eine Art sozusagen ontologischer Spannung zwischen Bild und Abgebildetem. „Dies geschieht", wie Wiesing erklärt, „weil er [Husserl] der Darstellung in einem Bild einen besonderen ontologischen Status geben will: Er beschreibt die Darstellung als einen im Bild sichtbar werdenden, besonderen Gegenstand – damit ist nicht gesagt, dass das Sichtbarwerdende ein realer Gegenstand ist."[46]

(Der abgebildete Gegenstand des Bildobjekts braucht also keine wirkliche Existenz zu haben, denn er bleibt immer Gegenstand eines intentionalen Vorstellungsakts.[47] Sogar jene Gegenstände, die keine wirkliche Existenz in der

---

[46] Ebd., S. 30.
[47] „Man braucht es nur auszusprechen, und jedermann muß es anerkennen: daß der intentionale Gegenstand der Vorstellung *derselbe* ist wie ihr wirklicher und gegebenenfalls ihr äußerer Gegenstand, und daß es *widersinnig* ist, zwischen beiden zu unterscheiden. Der transzendente Gegenstand wäre gar nicht Gegenstand dieser Vorstellung, wenn er nicht *ihr* intentionaler Gegenstand wäre. Und selbstverständlich ist das ein bloßer analytischer Satz. Der Gegenstand der Vorstellung, der ‚Intention', das ist und besagt der vorgestellte, der intentionale Gegenstand. Stelle ich Gott oder einen Engel, ein intelligibles Sein an sich oder ein physisches Ding oder ein rundes Viereck usw. vor, so ist dieses hier Genannte und Transzendente eben gemeint, also (nur mit anderem Worte) intentionales Objekt; dabei ist es gleichgültig, ob dieses Objekt existiert, ob es fingiert oder absurd ist." Husserl, Edmund, *Logische Untersuchungen*, Bd. 2, Teil 1: *Untersuchungen zur Phänomenologie und Theorie der Erkenntnis*, A.a.O., S. 424-425.

Welt haben, die also nur als Vorstellungserlebnis beziehungsweise Phantasieerlebnis gegeben sind, erscheinen immer als gegenwärtig intentionale Gegenstände. Kurz formuliert: wir erleben sie – im Akt des Vorstellens – als etwas Präsentes. Die Phantasie – „Quasi-Wirklichkeit" oder „Wirklichkeit-als-ob"[48] nach Husserls Bezeichnung – schließt solche Erlebnisse ein, die einen eigenen Modus von Vergegenwärtigung besitzen, obwohl sie keiner wirklichen Existenz entsprechen.)

So verstanden, bedeutet dann ein Bildbewusstsein die Setzung einer ontologischen Differenz zwischen Bild und Abgebildetem. Der Widerstreit, den die Spannung von Bildobjekt und Bildsujet gegen die aktuelle Gegenwart schafft, erzeugt daher die *conditio sine qua non* sowohl eines Bildbewusstseins – der Trennung zwischen Bildwahrnehmung und Alltagswahrnehmung – als auch die künstliche Dimension der Präsenz im Bilde. Der Übergang von Übereinstimmung zur Enttäuschung und damit die Auflösung der Kongruenz von Bild und Wirklichkeit bedeutet keineswegs die Auflösung des Ähnlichkeitsverhältnisses. Das Bild bleibt immer in solch einer Spannung dem Bildbewusstsein verhaftet.

Aufgrund solch einer Spannung wird ein Bildbewusstsein kein festes Widerstreitsbewusstsein bedeuten, sondern ein immer wieder erneuertes Ähnlichkeitsbewusstsein. Mit der Vollendung des Ähnlichkeitsprozesses vollzieht sich die Differenz von Bild und Wirklichkeit, Bild- und Wirklichkeitswahrnehmung. Und so schafft solch eine Differenz ein echtes und endgültiges intentionales Bildbewusstsein, eine Trennung von wirklich und unwirklich.

---

[48] Husserl, Edmund, *Cartesianische Meditationen. Eine Einleitung in die Phänomenologie*, Hrsg., eingeleitet und mit Reg. vers. von Elisabeth Ströker, Hamburg, Felix Meiner Verlag, 3. Aufl., 1995, S. 60.

„Nur dann" – wie Husserl betont – „nur in diesem Übergangsbewusstsein gewinnt das Bildobjekt den ‚eigentlichen' Charakter des Nichtig."[49]

1.5 Schluss

Der Prozess des Bildbewusstseins ist bei Husserl vor allem ein Negationsprozess, in dem das Bild sich von der Wirklichkeit trennen lässt und damit den Status eines Nichts überhaupt gewinnt. Mit dem Ähnlichkeitsprozess wird die Verbindung von Bild und Welt auf die ontologische Ebene eines Gegensatzes zwischen Sein und Nicht-Sein reduziert. Die erste phänomenologische Nicht-Trennung (die Deckung) und die zweite ontologische Differenz (der Widerstreit) von Bild und Wirklichkeit schaffen – und dies ist unsere letzte kritische Bemerkung – kein übertragbares Bildbewusstsein, das frei wäre von einem Ähnlichkeitsverhältnis: das Bild, unabhängig welcher Natur, bleibt in seiner Nichtigkeit noch ein reines unmittelbares Phänomen, ein Phänomen, das immer wieder die Wahrnehmung und das Bewusstsein mit seiner Erscheinungskraft sozusagen überrascht. Aufgrund des Ähnlichkeitsverhältnisses und seiner Überwindung durch das Moment des Widerstreits bleibt dann keine andere Wechselbeziehung zwischen Bild und Welt, Bild- und Wirklichkeitswahrnehmung. Der Übergang vom Wirklichen zum Unwirklichen, von der Täuschung zur Enttäuschung ebnet nicht den Weg für ein weiteres Verhältnis von Bild und Wahrnehmung. Genügt aber ein angeblich kultur- und symbolfreies Bewusstsein von Wirklichem und Unwirklichem als Bewusstsein des Bildprozesses? Wenn unser Bewusstsein nicht die Möglichkeit hätte, die Differenz von Wirklich und Unwirklich zu bilden, gäbe es auch sicherlich kein

---

[49] Husserl, Edmund, *Phantasie, Bildbewusstsein, Erinnerung. Zur Phänomenologie der Anschaulichen Vergegenwärtigungen*, Texte aus dem Nachlass (1898-1925), Husserliana Band XXIII, Hrsg. von Eduard Marbach, The Hague, Netherlands, Martinus Nijhoff, 1980, S. 367.

glaubwürdiges Fundament für unsere Symbolfähigkeit. Wir werden im Verlauf unserer Untersuchung immer wieder sehen, dass sowohl die Differenz von Bild und Wirklichkeit als auch ihre Nicht-Scheidung keine sinnfreien Phänomene sind, sondern sie kommen erst durch unsere kulturelle Symbolfähigkeit zum Ausdruck. Abgesehen von dieser Tatsache und von der Ähnlichkeitstheorie des Bildes, liegt Husserls größter Verdienst, wie mir scheint, in der Voraussetzung einer Dynamik der Bildrepräsentation, nämlich der triadischen Dynamik von Bildding, Bildobjekt und Bildsujet, ebenso wie in deren entsprechender Erfüllungssynthesis. Obwohl diese letztgenannte am Ende einer passiven Dynamik entspricht, zeigt sie bereits die Idee eines innewohnenden prozessualen Charakters der Bildrepräsentation. Eine solche Idee wird uns begleiten und sie wird erneut im nächsten Kapitel als kritischer Maßstab zum Ausdruck kommen.

2

BILD UND REPRÄSENTATION

DAS KRITERIUM DER DENOTATION

Ein phänomenologischer Ähnlichkeitsprozess des Bildes bezieht sich in erster Linie, wie wir gesehen haben, auf ein Kongruenzverhältnis von Bild und abgebildetem Gegenstand. Die Rolle die die Sinnlichkeit in solch einem Verhältnis spielt, ergibt sich allein aus einer passiven Funktion der Bildwahrnehmung, aus sozusagen einer transparenten Wiedergabe des Sehens. Die Differenzierung von Bildformen und die Bestimmung der piktorischen Individualität des Bildes erhalten damit keine plausible Antwort. Ist ein semiotischer *Denotationsprozess* des Bildes in der Lage solch eine Passivität des Sinnlichen zu überwinden? Es scheint sicher, dass eine semiotische Deutung des Bildbegriffs heutzutage als theoretische Alternative zu einem phänomenologischen Ansatz dient. Mit diesem Kapitel aber möchte ich nicht überprüfen, inwiefern solch eine angebliche Alternative ihre eigene Plausibilität trägt. Dieses Kapitel befasst sich vielmehr mit der Frage nach der Rolle einer zeichenmäßigen Repräsentation in der Konfiguration des Bildes als symbolisches Gebilde. Nelson Goodmans Überlegungen einer symbolischen Annäherung an den Bildbegriff in seinem *Languages of Art* werden hier als Gegenstand unserer Untersuchung berücksichtigt. Was den Begriff der Denotation angeht – der eine zentrale Stellung in der Goodmanschen Symboltheorie einnimmt –, ist es für uns wichtig zu präzisieren, inwieweit ein Denotationskriterium der Repräsentation in der Lage ist (oder nicht), eine Verbindung zwischen Bild, Wahrnehmung und symbolischen Formen zu bilden. Die philosophischen Annahmen, die der Goodmanschen Auffassung der Bild-Repräsentation zugrunde liegen, lassen sich hier in zwei Hauptpunkte gliedern: (1) Bilder stehen für bestimmte Gegenstände und Ereignisse; (2) die Art und Weise, wie ein Bild einen Gegenstand oder ein Ereignis abbildet, hängt von der konventionellen Natur der Bezugnahme selbst ab. So verstanden, ist die Denotation vornehmlich ein Relationsmodus. Aber wodurch konstituiert sie sich als symbolische Relation? Die nächsten Paragraphen erörtern mögliche Wege, auf denen wir nach einer Antwort auf diese Frage suchen können.

2.1 Der Primat der Referenz

Wie wir schon gesehen haben, bleibt im Kriterium der Adäquation der Bildbegriff immer noch in einem referenztheoretischen Ansatz definiert – das heißt, das Bild setzt immer eine vorgegebene referentielle Bedeutung (das Bildsujet) voraus. Obwohl Husserl die drei Hauptdimensionen des Bildes – Bildding, Bildobjekt, Bildsujet – ins Spiel bringt, bleibt am Ende das Referenzverhältnis (durch Ähnlichkeit) zwischen Bildobjekt und Bildsujet der Kernpunkt der Wechselbeziehung von Bild und Wahrnehmung. Daher entspricht der symbolische Sinn eines Bildes keinem eindeutigen Referenzgegenstand, sondern er gilt für Etwas, das keine vollkommene Referenzidentität – also keine Adäquatheit – mit der bildlichen Darstellung hat. „Das erscheinende Objekt erscheint, aber gilt nicht für sich. Es gilt für ein anderes und gilt so als analogischer Repräsentant, als Bild."[50]

Einen ähnlichen theoretischen Ausgangspunkt findet man bei Nelson Goodman. Und „ähnlich" heißt nur, dass er das Referenzverhältnis als Leit-

---

[50] Husserl, Edmund, *Phantasie und Bildbewußtsein*, A.a.O., S. 27.

motiv einer Symboltheorie des Bildes nimmt. Nicht ähnlich aber ist die Natur dieses Verhältnisses, die bei Goodman, wie wir sehen werden, keine Ähnlichkeitsbeziehung impliziert, sondern eine symbolische Zeichenbeziehung. Damit versteht er in erster Linie Bilder neben Wörtern, Texten, Diagrammen, Karten als symbolische Konfigurationen, die jedoch nicht in einer kulturanthropologischen Perspektive zu thematisieren sind, sondern er versteht das Symbol vielmehr als konventionelles beziehungsweise arbiträres Zeichen. Bei Goodman – ein „arch-conventionalist"[51] wie ihn W. J. T. Mitchell beschreibt – geht es in erster Linie also um eine konventionalistische Auffassung des Symbolisierungsprozesses. Obwohl er eine Symboltheorie des Bildes vertritt, und Ernst Cassirer wie auch Susanne Langer als Autoren einer wichtigen philosophischen Tradition anerkennt, sieht er in der semiotischen Sprachtheorie die Grundlage einer allgemeinen Theorie des Bildes. Man kann Goodmans Bildtheorie als eine Art visuelle Grammatik des Bildes verstehen. Goodman ist weder an der sinnlichen Gegenständlichkeit des Bildes – beziehungsweise am Bild als sinnlicher Symbolkonfiguration – interessiert, noch an seiner spezifischen kulturellen Artikulation, sondern vielmehr an der Art und Weise, wie Bilder Gegenstände und Ereignisse repräsentieren können. Wie Goodman selbst formuliert:

„Mein Gegenstand sind das Wesen und die Spielarten der Bezugnahme, und zwar unabhängig davon, wie oder wann oder warum oder von wem diese Bezugnahme vorgenommen wird.»Bezugnahme« ist in meinem Gebrauch ein sehr allgemeiner

---

[51] Mitchell, W. J. T., *Iconology: image, text, ideology*, Chicago and London, The University of Chicago Press, 1986, S. 55. „He [Goodman] is not interested in the process of change and treats it with perfunctory formulas of habituation and novelty: conventions become established for the manipulation of symbols, systems acquire authority through habitual use." Mitchell, W. J. T., *Picture Theory: Essays on Verbal and Visual Representation*, Chicago and London, The University of Chicago Press, 1995, S. 348.

Grundausdruck, der alle möglichen Symbolisierungen, alle Fälle des *Stehens für* umfaßt."[52]

Symbolisieren bedeutet nach Goodmans Auffassung *Bezug nehmen auf etwas*. Das Bild ist vor allem ein Zeichen. Ein Bild zeigt zum Beispiel etwas, das eine gegebene Extension hat, wie eine Landschaft oder eine geschichtliche Figur; es gilt dann als Bild, wenn es in der Lage ist auf ein bestimmtes Objekt zu verweisen. Bezugnahme lässt sich zunächst als eine symbolische Verweisungsform beschreiben. Zu behaupten, dass ein Bild auf etwas verweist bedeutet in diesem Sinne zu sagen, dass es eine Zeichenfunktion besitzt. Diese Zeichenfunktion geht nicht von den sichtbaren Eigenschaften der bildlichen Darstellungsformen – wie bei Edmund Husserl –, sondern vor allem von den vom Menschen geprägten Bedeutungen und Verwendungsmodi aus. Was das Bild abbilden kann – das heißt, das Worauf das Bild Bezug nimmt –, ist gleichzeitig was uns als Bedeutung bekannt ist. Und daraus folgt, dass sich die Abbildung nur aus den Verwendungsmodi der Bezugnahme ergibt, oder wenn man so will, ein Bild von einer Rose muss zugleich ein Zeichen für eine Rose sein.

Wenn das Bild aber eine Symbolisierungsform ist, dann braucht es auch in manchen Fällen – wie zum Beispiel im Fall monochromer abstrakter bildlicher Konfigurationen – keine äußere Extension zu haben. Das Zeichenverhältnis verläuft nicht immer vom Bildlichen zum Außerbildlichen, vom Bild zum abgebildeten Gegenstand. Dies entspricht nur dem Normfall einer Referenz. Ein Zeichen, dass nicht nur für etwas anderes steht – wie in der mittelalterlichen Zeichentheorie (*aliquid stat pro aliquo*) –, kann auch für sich selbst stehen. Für Goodman gibt es daher keine symbolfreie Bildvermittlung.

---

[52] Goodman, Nelson, *Vom Denken und anderen Dingen*, Übers. von Bernd Philippi, Frankfurt am Main, Suhrkamp, 1987, S. 86.

Ganz im Gegenteil. „Ein abstraktes Gemälde", wie er sagt, „das nichts darstellt und überhaupt nicht darstellend ist, kann ein Gefühl, eine andere Qualität oder eine Emotion oder Idee ausdrücken und somit symbolisieren."[53] Dieses Werk „steht nicht für etwas ihm Äußerliches"; es besitzt also eine Selbstreferentialität oder, wie Goodman es auch formuliert, hat „innere oder intrinsische" Eigenschaften.[54] Damit wendet sich Goodman auch gegen eine angeblich puristische Auffassung mancher künstlerischen Bilder. Denn ein Kunstwerk bleibt „immer noch ein Symbol, selbst wenn das, was es symbolisiert, keine Dinge, Menschen oder Gefühle sind, sondern bestimmte Muster der Gestalt, der Farbe und der Textur, die es vorzeigt."[55]

In diesem Sinne stellt Goodman eine Analogie zwischen Bildern und verbalen Äußerungsformen auf. Die grammatikalischen Konventionssysteme der Sprache sind nicht die einzigen Modi der Bezugnahme, auch Bilder dank ihrer zeichenhaften Struktur beziehen sich auf Gegenstände und Ereignisse.[56] Alle Symbole besitzen daher ein gemeinsames Charakteristikum: sie sind hauptsächlich nur als Symbole zu verstehen, wenn sie auf etwas Bezug nehmen. Ohne Bezugnahme – extrinsische oder intrinsische – gibt es auch keinen Symbolisierungsprozess. Worin besteht dann, so müssen wir jetzt fragen, der grundlegende Unterschied nach Goodmans Symboltheorie von bildlichen und sprachlichen Formen?

Goodman versteht Bilder hauptsächlich als nicht-artikulierte Symbole. Artikuliertheit, so lautet Goodmans Formulierung, ist vor allem ein Kennzeichen des sprachlichen Symbolsystems. „Nichtsprachliche Systeme unterschei-

---

[53] Goodman, Nelson, *Weisen der Welterzeugung*, Übers. von Max Looser, Frankfurt am Main, Suhrkamp Verlag, 1990, S. 80-81.
[54] Ebd., S. 81.
[55] Ebd., S. 85.
[56] Vgl. dazu Nöth, Winfried, *Warum Bilder Zeichen sind*, In: *Bild-Zeichen. Perspektiven einer Wissenschaft vom Bild*, Hrsg. von Stefan Majetschak, München, Wilhelm Fink Verlag, 2005, S.49-61.

den sich von Sprachen, Abbildung von Beschreibung, das Repräsentationale vom Verbalen, Gemälde von Gedichten hauptsächlich aufgrund der fehlenden Differenzierung – tatsächlich aufgrund der Dichte (und dem daraus folgenden völligen Fehlen der Artikulation) – des Symbolsystems."[57] Es gibt aber Bilder, so müssen wir jetzt hinzufügen, die eine sprachliche Funktion erfüllen. Die angebliche Tatsache, dass ein Bild etwas abbildet oder repräsentiert bedeutet keineswegs, dass der Abbildungsprozess beschreibungsfrei ist. Wissenschaftliche bildliche Darstellungsformen bilden zum Beispiel nicht nur bestimmte Gegenstände ab; sie werden sehr oft mit Hilfe von sprachlichen und mathematischen Mitteln angeschaut und interpretiert – das heißt, sie haben eine alphanumerische Struktur. Die Abbildung muss nicht unbedingt die Beschreibung ausschließen. Wenn ein Bild, wie Goodman selbst betont, eine Beschreibung in einem nichtrepräsentationalen System werden kann,[58] so können auch Bilder in gleicher Weise zu gemischten Symbolsystemen mit Abbildungs- und Beschreibungsstrukturen gehören.

Solche Fälle aber werden bei Goodmans Symboltheorie nicht berücksichtigt. Abbildung und Beschreibung sind vielmehr getrennte Symbolstrukturen, oder wie er ausdrücklich sagt: „Bilder gehören zu nicht-sprachlichen und Termini zu nicht-bildlichen Symbolsystemen."[59] Die symbolische Funktion der Bilder ist in diesem Sinne, zu repräsentieren, und die der sprachlichen Zeichen, zu beschreiben. Artikuliertheit wird nach Goodmans Begriffsbestimmung als syntaktische und semantische Differenzierung (Disjunktion) verstanden. Bilder haben deswegen einen Dichtcharakter, weil sie sich nicht – wie

---

[57] Goodman, Nelson, *Sprachen der Kunst. Entwurf einer Symboltheorie*, Übers. von Bernd Philipi, 2. Aufl., Frankfurt am Main, Suhrkamp Verlag, 1998, S. 209-210. Vgl. auch Goodman, Nelson, *Kunst und Erkenntnis*, In: *Theorien der Kunst*, Hrsg. von Dieter Henrich und Wolfgang Iser, Übers. von Jürgen Schlaeger, bearbeitet von Dieter Henrich, Frankfurt am Main, Suhrkamp Verlag, 4. Aufl., 1993, S. 569-591, S. 581.
[58] Goodman, Nelson, *Sprachen der Kunst*, A.a.O., S. 210.
[59] Goodman, Nelson, *Weisen der Welterzeugung*, A.a.O., S. 128.

die Zeichen der Sprache – nach einem klaren grammatikalischen Anordnungsprozess gliedern und differenzieren lassen. Sie „bestehen nicht aus Elementen eines Alphabets" und sie „verbinden sich nicht mit anderen Bildern oder mit Wörtern zu Sätzen."[60] Bilder beziehungsweise künstlerische Gemälde besitzen – im Gegensatz zu wissenschaftlichen Diagrammen – andererseits auch eine „relative syntaktische Fülle", weil ihre piktorische Konfiguration eine unbegrenzte Totalität von Merkmalen symbolisieren kann.[61] Denn eine bildliche Darstellungsform, die eine mannigfache piktorische Konfiguration hat – wie zum Beispiel ein Gemälde von Hieronymus Bosch –, ist relevanter in seiner Bildlichkeit als eine schematische Darstellung von Zellverbindungen.[62]

2.2 Bezugnahme als Denotation

Die erste Regel der Bezugnahme, die im Mittelpunkt von Goodmans Symboltheorie steht, ist der Begriff der *Denotation*. „Denotation ist der Kern der Repräsentation und unabhängig von Ähnlichkeit."[63] Sowohl sprachliche Beschreibungen als auch piktorische Repräsentationen erfüllen sich als symbolische Zeichen ohne irgendeine Art von Similarität zu Gegenständen und Tatsa-

---

[60] Ebd., S. 127.
[61] Goodman, Nelson, *Sprachen der Kunst*, A.a.O., S. 212 und S. 232.
[62] Flint Schier teilt diese Meinung nicht. Er weist darauf hin, dass die relative Fülle (*relative repleteness*) kein deutliches Kriterium für eine Unterscheidung zwischen bildlichen und nichtbildlichen Symbolsystemen ist. So Schier: „I think it is evident that relative repleteness cannot be the mark of pictoricity. There are all sorts of graphs where more than the shape of the line matters: the colour may have a significance as well. By contrast, there are […] ink drawings and pencil sketches, where the colour of the line doesn´t matter at all: yet these are pictures. I don´t see how we are to avoid the conclusion that a multicoloured graph is more replete than such a pencil sketch, and hence (on Goodman´s view) more pictorial as well. Clearly an abstract expressionist painting may be more replete than a sketch by Rembrandt: but surely it is not therefore more pictorial. Repleteness is not the key to pictoricity." Schier, Flint, *Deeper into Pictures. An essay on pictorial representation*, Cambridge, Cambridge University Press, 1986, S. 31. Vgl. darüber auch Hopkins, Robert, *Picture, Image and Experience*, Cambridge, Cambridge University Press, 1998, S. 14.
[63] Goodman, Nelson, *Sprachen der Kunst*, A.a.O., S. 17.

chen die sie als Referenz haben. Die Symbolsysteme – also Systeme von Referenzen – sind vielmehr das Ergebnis von konventionellen Normen, die als solche die Arten von Bezugnahme der bildlichen und diskursiven Symbole – zum Beispiel die Art und Weise wie ein Bild einen bestimmten Gegenstand oder Szene denotiert – regulieren. Eine Denotationsbeziehung als konventionelles Verhältnis von symbolischer Repräsentation und Referenzgegenstand ist in diesem Sinne unabhängig von Wahrnehmungsprozessen. Die Denotation schafft eine konventionelle Arbitrarität in Bezug auf die Welt der Wahrnehmung. Oder wie er auch diese Formel an den Bildbegriff verwendet: „Fast jedes Bild kann fast alles repräsentieren; d.h., sind Bild und Gegenstand gegeben, dann gibt es normalerweise ein Repräsentationssystem, einen Korrelationsplan, nach dem das Bild den Gegenstand repräsentiert." Goodman distanziert sich also von einer *adaequatio imaginis ad rem* der Bildbeziehung, die in der semiotischen Tradition – von Charles S. Peirce bis Charles W. Morris[64] – noch lange geherrscht hat, bis in unsere heutigen Tage.

Gegen eine Ähnlichkeitstheorie der Referenz argumentiert Goodman wie folgt: 1) die Ähnlichkeitsbeziehung gilt als symmetrisches Verhältnis: wenn x für y steht, dann steht auch y für x; 2) die Denotationsbeziehung gilt als asymmetrisches Verhältnis: wenn x für y steht, dann steht nicht y für x. Goodman argumentiert für diese These vornehmlich mit einem Hauptgedanken seiner Philosophie, nämlich dem der konventionellen Arbitrarität des Bezugnahmemodus. So formuliert Goodman:

---

[64] Jerry Fodor, in der Linie von Peirce und Morris, bezeichnet die Referenz der ikonischen Bilder als Ähnlichkeitsbeziehung: „The reference of icons is mediated by similarity. The reference of symbols is mediated by conventions." Fodor, Jerry A., *The Language of Thought*, Cambridge, Massachusetts, Harvard University Press, 1975, S. 178. Nach Fodors Meinung aber gibt es auch Bilder, die keine piktorische Ähnlichkeit mit dem Referenzgegenstand haben – zum Beispiel die geographische Linie einer Weltkarte. So Fodor: „Taking 'nondiscursive' and 'pictorial' as coextensive is one of the root sources of confusion in thinking about images. Thus, the line on the globe that shows where the equator is presumably conveys information nondiscursively. But it doesn't look like the equator." Ebd., Fußnote 24, S. 190.

„Tatsache ist, daß ein Bild, um einen Gegenstand repräsentieren zu können, ein Symbol für ihn sein, für ihn stehen, auf ihn Bezug nehmen muß; und daß kein Grad von Ähnlichkeit hinreicht, um die erforderliche Beziehung der Bezugnahme herzustellen. Ähnlichkeit ist für Bezugnahme auch nicht *notwendig*; fast alles kann für fast alles andere stehen. Ein Bild, das einen Gegenstand repräsentiert – ebenso wie eine Passage, die ihn beschreibt –, nimmt auf ihn Bezug und, genauer noch: *denotiert* ihn."[65]

„Fast alles kann für fast alles andere stehen", so lautet Goodmans Konventionsformel. Die Repräsentation oder, wie er sie später auch genannt hat, die „Abbildung"[66] errichtet eine Denotationsbeziehung zwischen Bild und dargestellten Gegenstand, die als solche keine Ähnlichkeitsbeziehung zueinander voraussetzt.[67] „So ist beispielsweise ein Bild, welches Churchill als Löwen darstellt, ein Löwenbild; es denotiert jedoch Churchill und ist in diesem Sinne ein Bild von Churchill."[68] In einem symmetrischen Abbildungsverhältnis ist das Bild immer Bild eines Abgebildeten, in einem asymmetrischen Verhältnis hingegen erscheint das Bild als Zeichen für etwas (das Bezeichnete) – und nicht umgekehrt, das Bezeichnete für das Zeichen –, das nicht notwendigerweise mit der visuellen Konfiguration übereinstimmt: ein Bild, das für eine Frau steht, kann ein Bild zum Beispiel einer weißen Rose sein – die Rose repräsentiert nicht eine weiße Rose schlechthin, sondern vielmehr eine bestimmte Frau. Das Bild gewinnt damit also eine Verweisungsfunktion unab-

---

[65] Goodman, Nelson, *Sprachen der Kunst*, A.a.O., S. 17.
[66] Goodman, Nelson, Elgin, Catherine Z., *Revisionen: Philosophie und andere Künste und Wissenschaften*, Übers. von Bernd Philippi, Frankfurt am Main, Suhrkamp Verlag, 1993, S. 162.
[67] Autoren wie Kendall L. Walton gehen davon aus, dass die Ähnlichkeit durch einem Glaubensumgang mit Bildern geprägt ist, das heißt, Bilder verkörpern – für uns – den dargestellten Gegenstand selbst. Deswegen kann für Walton die Denotation keine Hauptkategorie des Repräsentationsbegriffs sein. Walton, K. L., *Mimesis as Make-Believe: on the foundations of the representational arts*, Cambridge, Massachusetts, London, Harvard University Press, 1990, S. 122-130. Andere Varianten der Ähnlichkeitstheorien der Referenzbeziehung bieten etwa Hopkins, Robert, *op. cit.*, und Lopes, Dominic, *Understanding Pictures*, Oxford, Oxford University Press, 1996.
[68] Scholz, Oliver R., *Bild, Darstellung, Zeichen. Philosophische Theorien bildlicher Darstellung*, Frankfurt am Main, Klostermann, 2004, S. 179.

hängig vom Aussehen des dargestellten Gegenstandes: das Bild steht für eine Frau und nicht für eine weiße Rose oder, rein semiotisch formuliert, das Bild bezieht sich auf etwas nicht so sehr im Medium seiner visuellen Eigenschaften, sondern vor allem im Medium seiner passenden gegebenen Bedeutung. Damit wird auch die Frage nach dem Realismus in der Kunst eine Frage, die in keiner Weise eine Ähnlichkeitstheorie der bildlichen Symbole voraussetzt, sondern vielmehr „eine Frage der Gewohnheit"[69] ist. Die realistische Repräsentation schließt keine Imitation oder Illusion der Natur ein; sie ist hingegen ein Repräsentationssystem, „das für eine gegebene Kultur oder Person zu einer gegebenen Zeit die Norm ist."[70] „Dass ein Bild wie die Natur aussieht", – wie Goodman weiter argumentiert – „bedeutet oft nur, dass es so aussieht, wie die Natur gewöhnlich gemalt wird."[71] Daraus ergibt sich, dass eine symbolische Bezugnahme zwischen Bild und abgebildetem Gegenstand weder ein symmetrisches Verhältnis einbezieht, noch ein illusorisches Bildbewusstsein. „Wenn ich ein sehr realistisches Bild anschaue", so formuliert Goodman,

„gehe ich doch selten davon aus, daß ich buchstäblich in die Ferne greifen, die Tomate schneiden oder die Trommel schlagen kann. Vielmehr erkenne ich die Bilder als Zeichen für repräsentierte Gegenstände und Charakteristika – Zeichen, die sofort und unmißverständlich funktionieren, ohne daß sie mit dem von ihnen Denotierten verwechselt werden."[72]

Von diesem Standpunkt aus wird deutlich, dass Abbildung und Denotation kein Illusions- oder Deckungsverhältnis, keine Treue zwischen Bild und Gegenstand implizieren. Das Zeichen bleibt immer Zeichen für etwas – es lässt

---

[69] Goodman, Nelson, *Sprachen der Kunst*, A.a.O., S. 47. Über die Realismusthematik in der Goodmanschen Symboltheorie Vgl. zum Beispiel Mitchell, W. J. T., *op. cit.*, S. 345-362.
[70] Goodman, Nelson, *Sprachen der Kunst*, A.a.O., S. 45.
[71] Ebd., S. 47.
[72] Ebd., S. 43-44.

sich nicht, wie eine symmetrische Abbildtheorie der Repräsentation voraussetzt, mit der Sache verwechseln. Die Inkongruenz zwischen Zeichen und Bezeichnetem schließt jedoch nicht den sogenannten Realismus in der Kunst aus, sondern eine realistische Darstellung beruht vielmehr auf der Tatsache, dass das, was als Bild gilt, immer unter einem Konventionsverhältnis steht. Andernfalls – das heißt, ohne Konventionsformel – gäbe es auch keine Möglichkeit Bilder als realistisch oder nicht-realistisch zu bezeichnen.

2.3 Fiktion als Nulldenotation

Die Denotation kann in manchen Fällen unterschiedliche Hauptformen von Klassifikation implizieren. Ein Bild kann zum Beispiel eine Rose als weißen oder auch als roten Gegenstand denotieren. In solchen Fällen haben wir dann die gleiche Denotationsbeziehung – das Bild denotiert immer eine Rose –, aber mit zwei unterschiedlichen klassifikatorischen Richtungen: die Rose kann entweder als Weiße oder als Rote klassifiziert werden. Wenn das Bild eine weiße Rose denotiert, so wird das Adjektiv „weiße" als einzelne Klassifikation für die Rose gelten. (Das ist also ein Merkmal, das auch Bilder mit sprachlichen Beschreibungen teilen.) Was Goodman mit Klassifikation meint ist, dass „dasselbe Symbol zu mehreren Systemen gehören [kann]."[73] und damit eine neue Interpretation gewinnt. Die Annahme, dass die Denotation zahl-

---

[73] Goodman, Nelson, Elgin, Catherine Z., *Philosophie und andere Künste und Wissenschaften*, A.a.O., S. 158. Um der Klassifikationsbegriff zu erklären gibt Goodman auch das folgende Beispiel: „Eine einzelne Zeichnung könnte eine Forelle, eine Regenbogenforelle, eine Steelhead (nordamerikanische Art der Regenbogenforelle, A. d. Ü.) repräsentieren. Unterschiede in der Färbung, die einen Fisch aus einer der von der Zeichnung repräsentierten Klasse ausschließen, schließen ihn nicht aus einer anderen aus. Um das Bild in seinen vielfältigen Funktionen zu verstehen, müssen wir uns klarmachen, daß es in einem System Fische ausschließt, die keine Forellen sind; in einem anderen schließt es auch Forellen aus, die keine Regenbogenforellen sind; und in einem weiteren schließt es auch Regenbogenforellen aus, die keine Steelheads sind." Ebd.

reiche Verwendungen besitzen kann, dass – was das Bild angeht – ein einziges Symbol verschiedenen Klassifikationen entsprechen kann, resultiert, nach Goodmans Auffassung, in drei Hauptfällen bildlicher Denotationsbeziehung:

„Ein Bild, das einen Mann repräsentiert, denotiert ihn; ein Bild, das einen fiktionalen Mann repräsentiert, ist ein Mann-Bild; und ein Bild, das einen Mann als Mann repräsentiert, ist ein Mann-Bild, das ihn denotiert. Während es also im ersten Fall nur darum geht, was das Bild denotiert, und im zweiten nur darum, welche Art von Bild es ist, geht es im dritten sowohl um Denotation als auch um Klassifikation."[74]

Damit wird noch folgendes impliziert: ein fiktionaler Gegenstand, der durch ein Bild repräsentiert wird, hat nicht den gleichen symbolischen Status wie ein wirklicher Gegenstand. Denotation bezeichnet nicht jede Form der Bezugnahme. Sie bezeichnet nach Goodmans Auffassung ein implizites Vorverständnis der Existenz eines Gegenstandes.[75] Ein Bild, das etwas denotiert, bezieht sich auf einen bestimmten Gegenstand, der eine reale Existenz in der Welt hat. Das bedeutet, dass das Bild ein Referenzverhältnis zu etwas Außerbildlichem und damit Realem hat. Ein Bild kann aber etwas, dass keine wirkliche Existenz hat, symbolisieren. „Gemalte oder geschriebene Schilderungen von Don Quichotte zum Beispiel denotieren Don Quichotte nicht – der nicht denotiert werden kann, weil es ihn einfach nicht gibt."[76] Bilder die keine existenten Gegenstände repräsentieren – zum Beispiel ein Einhorn-Bild –, deno-

---

[74] Goodman, Nelson, *Sprachen der Kunst*, A.a.O., S. 37.
[75] Man kann hier die Überlegung über das Wesen der Denotation von Susanne Langer einfügen: „Connotation belongs to all symbols; it is the symbolic function that corresponds to the psychological act of conception. *Denotation accrues to symbols in practical use, for the applicability of concepts to „reality" is, after all, their constant pragmatic measure.* Both conception and denotation through language are natural activities, instinctive, popular, and therefore freely improvisational and elaborative; and both involve a constant pratice of abstraction from the pure experience of this, here-and-now." Langer, Susanne K., *Problems of Art. Ten Philosophical Lectures*, London, Routledge & Kegan Paul, 1957, S. 169. Die Hervorhebung ist von mir. Zu Langers Kritik einer Denotationstheorie des Symbols vgl. Langer, Susanne K., *Philosophical Sketches*, New York und London, Mentor, 1964, S. 53-61.
[76] Goodman, Nelson, *Weisen der Welterzeugung*, A.a.O., S. 128.

tieren nicht. Trotzdem ist ein Einhorn-Bild immer eine Darstellung; eine Darstellung aber, wie Goodman hinzufügt, die „keine Darstellung von etwas außerhalb ihrer einschließt."[77] Goodman findet in solchen *fiktiven Bildern* ein Gegenmodell zur Bezugnahme der Denotation. Und das heißt: fiktive Bilder denotieren nichts; sie besitzen keine denotative Eigenschaften. Oder wie er auch sagt: „Sie repräsentieren nichts; sie sind Repräsentationen mit Nulldenotation."[78]

Auf diese Weise wird auch verständlich, dass die Referentialität nicht immer eine lineare Beziehung von Bild und Wirklichkeit impliziert; und damit wird auch deutlich, dass Bilder immer in Bezug auf etwas denotieren, was eine reale Existenz hat. Daher können fiktive Bilder keine Realität abbilden, denn sie haben keine äußere Extension. Aber wird mit dieser Formulierung der Normfall der Denotation vollkommen ausgeschlossen? Dient die Denotation, wenn wir Goodmans Symboltheorie verfolgen, nur als Wirklichkeitskriterium?

Erstens: obwohl Goodman keinen konkreten Hinweis dafür gibt, zeigt es sich vollends deutlich, dass die nulldenotative Natur der Fiktion nicht unbedingt eine denotative Bezugnahmeform ausschließt. Denn Bilder beziehen sich nicht nur auf Gegenstände und Ereignisse; sie beziehen sich auch auf Bilder. Auch das gesteht in gewisser Weise Goodman zu: denn wenn ein Bild auf etwas verweist, wählt es „eine Klasse von Gegenständen aus, und gleichzeitig gehört es zu einer bestimmten Klasse oder zu Klassen von Bildern."[79]

---

[77] Ebd., S. 80.
[78] Goodman, Nelson, *Sprachen der Kunst*, A.a.O., S. 31. Charles William Morris hat bereits in seiner Zeichentheorie diese Nulldenotation vorausgesetzt: „Da eine Gebrauchsregel zwar sagt, was ein Zeichen denotieren kann, da das Zeichen aber nicht so verwendet werden muß, daß es denotiert, kann es Zeichen geben, die nichts denotieren, Zeichen, die Nulldenotationen haben." Morris, C. W., *Grundlagen der Zeichentheorie. Ästhetik der Zeichentheorie*, Übers. von Roland Posner unter Mitarbeit von Jochen Rehbein, Frankfurt am Main, Fischer Verlag, 1988, S. 47.
[79] Goodman, Nelson, *Sprachen der Kunst*, A.a.O., S. 40.

Es wäre dann plausibel zu behaupten, dass Bilder, die keine realen Gegenstände abbilden, auch denotieren können und zwar andere Bilder, die eine gemeinsame figurative Natur besitzen. Ein Einhorn hat natürlich keine reale Existenz; es hat jedoch eine figurative Existenz *als Bild*. Einhorn-Bilder müssen Einhorn-Bilder denotieren um als Einhorn-Bilder zu gelten. Denn wir wissen, dass ein Einhorn-Bild ein Einhorn und nicht etwa einen Engel abbildet, weil wir Einhorn-Bilder kennen und nicht allein wegen der Tatsache, dass ein Einhorn keine reale Existenz besitzt. Nulldenotation hängt also auch in solchen Fällen vom Normfall der Denotation ab.

Zweitens: wenn das Wirklichkeitskriterium nur eine Sache der Denotation und Nulldenotation ist, wenn in gleicher Weise ein nicht-realer Gegenstand immer eine nulldenotative Bezugnahme voraussetzt, so scheint es auch schwierig zu akzeptieren, dass Bilder – zum Beispiel mythische Darstellungsformen –, die eine starke emotionale Glaubensdimension haben, unter demselben Wirklichkeitskriterium fallen. Es scheint nicht hinreichend zu behaupten, dass ein Bild, welches keinen existenten Gegenstand repräsentiert, eine bloße Fiktion ist. Wenn das so wäre, hätten wir auch keine weiteren Kriterien um Bilder zu unterscheiden, die, obwohl sie keine realen Gegenstände darstellen, nicht zu derselben symbolischen Form gehören. Ein künstlerisches Einhorn-Bild hat sicherlich nicht denselben Status wie ein mythisches Einhorn-Bild. Denn Bilder werden nicht nur betrachtet – wie im Fall einer ästhetischen Kunstanschauung –, sie werden auch ritualisiert. Obwohl Goodman die aktive Rolle von Emotionen im Symbolisierungsprozess anerkennt („Sinnliche und emotionale Erfahrungen stehen auf komplexe Weise mit den Eigenschaften von Objekten in Beziehung"),[80] stellt er jedoch nicht in Frage, inwieweit die Korrelation von Wahrnehmung und Gefühl auf die Natur der

---

[80] Ebd., S. 230.

Zeichenbeziehung selbst wirkt. Oder anders formuliert: bleibt die Transparenz vom Zeichen und Bezeichnetem immer dieselbe und unberührbar auch wenn ein Bild einen entsprechenden emotionalen Wert hat?[81] Auf diese Frage aber gibt es in der Goodmanschen Philosophie keine Antwort.

2.4 Die Umkehrung der Denotation: Kontext als Referenz

Goodman nimmt den Denotationsbegriff als Kern der Repräsentation. Denotation ist eine symbolische Relation, die als solche für alle Kulturmedien gilt. Und bisher haben wir zwei Hauptfälle von Denotation analysiert: (1) den Normfall der denotativen Bezugnahme – x denotiert y (= ein Bild denotiert eine weiße Rose); und (2) den Fall der nulldenotativen Bezugnahme – x denotiert y nicht (= ein Einhorn-Bild denotiert kein Einhorn). Der Denotationsbegriff aber hat in der Goodmanschen Philosophie weitere Verwendungen. Seine Voraussetzung als Grundlage der Symbolisierungsprozesse und in gleicher Weise die Konventionsformel – „fast alles kann für fast alles andere stehen" – zeigt sich auch im Verhältnis von Bild und Kunst, nämlich im Status des Bildes als Kunstwerk.

Um die Frage nach dem „Was" der Kunst – *Was ist Kunst?* – durch die Frage nach dem „Wann" – *Wann ist Kunst?* – zu ersetzen,[82] stellt Goodman ein außerbildliches Moment des Repräsentationsprozesses dar, nämlich den Primat des Kontexts, des Erscheinungsorts des Bildes über die piktorische Eigenschaften des künstlerischen Werks. Dieser Primat hängt von der Gebrauchsfunktion des Bildes ab und setzt eine Relativierung des Status des

---

[81] Wir werden sehen (insbesondere Kap. 5), dass diese Frage eine wichtige Trennungslinie zwischen Goodmans und Cassirers Auffassung des Symbolbegriffs bildet.
[82] Goodman, Nelson, *Weisen der Welterzeugung*, A.a.O., S. 76-91.

Kunstwerks voraus. Es kann sein, wie Goodman formuliert, „daß ein Objekt zu gewissen Zeiten ein Kunstwerk ist und zu anderen nicht." Und er gibt einige Beispiele dafür:

„Der Stein ist normalerweise kein Kunstwerk, während er auf der Straße liegt, aber er kann eines sein, wenn er in einem Kunstmuseum ausgestellt wird. Auf der Straße erfüllt er gewöhnlich keine Symbolfunktion. (...) Andererseits kann ein Gemälde von Rembrandt aufhören, als Kunstwerk zu fungieren, wenn es als Ersatz für eine zerbrochene Fensterscheibe oder als Decke gebraucht wird."[83]

Was hier unmittelbar zum Ausdruck kommt ist die Idee, dass die Symbolhaftigkeit des Bildes als Kunstwerk nur als extrinsischer Prozess möglich ist – d. h. die intrinsischen Eigenschaften spielen keine besondere Rolle in einer solchen Symbolhaftigkeit, sondern das, was den Status eines künstlerischen Bildes ausmacht, ist nur außerhalb seiner selbst denkbar. Obwohl, wie wir schon gesehen haben, die Referenz gewissermaßen kontextfrei ist, gewinnt hier das Kriterium der Bezugnahme also eine Gegenrichtung, oder, so kann man sagen, eine äußerliche Bestimmung: das Kunstmuseum schafft den konventionellen Raum der Bezugnahme. Durch das Nicht-Einbeziehen der Wahrnehmung in den Symbolisierungsprozess kann sich Goodman erlauben eine Trennungslinie zwischen künstlerischen und nicht-künstlerischen Bildern zu ziehen. Goodman betont die Grenze zwischen beiden durch eine funktionalistische Auffassung des Werts des Bildes als Kunstwerk. Es ist nicht mehr das Bild als Kunstwerk, das als solches das Unterscheidungskriterium bezeichnet, sondern seine räumliche Umgebung – nämlich der säkularisierte Raum des Museums.

Diese Betonung des Kontexts lässt sich, so weit es mir scheint, in der Goodmanschen Sprache auf folgende Weise übersetzen: Das Bild steht – als

---

[83] Ebd., S. 87.

künstlerisches Bild – für ein Kunstmuseum. In diesem Fall aber – und auch wenn wir Goodmans Begriffsbestimmung der Bezugnahmemodi folgen – hängt der Bezugnahmemodus in direkter Weise vom Denotatum (Kunstmuseum) ab. So gesehen, haben wir hier eine Art Verweisung, die den Goodmanschen Begriff der *Exemplifikation* bereits voraussetzt: das Bild wird vom Denotatum exemplifiziert oder, in diesem Fall genauer, das Museum exemplifiziert das Bild als Kunstwerk.[84]

Es gibt natürlich Bilder oder Installationen, die für bestimmte Kunstmuseen gemacht sind. Es gibt Werke, die zu privaten Sammlungen gehören. Es gibt auch Werke – wie zum Beispiel diejenigen der sogenannten *Land-Art* – die keine dauerhafte physische Existenz besitzen. Die soziale hierarchische Dominanz des Museums ist jedoch nicht die einzige Institution die den Status der Kunst bewahrt. Galerien sind auch Orte der Kunst. Ohne sie gäbe es auch nicht die Möglichkeit neue und unbekannte Künstler zu entdecken. Wenn der Status des Bildes als Kunstwerk auch ein Prozess ist, so lassen sich Kunstwerke in keiner Weise auf Museen reduzieren. Andererseits scheint es mir fragwürdig zu glauben, dass allein die Tatsache, dass ein Bild in einem Museum hängt, eine Unterscheidung zwischen künstlerischen und nichtkünstlerischen Bildern erlaubt. (Damit ist aber nicht gemeint, dass der Raum

---

[84] Damit gewinnt das Museum eine Exemplifikationsfunktion. Die Exemplifikation als solche ist auch eine symbolische Modalität der Bezugnahme, die jedoch die entgegengesetzte Richtung der Denotation hat. Diese letztere impliziert, wie wir schon gesehen haben, einen linearen Bezugnahmemodus vom Bild zum denotierten Gegenstand (x steht für y). Bei der Exemplifikation haben wir hingegen den umgekehrten Prozess: das *Denotatum* stellt sich in erster Linie in Bezug zum Bild dar (y steht für x). Dafür gibt Goodman das folgende Beispiel: „Damit etwa ein Wort rote Dinge denotiert, ist nichts weiter erforderlich, als daß man es auf sie Bezug nehmen läßt; damit aber mein grüner Pullover ein Prädikat exempliziert, reicht es nicht aus, daß ich den Pullover auf dieses Prädikat Bezug nehmen lasse. Der Pullover muß auch von diesem Prädikat denotiert werden; das heißt, ich muß das Prädikat auch auf den Pullover Bezug nehmen lassen." Goodman, Nelson, *Sprachen der Kunst*, A.a.O., S. 65. Während also die Denotation eine gewisse Autonomie in Bezug auf den Denotatum hat, zeigt sich im Fall der Exemplifikation eine *direkte* Abhängigkeit des Symbols vom Denotatum. Vgl. darüber Cohnitz, Daniel & Rossberg, Marcus, *Nelson Goodman*, Chesham, Acumen, 2006, S. 145-146.

des Museums keinen wichtigen Einfluss hat; die Säkularisierung des Bildes, so weit es mir scheint, wäre nicht möglich ohne eine Säkularisierung des Raumes.) Wenn man Goodmans Auffassung weiter führt, kann man auch die Identität des Museums in Frage stellen. Ein Museum ohne Bilder (also leer) kann auch eine andere Funktion haben. Ein Museum ohne Kunstwerke kann auch kein Kunstmuseum sein. Andererseits bedeutet allein die Tatsache, dass ein Bild im Kunstmuseum hängt, keineswegs, dass es notwendigerweise als Kunstwerk wahrgenommen wird. Die soziale Anerkennung des Status des Bildes als Kunstwerk ist nicht unbedingt synonym seiner ästhetischen Wahrnehmung und Erfahrung.

Bilder werden in dieser Hinsicht nur dann als Kunstbilder betrachtet, wenn sich zwischen ihrer Materialität und ihrer symbolischen Bedeutung als Werk eine Art Gebrauchsidentität erfüllt. Diese „funktionale Auffassung"[85] des Status des Bildes stellt weder die Rolle der Wahrnehmung noch das physische Substrat des Bildes in Frage. Der Primat der Referenz herrscht auch hier. Nun hat uns Oswald Schwemmer in seiner *Kulturphilosophie* darauf hingewiesen, „wenn Dinge lediglich in ihrer Funktion betrachtet werden, heißt das, dass sie in ihrem Bezug auf etwas definiert werden, was sie selbst – als Phänomen bzw. in ihrem Ablauf betrachtet – nicht sind."[86] Ein prozessuales Geschehen des Symbols, ein kulturphänomenologischer Ansatz, findet sich aber nicht bei Goodman. Stattdessen wird vielmehr zum Beispiel die physische Existenzform des Bildes auch relativiert. Diese Relativierung stellt Goodman durch eine konventionelle Trennung zwischen „Werk" und „Gegenstand" dar. So Goodman:

---

[85] Goodman, Nelson, *Vom Denken und anderen Dingen*, A.a.O., S. 202.
[86] Schwemmer, Oswald, *Kulturphilosophie. Eine medientheoretische Grundlegung*, München, Wilhelm Fink Verlag, 2005, S. 50.

„Es ist ganz klar, daß ein Stück Bronze ein Kunstwerk und eine Keule sein kann; eine Leinwand kann ein Meisterwerk von Rembrandt und eine Decke sein. *Aber können ein physischer Gegenstand und ein Werk dasselbe sein?* Wir können genausogut fragen – tun es allerdings selten –, ob die Bronze und die Keule beziehungsweise die Leinwand und die Decke dasselbe sind?"[87]

Und als Antwort auf diese Frage fügt Goodman hinzu:

„Die passende Antwort scheint zu lauten, daß wir es in beiden Fällen mit denselben physischen Gegenständen zu tun haben, die verschiedene Funktionen erfüllen. Wir brauchen nicht nach einem von dem physischen Träger verschiedenen ästhetischen Gegenstand zu suchen, sondern müssen lediglich ästhetische von anderen, mehr praktischen Funktionen unterscheiden. Eine Keule ist zwar kein Rodin und eine Decke kein Rembrandt, derselbe physische Gegenstand kann jedoch in einigen Kontexten zuschlagen beziehungsweise wärmen und in anderen die symbolischen Funktionen eines Kunstwerks erfüllen."[88]

Goodman sieht also die Identität des Kunstwerks beziehungsweise künstlerischer Bilder als nur eine Frage der Gebrauchsfunktion. Die Bezugnahmeform eines Bildes ist relativ kontextfrei; seine Identität als Kunst hingegen nicht. Aber können wir, wie Goodman es vorschlägt, durch eine funktionale Trennung zwischen Werk und Gegenstand den spezifischen Charakter des Bildes als Kunstwerk bezeichnen? Gewiss, ein Bild ist auch ein Gegenstand. Ein Gegenstand aber, der bestimmte Konfigurationseigenschaften besitzt, wie Linien, Farben, Formen, Rahmen und so weiter, bildet als solcher eine sinnliche Zeichenhaftigkeit und differenziert sich gleichzeitig von anderen Gegenständen. Wer ein Bild als Kunstwerk betrachtet, betrachtet auch seine materielle Konfiguration. Die Materialität dient nicht als bloßer Bildträger, sondern sie gehört vielmehr zur Individualität des Bildes selbst. Goodmans

---

[87] Goodman, Nelson, *Vom Denken und anderen Dingen*, A.a.O., S. 202-203. Die Hervorhebung ist von mir.
[88] Ebd.

Unterscheidung von Werk und Gegenstand aber setzt nicht eine solche unlösliche Einheit voraus. Denn die Materialität eines Kunstwerks wird unter den gleichen Umständen wie ein Alltagsgegenstand einbezogen – das Bild auf der Strasse, wie der Stein auf die Strasse. Sowohl die Wiedererkennung als auch die Betrachtung eines Bildes als Kunstwerk liegen nicht allein in seiner semantischen Bedeutung. Kunstwerke unterscheiden sich von anderen Gegenständen auch wegen ihrer eigenen physischen Existenz. Jemand, der nicht in der Lage wäre, ein Gemälde Van Goghs von einer bloßen Oberfläche zu unterscheiden, wäre sicherlich auch nicht in der Lage, dasselbe Gemälde in einem Museum als Kunstwerk zu genießen. Unsere künstlerische Wahrnehmung kommt nicht allein innerhalb eines Museums zum Ausdruck.

Die Kontextualisierung der Materialität des Bildes scheint hier das einzige Kriterium zu sein, denn Goodman ist nur am visuellen Informationscharakter des Bildes interessiert, nicht aber an seiner individuellen Bildlichkeit. Dieser Grund, wie wir gesehen haben, gibt der Goodmanschen Bildtheorie eine referenztheoretische Richtung – das heißt, Symbole wie Bilder, Musik, Tanz und so weiter werden ohne ihre sinnliche Zeichenform berücksichtigt.[89] Diese Nicht-Voraussetzung der Sinnlichkeit des Bildes führt, wie mir scheint, zu zwei theoretischen Konsequenzen. Erstens: die Wahrnehmung wird nicht im Verhältnis von Bild und Symbolisierungsprozess vorausgesetzt; Zweitens: zwischen symbolischen Formen und Wahrnehmung – den verschiedenen Sinnmodalitäten der Repräsentation – wird auch keine echte Korrelation einbezogen.

---

[89] Vgl. darüber Lopes, Dominic, *op. cit.*, S. 345-362.

2.5 Schluss

In einer Ähnlichkeitstheorie des Bildes, wie wir gesehen haben, wird eine Art Transparenz zwischen Bild und abgebildetem Gegenstand vorausgesetzt. Goodmans Symboltheorie des Bildes ersetzt die Ähnlichkeitsbeziehung durch eine zeichenhafte Referenzbeziehung. Trotz dieses Ersatzes aber – und dies, so muss man sagen, ist Goodmans größtes Verdienst – bleibt immer noch die angebliche Idee einer Transparenz zwischen Bild und abgebildetem Gegenstand beziehungsweise *Denotatum* als Voraussetzung inhärent. Denn der Referenzbegriff – sowohl in der Semiotik wie in der Linguistik – impliziert eine extensionale Bezugnahme, die in keiner Weise abhängig von Wahrnehmungsprozessen und symbolischen Formen ist. (Ist aber der Symbolisierungsprozess nur eine Frage der Stellvertretung? Reicht es zu sagen, dass ein Bild, das einen Mann repräsentiert, ihn auch denotiert?) Ein Bild, wie ein Wort, bezieht sich auf ein bestimmtes Bezugsobjekt durch ein kommensurables Verhältnis, das heißt, die Regeln der Bezugnahme sind in diesem Falle unabhängig vom Prozess der Bezugnahme selbst. Fraglich ist hier, inwieweit man überhaupt von einem prozessualen bildlichen Geschehen sprechen kann. Als Zeichengeschehen bieten Bilder nach Goodmans Ansicht keine Art von referentieller Divergenz, kein sozusagen Obstakel beim Aufbau der Bezugnahme – vielmehr konvergiert das Zeichen immer mit einem bestimmten *Denotatum*. Ein mögliches Spannungsverhältnis oder ein Nicht-Transparenzverhältnis von Bild und Abgebildetem spielt bei Goodman keine entscheidende Rolle. Die Leistung der Wahrnehmung scheint bereits von einer ununterbrochenen Reihe von Referenzverhältnissen vorprogrammiert zu sein, die, obwohl sie nicht immer den gleichen Bezugsobjekten und gleichen symbolischen Systemen entsprechen, dieselbe Konvergenz und Transparenz der Bezugnahme enthüllen. Goodmans Symboltheorie des Bildes ist gewissermaßen eine Reaktion auf eine Ähnlichkeitstheorie der Repräsentation. Die Unterschätzung der Rolle der Wahrnehmung bezeichnet bereits die Notwendigkeit einer Annäherung an den Bildbegriff ohne irgendeine Voraussetzung, die das Bild mit dem Bereich des Sinnlichen verbinden könnte. Die Frage ist, wie schafft es Goodman eine Überwindung der Ähnlichkeitstheorie und damit eine Begründung der Symboltheorie des Bildes zu leisten, ohne die Wahrnehmung selbst einzubeziehen? Goodman gibt uns keine richtige Antwort auf solch eine Frage. Was er vielmehr zu beweisen versucht, ist, dass eine Symboltheorie des Bildes nicht von einem theoretischen Wahrnehmungsansatz abhängig ist. Diese These ist für Goodman nur plausibel geworden, weil er die phänomenologische Dimension mit der semiotischen Dimension einer sprachgebundenen Referentialität der Repräsentation ersetzt. Ein Referenzansatz der verbalen Symbole gibt das Motto für eine Denotationstheorie des Bildes und der allgemeinen nicht-verbalen Symbole. Goodmans Kritik der Ähnlichkeitstheorie aber gibt keine andere Alternative für eine Symboltheorie des Bildes, die in einem Wahrnehmungsansatz begründet ist. Dies scheint übrigens eine unmittelbare Konsequenz der angeblichen Transparenz der denotativen Bezugnahme zu sein.

3

BILD UND KULTUR
DAS KRITERIUM DER ARTIKULATION

Die zwei bereits dargestellten Kriterien – das Kriterium der Adäquation und das Kriterium der Denotation – haben uns gezeigt, dass die Frage nach dem Verhältnis von Bild, Wahrnehmung und symbolischen Formen noch keine theoretische Grundlage des Bildbegriffs einschließt. Sowohl der phänomenologische Adäquationsbegriff als auch der semiotische Denotationsbegriff scheinen eine kulturphilosophische Annäherung an den Bildbegriff nicht erfüllen zu können. Eine Versöhnung beider Theorien – etwa unter dem Leitspruch einer Kompatibilität von Ähnlichkeitsverhältnis und Denotationsverhältnis – bietet, so weit es mir scheint, keine hinlängliche Antwort auf eine kulturphilosophische Deutung des Bildbegriffs. Beide Theorien setzen einen Primat der Referenz – sei es durch Ähnlichkeit oder durch Konvention – über die Wahrnehmungsprozesse und ebenfalls über die sinnliche Konfiguration des Bildes voraus. Das Kriterium der Adäquation, wie wir gesehen haben, sieht in solch einem Primat eine Art Absicherung des intentionalen Aktes des Bewusstseins, beziehungsweise des immanenten intuitiven Bildbewusstseins. Als symbolische Bilder benennt Edmund Husserl nur diejenigen nicht-künstlerischen Bilder, die nicht in der Lage sind, eine bestimmte Bedeutung vollkommen zu fixieren. Das Kriterium der Denotation dagegen, wie üblicherweise im semiotischen Ansatz konzipiert, sieht im Vorrang der referentiellen Zeichenhaftigkeit des Bildes eine unabdingbare Voraussetzung für jede symbolische Repräsentationsfunktion. Weder die materielle Sinnlichkeit des Zeichens noch die Rolle der Wahrnehmung wird jedoch richtig berücksichtigt. Wie man ein bildliches Referenzverhältnis auch immer einschätzen mag, es reicht nicht allein aus um die symbolische Verwirklichung des Bildes als Kulturmedium zu umfassen. Denn eine angeblich sinnfreie Sinnlichkeit des Bildes oder ein Übergewicht des Denotationsmodus bilden als solche keinen haltbaren theoretischen Ausgangspunkt einer kulturphilosophischen Deutung des Bildbegriffs. Der Hiatus von Sinnlichem und Sinn, den beide Kriterien gemein haben, ermöglicht deshalb keine Zusammenwirkung zwischen Bild, Wahrnehmung und symbolischen Formen. Solange der Bildbegriff in einem Referenzverhältnis haften bleibt, bleibt auch die aktive Rolle der sinnlichen Dimension des Bildes außerhalb der Wahrnehmungsprozesse. Um diesen Hiatus zu überbrücken, brauchen wir dementsprechend ein anderes Kriterium. Mit dem Kriterium der „Artikulation" werden wir versuchen diese Forderung zu erfüllen. In diesem Sinne enthält dieses Kapitel eine programmatische Aufgabe: es soll dazu dienen – gemäß Ernst Cassirers Auffassung des Symbolischen –, die theoretische Basis des Bildes als Kulturmedium zu etablieren.

3.1 Die Stellung des Bildes als Kulturmedium

Die Anerkennung der Bilder als Kulturträger ist seit Platons Bildkritik immer wieder ein konsensloser Reflexionsbereich. Die Sprache beherrscht nicht nur das Zentrum der Reflexion, sondern ist zugleich das haupttheoretische Modell der Reflexion selbst über kulturelle Ausdrucksformen. Die theoretische Dominanz der Sprache hat die Reflexion über das Bild lang verdunkelt und der Bildbegriff ist daher kein wichtiger Ausgangspunkt für eine Theorie der Kultur oder ist sogar in manchen Fällen negativ konnotiert. Die Spannung zwischen Bild und Wort hat sich jedoch nicht vollends aufgelöst. Man spricht heutzutage zum Beispiel von einer piktorischen Wende (*pictorial turn*)[90] innerhalb der Kulturwissenschaften, die angeblich eine Antwort auf die linguistische Wende (*linguistic turn*)[91] des 20. Jahrhunderts werden will. Wenn man Cassirers Philosophie betrachtet, findet man aber keinen theoretischen Streit, keine hierarchische Ordnung unter Kulturmedien. Seine Philosophie ist hingegen ein starker Beweis dafür, dass sowohl sprachliche als auch bildliche Ausdrucksformen immerzu eine unlösliche Einheit innerhalb der menschlichen Kultur bilden. Von der gewöhnlichen Tendenz, die menschlichen Ausdrucksformen auf den Bereich der Sprachzeichen zu reduzieren, hat sich Cassirer immer distanziert. Nachdem er sich in seinem ersten Band der *Philosophie der symbolischen Formen* mit der Analyse der Sprache beschäftigt hat, nimmt Cassirer als nächste philosophische Aufgabe eine Rekonstruktion des mythischen Bewusstseins an. Damit wird auch eine fundamentale Auseinandersetzung zwischen der Welt der Sprache und der mythischen Bildwelt vorausgesetzt. Im Mythos scheint nicht das Wort den Primat der Vermittlung zu haben, sondern vielmehr das Bild. Die magische Trias Bild-, Wort- und Schriftzauber bildet nach Cassirers Auffassung die besondere Vermittlungsinstanz der mythischen Vorstellungswelt. Was uns das Beispiel der mythischen Medialität vornehmlich zeigt, ist, dass sich bildliche Symbolisierungsmodi in Symbolisierungsmodi der Sprache spiegeln.[92] Bildlichkeit und

---

[90] Vgl. Mitchell, W. J. T., *Picture Theory: Essays on Verbal and Visual Representation*, A.a.O., S. 11-34.
[91] Vgl. Rorty, Richard (Edit.), *The Linguistic Turn: Essays in Philosophical Method*, With two Retrospective Essays, Chicago and London, The University of Chicago Press, 1992.
[92] Über die Wechselbeziehung von mythischen Bilder und mythischen Narrativen Vgl. etwa Reinach, Salomon, *De l'influence des images sur la formation des mythes*, In: *Cultes, Mythes et Religions*, Édition établie, présentée et annotée par Hervé Duchêne, Paris, Éditions Robert Laffont, 2000, S. 705-715.

Sprachlichkeit sind von Anfang an keine inkompatiblen Phänomene, sondern sie ergänzen und durchdringen sich.

Demzufolge scheint es fraglich, die Welt der Sprache als die einzige und wahre symbolische Welt der menschlichen Kultur zu berücksichtigen. Der Anspruch, dass ohne die Begrifflichkeit der Sprache keine deutliche Anordnung unserer Wahrnehmungs- und Denkensformen möglich wäre, erstreckt sich auf eine tradierte logozentrische Auslegung der Symbolik, die immer noch beispielsweise in der modernen Linguistik ans Licht kommt. Cassirer teilt jedoch solch eine Idee nicht. Er weist darauf hin, dass neben den Symbolen der Sprache auch die Symbole der bildenden Kunst eine der wichtigsten Gestaltungskräfte des menschlichen geistigen Lebens sind. Ferdinand de Saussures Einschätzung im *Cours de linguistique générale*, dass es ohne die propositionale Dimension der Sprache bloß eine chaotische Beziehung zur Wirklichkeit geben würde, ist für Cassirer nicht vorstellbar. So schreibt er:

„We must admit that language is in a sense at the root of all the intellectual activities of man. It is his principal guide; it shows him a new way that gradually leads to a new conception of the objective world. But can we say that this way is the only one; that without language man would be lost in the dark, that his feelings, his thoughts, his intuitions would be wrapped in dimness and mystery? In giving such a judgment we should not forget that besides the world of language there is another human world which has a meaning and a structure of its own. There is, as it were, another symbolic universe beyond the universe of speech, of verbal symbols. This universe is the world of arts – of music and poetry, of painting, of sculpture and architecture."[93]

Eine reine propositionale Auffassung der menschlichen Sprache würde auch die Anerkennung anderer kultureller Ausdrucksformen in Frage stellen.

---

[93] Cassirer, Ernst, *Language and Art I*, In: *Symbol, Myth, and Culture. Essays and Lectures of Ernst Cassirer 1935-1945*, Edited by Donald Phillip Verene, New Haven and London, Yale University Press, 1979, S. 145-165, S. 152-153.

Schon die Sprache, wie Cassirer immer wieder betont hat, besitzt keineswegs nur einen propositionalen und semantischen Charakter – sie ist ebenso durch ihre expressive Dimension bestimmt. „Denn neben der begrifflichen Sprache", so schreibt Cassirer, „gibt es eine emotionale Sprache, neben der logischen oder wissenschaftlichen Sprache gibt es eine Sprache der poetischen Phantasie. Zuallererst drückt die Sprache nicht Gedanken oder Ideen aus, sondern Gefühle und Affekte."[94] Die Anerkennung dieser expressiven Dimension der Sprache ebnet gewissermaßen den Weg, um andere menschliche Symbolismen, die sich nicht auf die reine Begrifflichkeit der Sprache reduzieren lassen, als selbständige kulturelle Ausdrucksformen zu beachten. Die Zeichen der Sprache sind nicht die einzigen Kulturmedien, in denen sich jede symbolische Form sinnlich fixiert. Sowohl die Bilder der Kunst als auch die Symbole der Musik und Dichtung sind wichtige Bestandteile solch einer Versinnlichung.

Solch eine Versinnlichung ist in diesem Sinne eine unerlässliche Bedingung jeder symbolischen Vermittlung. In Bezug auf den Cassirerschen Begriff des Symbols ist die Beziehung zwischen Vermittlung und Ausdruck eng mit ihren sinnlichen Erscheinungsformen verbunden. Bilder und Sprachzeichen sind weder bloß Artefakte der menschlichen Gestaltungsfähigkeit, noch statische Gebilde für jede sprachliche oder künstlerische Erfahrung, sondern sie sind in ihrer Bildung und Anwendung konsistente Bestandteile einer dynamischen Gliederung zwischen Sinnlichem und Geistigem. Eine wichtige Konsequenz dieses Punktes – das heißt die positive Anerkennung der expressiven Dimension der menschlichen Kultur – liegt in der allgemeinen Auffassung des Cassirerschen Begriffs der „symbolischen Form", die ein dialogisches Prinzip zwischen Kultur und Sinnlichkeit einbezieht. Symbole wie

---

[94] Cassirer, Ernst, *Versuch über den Menschen. Einführung in eine Philosophie der Kultur*, Aus dem Englischen übers. von Reinhard Kaiser, Hamburg, Felix Meiner Verlag, 1996, S. 51. Vgl. auch Cassirer, Ernst, *Language and Art I*, A.a.O., S. 149.

Bilder oder Wörter sind vor allem als *sinnliche Zeichen* zu verstehen. „Unter einer ‚symbolischen Form',, so lautet Cassirers bekannte Definition, „soll jede Energie des Geistes verstanden werden, durch welche ein geistiger Bedeutungsgehalt an ein konkretes sinnliches Zeichen geknüpft und diesem Zeichen innerlich zugeeignet wird."[95] Es handelt sich nicht, wie zum Beispiel bei Saussure,[96] um eine kulturelle Bestimmung des Symbols ohne ihre sinnliche Konfiguration, ohne ihre materielle Gestaltung. Man muss davon ausgehen, dass es, wenn dies nicht der Fall wäre, wenn die sinnliche Konfiguration des Symbols keine aktive Rolle spielen würde, auch weniger Möglichkeiten gäbe es, um die menschliche Ausdruckskraft innerhalb der Symbolbildung einzusetzen. Die idealistische Ansicht, dass die Medialnatur des Bildes und des Sprachzeichens keine andere ist als ihre geistige, wäre also hier sowohl unzulänglich, um eine Auseinandersetzung von Bild und Vermittlung zu entwickeln, als auch hinderlich, um ein kulturphilosophisches Kriterium zwischen Bild, Wahrnehmung und symbolischen Formen zu gründen.

3.2 Die Frage nach der Artikulation

Die sinnliche Verkörperung von symbolischen Formen durch Bilder und Sprachzeichen bringt unmittelbar die Frage nach ihrer kulturellen Gliederung ins Spiel. Denn für Cassirer besteht ein Kulturmedium aus einer symbolischen

---

[95] Cassirer, Ernst, *Der Begriff der symbolischen Form im Aufbau der Geisteswissenschaften*, In: *Wesen und Wirkung des Symbolbegriffs*, Darmstadt, Wissenschaftliche Buchgesellschaft, 8. Aufl., 1994, S. 169-200, S. 175.
[96] Die Geschichte der modernen Linguistik hat auch kaum die visuelle Dimension der Sprache beziehungsweise der Schrift berücksichtigt. Bei Ferdinand de Saussure wird sie sogar negativ bewertet. Seine Auffassung der „tyrannie de la lettre" und der „fait pathologique" der Schrift ist immer noch mit einer schriftfeindlichen Tradition gegen die graphische Übertragung der Sprache eng verbunden. Saussure, Ferdinand de, *Cours de linguistique générale*, Édition critique préparée par Tullio de Mauro, Éditions Payot & Rivages, Paris, 2005, S. 53. Vgl. darüber etwa Coulmas, Florian, *Über Schrift*, Frankfurt am Main, Suhrkamp Verlag, 1982, S. 21-56.

Materialisierung in einem bestimmten sinnlichen Zeichen. Was ihn zuerst unterscheidet von einem bloßen Gegenstand-unter-Gegenständen, ist die Tatsache, dass er eine eigene Vermittlungskraft besitzt um eine Bedeutung zu erzeugen und zu übertragen. Bilder sind Ur-Beispiele dafür. Indem sie eine Bedeutung erfüllen, erlauben sie auch eine Wechselbeziehung zwischen ihrem sinnlichen Symbolsubstrat und ihrem entsprechenden symbolischen Gehalt. Cassirer bezeichnet solch eine Wechselbeziehung von Bedeutung und Sinnlichkeit als die erste Hauptfrage einer Philosophie der Kultur überhaupt. „Das erste Problem", wie Cassirer formuliert, „das uns in der Analyse der Sprache, der Kunst, des Mythos entgegentritt, besteht in der Frage, wie überhaupt ein bestimmter sinnlicher Einzelinhalt zum Träger einer allgemeinen geistigen ‚Bedeutung' gemacht werden kann."[97] Oder kurz ausgedrückt: wie kann eine sinnlich gegebene Form eine spezifische kulturelle Bedeutung erfüllen?

Wir müssen nun dieses erste Problem einer Kulturphilosophie in die Frage nach dem Bildbegriff übersetzen. So soll unsere Frage lauten: *wie kann das Bild in seiner sinnlich-wahrnehmbaren Präsenz eine kulturelle Bedeutung erzeugen?* Als sinnliches Objekt ist das Bild gleichzeitig auch eine Konfiguration der Sinnlichkeit selbst – das heißt, die Sinnlichkeit hat hier keine passive Rolle, sondern sie erfüllt sich ebenfalls indem sie sich bildmäßig sichtbar und greifbar macht. Damit ist eine *conditio sine qua non* gemeint. Die klassische Polarität von Sinnlichem und Geistigem, von Bild und Bedeutung muss zuerst überwunden werden und an ihre Stelle muss ein Austauschprozess untereinander treten. Cassirer hat versucht, den Symbolisierungsprozess der Kulturmedien – Bild, Wort, Schrift, Zahl, usw. – unter dieser allgemeinen Voraussetzung zu interpretieren. Der Kernbegriff, der solch eine Überwin-

---

[97] Cassirer, Ernst, *Philosophie der symbolischen Formen, Erster Teil: Die Sprache*, Darmstadt, Wissenschaftliche Buchgesellschaft, 10. Aufl., 1994, S. 27.

dung der Polarität von Sinnlichem und Geistigem bezeichnen kann, lässt sich mit dem Terminus „Artikulation" festlegen. Was ist aber, so muss jetzt unsere nächste Frage lauten, mit Artikulation gemeint?

Wenn wir kurz die Geschichte des philosophischen Artikulationsbegriffs betrachten, so erscheint er ursprünglich mit der Auslegung der Sprache eng verbunden. Wilhelm von Humboldt hat in seiner Sprachphilosophie den Terminus „Artikulation" verwendet um das gemeinsame Hauptmerkmal jeder menschlichen Sprache zu kennzeichnen. Nach seiner Ansicht ist die Artikulation das „herrschende Princip",[98] „das eigentliche Wesen der Sprache, der Hebel, durch welchen sie und der Gedanke zu Stande kommt, der Schlussstein ihrer beiderseitigen innigen Verbindung."[99] Man kann diesen Gedanken auch so zusammensetzen: die artikulierten Laute der sprachlichen Zeichen erlauben uns gleichzeitig unsere Erfahrungen zu gliedern und diesen eine bestimmte Bedeutung zu geben. Die Natur der Artikulation hat daher eine doppelte Dimension: das heißt, die phonetische Gliederung der Lautzeichen bildet im Zusammenhang mit der semantischen Gliederung des Gedankens das Grundverhältnis der Artikulation selbst. Daraus ergibt sich hier eine weitere

---

[98] Humboldt, Wilhelm von, *Ueber das vergleichende Sprachstudium in Beziehung auf die verschiedenen Epochen der Sprachentwicklung*, in: *Schriften zur Sprachphilosophie*, Werke in fünf Bänden, Band III, Hrsg. von Andreas Flitner und Klaus Giel, Berlin, Rütten & Loening, 1963, S. 1-25, S. 13.

[99] Humboldt, Wilhelm von, *Ueber die Verschiedenheiten des menschlichen Sprachbaues*, *Schriften zur Sprachphilosophie*, A.a.O., S. 144-367, S. 192. „Die Articulation beruht auf der Gewalt des Geistes über die Sprachwerkzeuge, sie zu einer Behandlung des Tons zu nöthigen, welche der Form seines Wirkens entspricht." Der Laut aber ist nach Humboldts Auffassung nicht die einzige Voraussetzung der Artikulation. So Humboldt: „Dass die Sprache ohne vernommenen Laut möglich bleibt, und insofern ganz innerlich ist, lehrt das Beispiel der Taubstummen. Durch das Ohr ist jeder Zugang zu ihnen verschlossen, sie lernen aber das Gesprochene an der Bewegung der Sprachwerkzeuge des Redenden und dann an der Schrift verstehen, sie sprechen selbst, indem man die Lage und Bewegung ihrer Sprachwerkzeuge lenkt. Dies kann nur durch das, auch ihnen beiwohnende Articulationsvermögen geschehen, indem sie durch den Zusammenhang ihres Denkens mit ihren Sprachwerkzeugen in Andern aus dem einen Gliede, der Bewegung seiner Sprachwerkzeuge, das andre, sein Denken, errathen lernen. Der Ton, den wir hören, offenbart sich ihnen durch die Lage und Bewegung der Organe, sie vernehmen seine Articulation ohne sein Geräusch." Ebd., S. 192-193.

Frage, nämlich ob dieses Prinzip der Artikulation auch gültig für den Bildbegriff werden kann.

Der Artikulationsbegriff im linguistischen Sinn setzt eine Differenz zwischen den Gliederungselementen der Sprache voraus. Die phonetische Gliederung einer diskursiven Äußerung besteht in einem bestimmten und unerlässlichen Unterschiedsgrad von Laut und Bedeutung; ein phonetischer Laut muss sich von anderen Lauten verschieden gestalten, um eine spezifische sprachliche Bedeutung erfüllen zu können. Diese Besonderheit, die die diskursiven Symbolkonfigurationen implizieren, scheint auf den ersten Blick im Vergleich mit dem normalen Fall der bildlichen Symbolkonfigurationen keine passende Korrespondenz zu enthüllen. Andererseits zeigt uns eine linguistische Auffassung der Sprachgliederung normalerweise, dass die Lautsequenz eines Wortes keine sinnliche Identität mit der Form des dargestellten Gegenstandes hat. Jürgen Trabant hat diese Idee mit folgendem Beispiel illustriert: „Im Gegensatz zum Bild, wo die Form des gemalten Tisches eben die Form des dargestellten Tisches wiedergibt, bildet die materielle Form eines Wortes den Inhalt nicht ab."[100] Auf ähnliche Annahmen hat sich vornehmlich die traditionelle Zeichentheorie gestützt, um eine klare Demarkationslinie zwischen Naturzeichen – Bilder – und willkürlichen Zeichen – Sprachzeichen – zu begründen. So kann man auch zum Beispiel bei Johann Gottfried Herder lesen:

„Die Zeichen der Malerei sind natürlich: Die Verbindung der Zeichen mit der bezeichneten Sache ist in den Eigenschaften des Bezeichneten selbst gegründet. Die Zeichen der Poesie sind willkürlich: die artikulierten Töne haben mit der Sache

---

[100] Trabant, Jürgen, *Artikulationen. Historische Anthropologie der Sprache*, Frankfurt am Main, Suhrkamp Verlag, 1998, S. 77-78.

nichts gemein, die sie ausdrücken sollen; sondern sind nur durch eine allgemeine Convention für Zeichen angenommen."[101]

Die Idee eines Zeichenverhältnisses, obgleich unter Rekurs auf eine natürliche Verweisungsweise, ist in Herders Formulierung bereits einbezogen: das bildliche Zeichenverhältnis setzt eine *exogene* Kongruenz zwischen Bild und bezeichnetem Gegenstand voraus; das Zeichen lässt sich folglich nicht vom Bezeichneten unterscheiden, weil das Zeichenverhältnis immer noch einer äußeren und substantiellen Bezugnahme entspricht. Eine andere Auslegung dafür bietet uns zum Beispiel Leon Battista Alberti in seinem Traktat *Della Pittura*. Obwohl Alberti ebenfalls die Ähnlichkeitstheorie von Bild und Abgebildetem vertritt – der Erfolg des Künstlers besteht in der Fähigkeit die Wirklichkeit im Gemälde zu reproduzieren –, versteht er aber schon die piktorische Verweisungsstruktur von Punkten und Linien als *endogenes* Zeichenverhältnis, das als solches erst die Transparenz der Bildfläche erschafft:[102] das Zeichen fängt mit dieser internen Bezugnahme an – das Bild wird nur dann Bild, wenn seine sinnlichen Elemente in Verbindung zueinander gesetzt werden.

Abgesehen davon würde aber ein Bild immer noch keine eigene Artikuliertheit besitzen aufgrund einer angeblich kausalen Identität zwischen der wirklichen Form eines Gegenstandes und der bildlichen Darstellungsform des Gegenstandes selbst. Cassirer aber teilt diese Auffassung nicht. Die vom Menschen geschaffenen sinnlichen Zeichen sind als künstliche Medien zu begreifen. Die Künstlichkeit der „willkürlichen Zeichen"[103] – wie Cassirer im

---

[101] Herder, J. G., *Kritische Wälder. Oder Betrachtungen über die Wissenschaft und Kunst des Schönen*, In: Sämmtliche Werke, 13. Band, Hrsg. von Heyne, Stuttgart und Tübingen, J. G. Cotta'scher Verlag, 1829, S. 183.
[102] Alberti, Leon Battista, *Della Pittura – Über die Malkunst*, Hrsg. und übers. von Oskar Bätschmann und Sandra Gianfreda, Darmstadt, Wissenschaftliche Buchgesellschaft, 2007, S. 66-67.
[103] Cassirer, Ernst, *Philosophie der symbolischen Formen, Erster Teil: Die Sprache*, A.a.O, S. 41.

Allgemeinen alle bildlichen und sprachlichen Formen nennt – schafft eine „Wandlung zur Gestalt", eine „Richtung der Zeichengebung", die zugleich „in ihren verschiedenen Richtungen erst wahrhaft das geistige vom sinnlichen Bewusstsein" zur Unterscheidung bringt.[104] Die Tatsache aber, dass Bilder keine Naturzeichen sind, bedeutet keineswegs eine Negation ihrer sinnlichen Dimension. Ganz im Gegenteil. Es bedeutet vielmehr, dass die kulturelle Bestimmung des Bildes immerzu die aktive Rolle der Sinnlichkeit fordert und benötigt. Denn eine natürliche Ansicht des Repräsentationsmodus des Bildes würde hingegen die Rolle der Sinnlichkeit auf eine passive Ebene reduzieren. Die Art und Weise, wie das mediale Zwischenreich des Bildes sowie des Sprachzeichens und ihre sinnlichen Substrate sich miteinander verbinden, bringt die „Gebundenheit" und gleichzeitig die „Freiheit" zum Ausdruck, die jedes symbolisch-artifizielle Medium in Bezug auf die Bereiche der Sinnlichkeit hat.[105] „In jedem sprachlichen ‚Zeichen', in jedem mythischen oder künstlerischen ‚Bild'", so betont Cassirer,

„erscheint ein geistiger Gehalt, der an und für sich über alles Sinnliche hinausweist, in die Form des Sinnlichen, des Sicht-, Hör- oder Tastbaren. Es tritt eine selbständige Gestaltungsweise, eine spezifische Aktivität des Bewußtseins auf, die sich von aller Gegebenheit der unmittelbaren Empfindung oder Wahrnehmung unterscheidet, um sich dann doch eben dieser Gegebenheit selbst als Vehikel, als Mittel des Ausdrucks zu bedienen."[106]

Die Frage nach der Artikulation stellt sich demgemäß bereits mit dieser Wechselbeziehung von Sinnlichem und Geistigem – einer notwendigen Wechselbeziehung, die sich in allen Kulturmedien erfüllt – und nicht lediglich in Bezug auf einen einzigen Repräsentationsmodus eines jeden Kulturmedi-

---

[104] Ebd., S. 43.
[105] Ebd., S. 42.
[106] Ebd.

ums. Nelson Goodmans Verwendung des Artikulationsbegriffs enthält, wie wir gesehen haben, nur diesen zweiten Aspekt. Obwohl Goodmans Symboltheorie keine kausale Identität beziehungsweise Ähnlichkeit von Bild und Gegenstand voraussetzt, verwendet er hauptsächlich den Artikulationsbegriff in Bezug auf sprachliche Symbolsysteme. Seine Grundunterscheidung zwischen artikulierten Symbolen (sprachlichen Systemen) und unartikulierten Symbolen (bildlichen Systemen) erlaubt weder eine phänomenologische Begründung des Bildes, noch eine Zusammengliederung von Bild und Sprachzeichen. Berücksichtigen wir aber, dass Bilder keine eigene Artikuliertheit besitzen, so würden sie auch keine sprachgesteuerte Gliederung erfüllen – und damit wäre es auch kaum vorstellbar, wie sich zum Beispiel wissenschaftliche Bilder gliedern und verstehen lassen. Solch eine rein linguistische Auffassung des Artikulationsbegriffs findet sich bei Cassirer nicht. Im Hinblick auf Humboldts Sprachphilosophie sieht Cassirer die Artikulation nicht nur als Wesen der Sprache, sondern sie gilt auch – obwohl mit unterschiedlichen Gliederungsformen – für die Symbolgestaltung aller Kulturmedien beziehungsweise für die symbolische Gliederung des Mythischen, Religiösen und Ästhetischen. So formuliert Cassirer:

„Die Artikulation des Lautes spricht nicht nur die fertige Artikulation des Gedankens aus, sondern bereitet ihr erst selbst den Weg. *Noch deutlicher erweist sich diese Untrennbarkeit der sinnlichen und der geistigen Elemente der Formbildung im Aufbau der ästhetischen Formwelt.* Alle ästhetische Auffassung räumlicher Formen mag in sinnlichen Elementargefühlen wurzeln, alles Gefühl für Proportion und Symmetrie mag unmittelbar auf das Gefühl unseres eigenen Körpers zurückgeführt werden können – und doch gibt es für uns andererseits ein wahrhaftes Verständnis räumlicher Formen, eine plastische oder architektonische Anschauung nur dadurch, daß wir diese Formen in uns selbst zu erzeugen und uns der Gesetzlichkeit dieser Erzeugung bewußt zu werden vermögen."[107]

---

[107] Cassirer, Ernst, *Der Begriff der symbolischen Form im Aufbau der Geisteswissenschaften*, In:

Das Moment der Artikulation, wie Cassirer es begründet, liegt genau darin, in der notwendigen Wechselbeziehung von Sinnlichem und Geistigem, die jedes Kulturmedium zum Ausdruck bringt. Dabei ist mit der Formulierung Cassirers zu beachten, dass solch eine artikulierte Wechselbeziehung sich besonders bemerkbar und erforderlich in der Gliederung der ästhetischen Formen der Kunst zeigt. Damit eine bestimmte Bedeutung, ein wirkliches ästhetisches Verständnis künstlerischer Formen zustande kommt, braucht jede symbolische Konfiguration – bildliche, plastische, sprachliche usw. – eine innere Artikulation. „Die Strukturierung einer Äußerung" ist, wie Oswald Schwemmer betont, „ihre Artikulation." Der Begriff der Artikulation gilt in diesem Sinne, wie Schwemmer weiter erklärt, nicht nur für sprachliche Äußerungen, sondern auch „für andere Äußerungsformen wie etwa der bildlichen oder motorischen Äußerung".[108] Wir können natürlich immer zum Beispiel ein einzelnes Bild vor einem Gebäude als unmittelbares Signal für die Präsenz einer Gemäldegalerie sehen. Das Bild besitzt in einem solchen Kontext nur bloße Signalfunktion – es hat keinen Artikulationsbedarf, denn Signale, wie Husserl übrigens in seinen *Logischen Untersuchungen* deutlich betont, „drücken nichts aus".[109] Was nicht artikuliert werden kann, so können wir jetzt sagen, kann auch nicht kulturell ausgedrückt werden. Und das bedeutet vornehmlich: die Artikulation bildet in ihren verschiedenen Formen, in ihrem Bezug zur Welt der symbolischen Formen immer eine untrennbare kulturelle Einheit von Form und Bedeutung, Bild und Ausdruck. Aufgrund ihrer kulturellen Artikuliertheit sind daher bildliche und sprachliche Symbolkonfigurationen nicht nur

---

Wesen und Wirkung des Symbolbegriffs, A.a.O., S. 178. Die Hervorhebung ist von mir. Wir werden im Verlauf unserer Untersuchung noch sehen, dass Cassirer den Terminus „Artikulation" auch im Hinblick auf andere Momente des Symbolisierungsprozesses verwendet.

[108] Schwemmer, Oswald, *Kulturphilosophie. Eine medientheoretische Grundlegung*, A.a.O., S. 49.
[109] Husserl, Edmund, *Logische Untersuchungen*, Bd. 2, Teil 1: *Untersuchungen zur Phänomenologie und Theorie der Erkenntnis*, A.a.O., S. 23.

bloße Medien, die unser alltägliches Leben vermitteln, „sondern sie schaffen die einzig mögliche, adäquate Vermittlung und das Medium, durch welches uns irgendwelches geistige Sein erst faßbar und verständlich wird."[110] Die Welt der Symbolkonfigurationen entspricht in diesem Sinne einer Welt der kulturellen Ausdrucksformen. Und das bedeutet andererseits, wie Cassirer erläutert: diese artikulierte Welt von Bildern und Sprachzeichen „tritt dem, was wir die objektive Wirklichkeit der Dinge nennen, gegenüber und behauptet sich gegen sie in selbständiger Fülle und ursprünglicher Kraft."[111] Somit können sie als kulturelle Symbolkonfigurationen Vermittlungskraft gewinnen.

3.3 Bildliche und diskursive Symbolkonfigurationen

Das Bild ist als eine sinnlich artikulierte Form zu bezeichnen. In diesem Sinne kann man das Bild auch eine *sinnliche Symbolkonfiguration* nennen. Konfiguration bedeutet daher einen Korrelationsprozess, eine Wechselbeziehung – wie sie in Cassirers Sprache bezeichnet wird – von sinnlichen und geistigen Elementen der Formbildung. Wenn die Artikulation der Hauptbegriff einer kulturphilosophischen Deutung des Bildes ist, so scheint es auch plausibel zu fragen, inwiefern sie sich von einer Artikulation im Medium sprachlicher Formen unterscheiden lässt. Oder anders formuliert: wie lässt sich die Artikuliertheit der bildlichen von den sprachlichen Symbolkonfigurationen genau unterscheiden?

Für Cassirer steht fest, dass sowohl künstlerische als auch sprachliche Symbole keine mimetischen Konfigurationen, keine „bloße Nachahmung von Dingen oder Handlungen" sind; sie sind, wie er betont, als „Darstellungen" zu

---

[110] Cassirer, Ernst, *op. cit.*, S. 176.
[111] Ebd., S. 175-176.

erfassen. „Aber eine Darstellung im Medium sinnlicher Formen", so macht Cassirer klar,

unterscheidet sich ganz erheblich von einer sprachlichen oder begrifflichen Darstellung. Die Schilderung einer Landschaft durch einen Maler oder einen Dichter und die eines Geographen oder Geologen haben kaum etwas gemeinsam. Sowohl die Art und Weise der Darstellung wie auch ihre Absicht unterscheiden sich. Ein Geograph kann eine Landschaft durchaus anschaulich darstellen und sogar in reichen, lebhaften Farben schildern. Er will damit jedoch nicht die Anschauung dieser Landschaft, sondern ihr empirisches Konzept vermitteln. Zu diesem Zweck muß er ihre Formen mit anderen Formen vergleichen; durch Beobachtung und Induktion muß er ihre charakteristischen Merkmale ermitteln."[112]

Susanne Langer hat diese Unterscheidung von bildlichen und sprachlichen Symbolkonfigurationen beziehungsweise *präsentativen* und *diskursiven* Formen weiterentwickelt. Sie begreift die symbolische Artikulation nicht nur als ein Hauptmerkmal aller diskursiven Formen, aller sprachlichen Symbolkonfigurationen, sondern auch als ein Hauptmerkmal jeder bildlichen Symbolkonfiguration: „Visual forms – lines, colors, proportions, etc. – are just as capable of *articulation*, i.e. of complex combination, as words."[113] Denn wir wissen, dass sogar die sprachlichen Artikulationen sich nicht nur aus einer Abgrenzung oder Differenzierung ihrer Elemente ergeben, sondern ebenso aus ihrer Zusammensetzung. Bei Bildern – insbesondere künstlerischen Bildern – scheint diese Zusammensetzung einen echten Vorrang zu haben.

Bilder sind demzufolge keine Doppelgänger oder mimetische Verkörperungen von dargestellten Gegenständen; sie sind vielmehr artikulierte Symbolkonfigurationen, die ihren eigenen Symbolisierungsmodus besitzen – einen

---

[112] Cassirer, Ernst, *Versuch über den Menschen. Einführung in eine Philosophie der Kultur*, A.a.O., S. 258.
[113] Langer, Susanne, *Philosophy in a new key. A study in the symbolism of reason, rite, and art*, Cambridge, Massachusetts, London, Harvard University Press, Third Edition, 1956, S. 93.

Symbolisierungsmodus vor allem, der nicht notwendigerweise einer konventionellen Ordnung, einer „*general* reference" entspricht, sondern er ist sinnlich gegeben und artikuliert, oder wie auch Langer formuliert, er ist „a direct *presentation* of an individual object".[114] Diese präsentative Artikuliertheit bildet in ihrem direkten Verhältnis zur Wahrnehmung den Kern jeder bildlichen Darstellung. So Langer:

„In looking at a picture, we neither believe nor make believe that there is a person or a bridge or a basket of fruit in front of us. We do not pass intellectually beyond the vision of space at all, but understand it as an apparition. The normal use of vision (...) is suspended by the circumstance that we know this space to be virtual, and neither believe nor disbelieve in the existence of the objects in it. We see it as a pure perceptual form, created and articulated by all the visible elements in it: an autonomous, formed space."[115]

Im Gegensatz zu den diskursiven Formen, wie diejenigen der Sprache, implizieren nach Langers Unterscheidung präsentative Formen – beziehungsweise Bilder oder allgemeine visuelle Formen – eine grundverschiedene raum-zeitliche Artikulation. Der Unterschied liegt genau in der Tatsache, dass diskursive Formen ihre sinnlichen Elemente in einer sukzessiven zeitlichen Ordnung darstellen, während präsentative Formen hingegen hauptsächlich simultan artikuliert sind. Visuelle Formen wie Bilder, so macht Langer geltend, „do not present their constituents sucessively, but simultaneously, so the relations determining a visual structure are grasped *in one act of vision*. Their complexity, consequently, is not limited, as the complexity of discourse is limited, by what the mind can retain from the beginning of an apperceptive

---

[114] Ebd., S. 96.
[115] Langer, Susanne, *Problems of Art. Ten Philosophical Lectures*, A.a.O., S. 32.

act to the end of it."[116] Aber kann dieses raum-zeitliche Prinzip der Sukzessivität und der Simultaneität einfach als Unterscheidungsmerkmal zwischen sprachlichen und bildlichen Symbolkonfigurationen gelten? Oder anders formuliert: Ist es immer möglich für unsere Wahrnehmung, ein Bild in einem einzigen Augenblick – „in one act of vision" – zu artikulieren?

Langer räumt ein, dass im Unterschied zum diskursiven Akt visuelle Formen keine feste zeitliche Grenze haben, das heißt, wenn wir ein Bild betrachten, sind wir nicht immer in der Lage zu wissen, wann wir das gesamte Bild gesehen haben, wann wir sozusagen mit dem Bild am Ende sind. Langers Unterscheidung aber findet sich bereits bei Gotthold Ephraim Lessing. Seit Lessing wird paradigmatisch akzeptiert, dass Bilder Darstellungen im Raum sind. In seinem *Laokoon* beschreibt er das Bild als „Zeichen nebeneinander im Raum" und den Text als „Zeichen nacheinander in der Zeit". So stellt die Malerei „Figuren und Farben in dem Raume" und die Poesie „artikulierte Töne in der Zeit" dar. Deswegen nennt Lessing die „Gegenstände, die neben einander oder deren Teil neben einander existieren", unter dem Ausdruck „Körper" der Malerei. Die Gegenstände der Sprache, „die auf einander, oder deren Teile auf einander folgen", sind vielmehr als „Handlungen" zu beschreiben.[117] Die Tatsache aber, dass ein anschauliches Phänomen – wie ein Bild – als gegenwärtiges Phänomen erscheint, bedeutet keineswegs, dass es als rein simultan wahrgenommen wird.

---

[116] Langer, Susanne, *Philosophy in a new key. A study in the symbolism of reason, rite, and art*, a.a.O., S. 93. Die Hervorhebung ist von mir.

[117] Lessing, G. E., *Laokoon, oder über die Grenzen von Poesie und Malerei*, Hrsg. von Wilfried Barner, Frankfurt am Main, Deutscher Klassiker Verlag, 2007, S. 116. Lessing argumentiert weiter für seine Unterscheidung mit der Idee einer innewohnenden Gegenwärtigkeit des Auges: „Dem Auge bleiben die betrachteten Teile beständig gegenwärtig; es kann sie abermals und abermals überlaufen: für das Ohr hingegen sind die vernommenen Teile verloren, wann sie nicht in dem Gedächtnisse zurückbleiben. Und bleiben sie schon da zurück: welche Mühe, welche Anstrengung kostet es, ihre Eindrücke alle in eben Ordnung so lebhaft zu erneuern, sie nur mit einer mäßigen Geschwindigkeit auf einmal zu überdenken, um zu einem etwaigen Begriffe des Ganzen zu gelangen!" Ebd., S. 124.

Man muss in diesem Punkt „Eindruck" von „Wahrnehmen" unterscheiden. Tatsächlich vermitteln Bilder normalerweise einen unmittelbaren Totaleindruck, eine räumliche Bewegung auf den ersten Blick. Ein Bild kann daher einen sehr starken räumlichen Eindruck auf uns haben, wie zum Beispiel manche Gemälde von Mark Rothko oder Barnett Newman. Es ist aber alles andere als klar, inwiefern solch ein Totaleindruck keine zeitliche Ordnung einschließt. Denn das Wahrnehmen eines Bildes braucht sozusagen eine Reihenfolge von verschiedenen Fixationen. In der Regel führen diese Fixationen, aufgrund ihres schnellen Durchlaufens, zum unmittelbaren Eindruck eines einzigen Blicks. Der räumliche Eindruck, der daraus entsteht, bedeutet jedoch keineswegs Zeitlosigkeit, sondern er setzt sich vielmehr aus verschiedenen Zeitsequenzen oder Fixationen zusammen, die in einem Totaleindruck integriert sind. So könnte man auch in gleicher Weise sagen: die Tatsache, dass eine diskursive Form ein Kontinuum von Wörtern darstellt, bedeutet nicht, dass ihre Bedeutung rein sukzessiv artikuliert wird. „Allein der ganze Unterschied ist auch nur scheinbar", wie schon Friedrich Schleiermacher in seiner *Ästhetik* es bemerkt hat. „Denn Statue und Bild sind zwar auf einmal da, aber die Betrachtung ist doch succesiv, und Gedicht und Musik sind zwar nie ganz zugleich da, aber ein Totaleindruck ist da auf einmal."[118]

Die Tatsache also, dass eine Bildfläche eine räumlich materielle Existenzform besitzt – das heißt, ihre gegenständliche Präsenz –, bedeutet nicht, dass der Akt des Bildwahrnehmens derselben räumlichen oder simultanen Ordnung folgt. Die materielle Präsenz eines Bildes soll daher nicht mit seiner raum-zeitlichen Artikulation verwechselt werden.[119] Sowohl ein Bild als auch

---

[118] Schleiermacher, Friedrich, *Ästhetik (1819/25). Über den Begriff der Kunst (1831/32)*, Hrsg. von Thomas Lehnerer, Hamburg, Felix Meiner Verlag, 1984, S. 45.
[119] Max Imdahl hat in seiner Analyse der Landschaftsbilder von Domenichino, Claude Lorrain und Jan Frans van Bloemen eine gegenseitige raum-zeitliche Ordnung in dem Prozess der Bildwahr-

ein Text[120] werden immer räumlich und zeitlich wahrgenommen und konfiguriert. Der Unterschied liegt gewissermaßen sowohl in der Art und Weise des Wahrnehmens als auch in den eigenen piktorischen Eigenschaften des Bildes. Nichtsdestotrotz, so soll unterstrichen werden, führt Langers Unterscheidung von diskursiven und präsentativen Formen nicht unbedingt zu einer inkommensurablen Trennung von Bild und Sprache. Es gibt nach ihrer Auffassung eine allgemeine Kommensurabilität, die zwischen beiden Formen eintreten kann, nämlich eine enge Beziehung zwischen wissenschaftlichen und diskursiven Artikulationsformen.[121]

---

nehmung beschrieben. Nach seiner Meinung implizieren zum Beispiel Domenichinos Bilder sowohl eine simultane als auch eine sukzessive Bildbetrachtung: „Denn als einheitliches, unergänzbares Bildfeld fordert Domenichinos Gemälde simultane Geltung, dagegen ist es als Landschaft nur sukzessiv wahrnehmbar, weil deren Teile vereinzelt stehen. Simultaneität und Sukzessivität treffen aufeinander, in um so unauflöslicherem Konflikt, als die simultane Bildeinheit die sukzessive Getrenntheit der Landschaftsdinge ebenso hervorbringt, wie diese wiederum jene setzt. Somit ist das eine im anderen gegensätzlich enthalten." Imdahl, Max, *Baumstellung und Raumwirkung. Zu verwandten Landschaftsbildern von Domenichino, Claude Lorrain und Jan Frans van Bloemen*, In: *Zur Kunst der Tradition*, Gesammelte Schriften, Band 2, Hrsg. von Gundolf Winter, Frankfurt am Main, Suhrkamp Verlag, 1996, S. 280-326, S. 289. Über eine allgemeine Reflexion des Raums und des Zeits in der bildenden Kunst, Vgl. auch Souriau, Étienne, *Time in the Plastic Arts*, In: *Reflections on Art. A source book of writings by artists, critics, and philosophers*, Edited by Susanne K. Langer, New York, Oxford University Press, 1961, S. 122-141.

[120] Paul Valéry hat zum Beispiel zwei Dimensionen des geschriebenen Textes unterschieden: der „gelesene Text" (*le texte lu*) umfasst nicht die ganze Texterfahrung; es gibt seiner Meinung nach auch den „gesehenen Text" (*le texte vu*), der eine Art bildlichen Charakter besitzt. So schreibt er: „Une page est une image. Elle donne une impression totale, présente un bloc ou un système de blocs et de strates, de noirs et de blancs, une tache de figure et d'intensité plus ou moins heureuses. Cette deuxième *manière de voir* [der gesehene Text], non plus sucessive et linéaire et progressive comme la lecture, mais immédiate et simultanée, permet de rapprocher la typographie de l'architecture, comme la lecture aurait pu l'heure faire songer à la musique mélodique et à tous les arts qui épousent le temps." Valéry, Paul, *Les deux vertus d'un livre*, In: *Pièces sur l'art*, Paris, Gallimard, 1962, S. 17-24, S. 18-19.

[121] Langer, Susanne, *op. cit.*, S. 260.

3.4 Die sinnliche Existenzform des Bildes

3.4.1 Das Prinzip der Verkörperung

Wir haben gesehen, dass die Artikulation das Hauptmoment der symbolischen Gliederung einer Äußerung ist. Äußerung bedeutet aber nach Cassirers Auffassung einen menschlichen Ausdruck durch sinnliche Zeichen beziehungsweise Bilder. Dies ist das gemeinsame Prinzip oder wie es Cassirer begreift, die „Grundregel", „die alle Entwicklung des Geistes beherrscht",[122] sei es in den Bild-Werken der Kunst oder in den bildlichen Gestaltungen der mythischen Formen sowie in den Laut- und Schriftzeichen der Sprache. Dank dieser sinnlichen Verkörperung, wie Humboldt bereits in Bezug auf die Sprache formuliert hat, erreicht der Geist erstens „seine wahrhafte und vollkommene Innerlichkeit" und zweitens bestimmt „die Form, die sich das Innere gibt, (...) auch rückwirkend sein Wesen und seinen Gehalt."[123]

Bildliche sowie sprachliche kulturelle Ausdrucksformen sind für uns nur deshalb fassbar und kulturell übertragbar, weil sie an einer bestimmten dinglichen Existenzform fixiert sind. „Anders als am Physischen" – wie Cassirer schon erwähnt – „kann sich uns kein Phänomen der Kultur darstellen", denn jedes Kulturobjekt ist in „einem bestimmten raum-zeitlichen Zusammenhang" verkörpert, an „bestimmte Monumente, bestimmte Wahr-Zeichen, Denk-Mäler, mit denen wir einen gewissen sprachlichen, religiösen, künstlerischen, rechtlichen Sinn verbinden."[124] Das Prinzip der „Verkörperung" ist nach

---

[122] Cassirer, Ernst, *Philosophie der symbolischen Formen, Zweiter Teil: Das mythische Denken*, Darmstadt, Wissenschaftliche Buchgesellschaft, 9. Aufl., 1994, S. 235.
[123] Ebd.
[124] Cassirer, Ernst, *Nachgelassene Manuskripte und Texte*, Hrsg. von Klaus Christian Köhnke, John Michael Krois und Oswald Schwemmer, Band 5: *Kulturphilosophie. Vorlesungen und Vorträge 1929-1941*, Hrsg. Von Rüdiger Kramme unter Mitarbeit von Jörg Fingerhut, Hamburg, Felix Meiner Verlag, 2004, S. 84-85.

Cassirers Auffassung eine gemeinsame Vorbedingung, eine unerlässliche Bedingung für jede kulturelle Symbolbildung. Dass die Lautkomplexe der Worte und die Schrift „an irgend einem Material heften" und, dass „der 'Körper' die Sprache" bildet, dass die Bildende Kunst in gleicher Weise „nur in solcher Verkörperung wirklich [ist]", nämlich „nur in jeweiligem »Material« der Malerei, der Plastik, der Architektur", daran besteht kein Zweifel.[125] Mit einem Wort: *Form ist inkorporierte Form.*

Jede symbolische Artikulation setzt daher eine sinnliche Verkörperung voraus. Und was das Bild angeht, ist dieses immer in einem materiellen Medium fixiert. Solch eine Gebundenheit bildet nicht nur die unerlässliche Bedingung seines sinnlichen Erscheinungsmodus, sondern sie bildet parallel die Möglichkeit seines Status als Kulturobjekt. Eine Scheidelinie zwischen Bild und materiellem Medium würde hierbei die klassische Dichotomie von Form und Materie, von „inneren Bildern" (*images*) und „äußeren Bildern" (*pictures*) hervorrufen. Der Primat der inneren Repräsentationen über die Materialität der Symbolisierungen – „the supposition that the image totally anticipates the picture",[126] wie Richard Wollheim es beschreibt – spiegelt sich bereits in der angeblichen Passivität, die beispielsweise der Ausdruck „Bildträger" in Bezug auf das Bild unterstellt. Diese sinnliche Verkörperung des Bildes wird üblicherweise in eine Denotationstheorie des Bildbegriffs kaum involviert. Die Materialität des Zeichens wird als Bildträger oder Zeichenträger genannt – und damit bezeichnet man nur eine passive Trägerfunktion. Die Bedeutung eines Bildes wird, in diesem Sinne, unabhängig davon konzipiert, in welcher sinnlichen Verkörperung sie sich selbst erfüllt. (Wenn man dagegen zum Beispiel die augustinische Begriffsbestimmung des Zeichens

---

[125] Ebd., S. 85.
[126] Wollheim, Richard, *Art and its Objects*, Cambridge, Cambridge University Press, Second Edition, 1990, S. 42.

betrachtet – „Jedes Zeichen ist auch eine Sache, denn was keine Sache ist, ist überhaupt nichts. Nicht jedes Ding ist dagegen auch ein Zeichen"[127] –, da findet man schon keine angebliche Trennung zwischen Zeichen und seiner materiellen Dimension, sondern vielmehr eine Vereinigung.)

Die Idee einer materielosen Form und einer formlosen Materie bietet demzufolge in keiner Weise ein Verständnis des symbolischen Artikulationsprozesses des Bildes. Ganz im Gegenteil. Sie verdunkelt sowohl den Prozess als auch sein Ergebnis. Denn die Bedeutung eines Bildes bringt nicht nur einen bestimmten Inhalt zum Ausdruck, eine bestimmte piktorische Szene, sondern ebenfalls die Prägung des materiellen Mediums in dem sich das Bild sichtbar macht und zeigt. Wenn wir dennoch dem materiellen Medium, dem Bildding nur eine bloße Trägerfunktion geben, so scheint auch ein wichtiges Kriterium verloren zu gehen um eine Unterscheidung zu gründen zwischen den Bildern, die einfache Abbilder sind, und Bildern, die ihre eigene selbständige materielle Konfiguration besitzen.

Dass das Bild immer ein konkret-sinnlich physisches Medium einschließt, welches seine tatsächliche Erscheinungsform ermöglicht und bestimmt, ist also eine unbestreitbare Tatsache. Diese materielle Bestimmung hat sich außerdem in der Entwicklung der Autonomie des künstlerischen Ausdrucks eindeutig gezeigt. Wenn wir beispielsweise das Verhältnis von Tafelbild und Bildrahmen, das besonders die Kunst der Renaissance sehr stark geprägt hat, betrachten, dann wird ganz deutlich, dass die Säkularisierung des Bildes als Kunstwerk ohne eine emanzipatorische Verwendung der künstlerischen Materialien nicht durchführbar wäre. Lange bevor der Bildrahmen seine eigene ästhetische Eigenständigkeit erreicht hat, war er – insbesondere der Goldrah-

---

[127] Augustinus, Aurelius, *De doctrina christiana*, 1.2, zit. nach Nöth, Winfried, *Handbuch der Semiotik*, Stuttgart/Weimar, Verlag J. B. Metzler, 2., vollständig neu bearb. und erw. Aufl., 2000, S. 134.

men – mit einer religiösen Bedeutung der bildlichen Darstellung fest verbunden. Besondere Bedeutung für die künstlerische Verwirklichung der symbolischen Einheit des Bildes kommt nach Georg Simmel den materiellen Eigenschaften des Bildrahmens zu. „Was der Rahmen dem Kunstwerk leistet" – so betont er nachdrücklich – „ist, dass er diese Doppelfunktion seiner Grenze symbolisiert und verstärkt. Er schließt alle Umgebung und also auch den Betrachter vom Kunstwerk aus und hilft dadurch, es in die Distanz zu stellen, in der allein es ästhetisch genießbar wird."[128] Durch solch eine Abgrenzung und Distanzierung von der außerbildlichen Umgebung wird demgemäß dem Bildwerk seine zugehörige ästhetische Geschlossenheit erhöht.[129]

Wir können diesen Gedanken noch weiter führen. Die Struktur der stofflichen Mittel, die der Maler oder Bildhauer in seinen Gestaltungen verwendet und transformiert, ist nicht nur eine materielle Voraussetzung in jedem bildlichen Schaffen, in jedem künstlerisch-malerischen Tun, sondern sie bestimmt auch parallel den gesamten kreativen Prozess des Schaffens – das heißt, die materielle Struktur der bildlichen Symbolkonfiguration ist ein intrinsisches Moment der künstlerischen Phantasie selbst. Man kann hierbei mit Gottfried Boehm von „einer sinnlichen Formulierung"[130] sprechen, die die Arbeit des Künstlers mit seinen gewählten materiellen Mitteln durch und durch prägt; ebenso von einer *physischen Widerstandskraft* der charakteristischen Struktur

---

[128] Simmel, Georg, *Der Bildrahmen. Ein ästhetischer Versuch*, In: *Zur Philosophie der Kunst. Philosophische und kunstphilosophische Aufsätze*, Hrsg. von Gertrud Simmel, Potsdam, Gustav Kiepenheuer Verlag, 1922, S. 46-54, S. 46-47.
[129] Keinesfalls darf jedoch behauptet werden, dass der Bildrahmen die einzige materielle Bedingung für den künstlerischen Status des Bildes sei. Es gibt sowohl rahmenlose Bilder als auch Bilder, in denen der Rahmen eine interne Gestaltungsfunktion hat. Der Bildrahmen ist in diesem letzten Falle, wie Meyer Schapiro schreibt, „ein Ausdrucksmittel" geworden. Und das heißt auch: „Der Rahmen gehört dann mehr zum virtuellen Raum des Bildes als zu seiner materialen Oberfläche." Schapiro, Meyer, *Über einige Probleme in der Semiotik der visuellen Kunst: Feld und Medium beim Bild-Zeichen*, Übers. von Heinz Jatho und Thomas Kisser, In: *Was ist ein Bild?*, Hrsg. von Gottfried Boehm, München, Wilhelm Fink Verlag, 4. Aufl., 2006, S. 253-274, S. 259.
[130] Boehm, Gottfried, *Sehen. Hermeneutische Reflexionen*, In: *Kritik des Sehens*, Hrsg. von Ralf Konersmann, Leipzig, Reclam Verlag, 2. Aufl., 1999, S. 272-298, S. 278.

des Materials gegen solch eine „sinnliche Formulierung".[131] Darüber gilt immer noch die prägnante Bemerkung von Henri Focillon in seinem *Vie des Formes*: „Ainsi la forme n'agit pas comme un principe supérieur modelant une masse passive, car on peut considérer que la matière impose sa propre forme à la forme."[132] Bildliche Verkörperung und Formbildung implizieren zugleich materiellen Widerstand; Widerstand jedoch, der sozusagen als positiver Impuls für die Form und die Gestaltung dient. Das materielle Zusammenspiel von Widerstand und Impuls zur Gestaltung – sowohl in jedem bildlichen Produktionsakt als auch in jedem Rezeptionsakt – ist andererseits auch ein entscheidendes Grundmoment eines Bildbewusstseins. Denn was wir sehen oder materiell fixieren, wird uns auch bewusst und vorstellbar dank seiner spezifischen Materialität, dank seiner eigentümlichen sinnlichen Verkörperungsweise. Genauer betrachtet erzeugt diese stoffliche Dimension der bildlichen Verkörperung eine Art Umkehrung des Verhältnisses von Bild und materiellem Medium. Darüber hat zum Beispiel Martin Heidegger in seinem *Der Ursprung des Kunstwerkes* ähnlich formuliert: „Das Dinghafte ist so unverrückbar im Kunstwerk, daß wir sogar eher umgekehrt sagen müssen: Das Bauwerk ist im Stein. Das Schnitzwerk ist im Holz. Das Gemälde ist in

---

[131] Die extreme Wichtigkeit der Struktur des Materials und ihre Widerstandskraft für das künstlerisch-malerisches Tun kann man zum Beispiel in den folgenden Bemerkungen von Henri Matisse erkennen. So schreibt Matisse: „La composition, qui doit viser à l'expression, se modifie avec la surface à couvrir. Si je prends une feuille de papier d'une dimension donnée, j'y tracerai un dessin qui aura un rapport nécessaire avec son format. Je ne répéterais pas ce même dessin sur une autre feuille dont les proportions seraient différentes, qui par exemple serait rectangulaire au lieu d'être carrée. Mais je ne me contenterais pas de l'agrandir si je devais le reporter sur une feuille de forme semblable, mais dix fois plus grande. Le dessin doit avoir une force d'expansion qui vivifie les choses qui l'entourent. L'artiste qui veut reporter une composition d'une toile sur un toile plus grande doit, pour en conserver l'expression, la concevoir à nouveau, la modifier dans ses apparences, et non pas simplement la mettre au carreau." Matisse, Henri, *Écrits et propos sur l'art*, Texte, Notes et index établis par Dominique Fourcade, Paris, Hermann, 2005, S. 43.

[132] Focillon, Henri, *Vie des Formes*, Paris, Presses Universitaires de France, 3. Édition, 1947, S. 52.

der Farbe. Das Sprachwerk ist im Laut. Das Musikwerk ist im Ton."[133] Oder, wenn man so will, wir sehen nicht nur das Bild im Gemälde; wir sehen auch das Gemälde im Bild.

3.4.2 Das Prinzip der Integration

Das Prinzip der Verkörperung, wie bereits dargelegt, lässt sich mit der Zusammengliederung der sinnlichen und geistigen Elemente der Artikulation, die die Kernstruktur jeder kulturellen Symbolkonfiguration bildet, umreißen. Damit soll jede Symbolkonfiguration nur in Bezug auf die Gesamtheit all ihrer Gliederungselemente analysiert werden. Indem sich etwas bildlich sinnlich verkörpert, so können wir auch sagen, gewinnt es eine komplexe symbolische Anordnung, deren Elemente nicht getrennt werden können. In diesem Sinne sprechen wir hier in Zusammenhang mit Cassirers Philosophie von einer *Integration* als irreduzibles Ergebnis der Wechselbeziehung zwischen den sinnlichen und geistigen Elementen der Artikulation selbst.

Es ist genau diese Integration, die Cassirer als Charakteristikum für jedes Kulturobjekt beziehungsweise bildliche Symbolkonfiguration bezeichnet. Raffaels *Schule von Athen*, so gibt Cassirer als Beispiel dafür, ist nicht nur einfach „eine Leinwand, die mit Farbflecken von bestimmter Qualität und in bestimmter räumlicher Anordnung bedeckt ist". Wenn dem so wäre, wäre „das Kunstwerk zu einem Ding unter Dingen geworden"; und nicht auch die Darstellungsdimension, die Verweisungsstruktur der Farbe und Linie, die etwas zum Ausdruck bringt. Raffaels Gemälde, so fügt Cassirer hinzu,

---

[133] Heidegger, Martin, *Der Ursprung des Kunstwerkes*, In: *Holzwege*, Gesamtausgabe, I. Abteilung: Veröffentliche Schriften 1914-1970, Band 5, Frankfurt am Main, Vittorio Klostermann, 1977, S. 1-75, S. 4.

„ist nicht einfach die Darstellung einer historischen Szene, eines Gesprächs zwischen Platon und Aristoteles. Denn nicht Platon und Aristoteles, sondern Raffael ist es, der hier in Wahrheit zu uns spricht. Diese drei Dimensionen: *die Dimension des physischen Daseins, des Gegenständlich-Dargestellten, des Persönlich-Ausgedrückten* sind bestimmend und notwendig für alles, was nicht bloß ‚Wirkung', sondern ‚Werk' ist, und was in diesem Sinne nicht nur der ‚Natur', sondern auch der ‚Kultur' angehört."[134]

Das Bild zeigt oder repräsentiert nicht schlicht und ergreifend eine bestimmte piktorische Szene, den Dialog zwischen beiden Philosophen. Die Bedeutung des Bildes – und dies ergibt sich aus der Suggestivkraft des Beispiels, das Cassirer ausgewählt hat –, umfasst eine Wechselbeziehung zwischen ihren drei Dimensionen (die Dimensionen des Physischen, des Dargestellten, des Ausgedrückten), oder anders formuliert, diese innewohnenden Dimensionen sind als dialogische Elemente zu verstehen. Der Dialog, so kann man auch metaphorisch sagen, entsteht nicht nur zwischen Platon und Aristoteles; die gesamte symbolische Konfiguration des Bildes setzt bereits einen dialogischen Prozess voraus – das ganze Bild steht sozusagen im Gespräch. Alle drei Dimensionen des Bildes sind uns symbolisch integriert gegeben. Die ästhetische Eigenart der Farbe, der Linien, der Figuren ebenso wie deren Darstellungscharakter gewinnt ihre bildliche Gliederung, ihre Gleichsetzung im Bilde immer in direkter Verbindung zueinander. Die Bildlichkeit – das was wir als Bild wirklich wahrnehmen – ergibt sich, in diesem Sinne, aus dem Zusammenwerden jedes sinnlichen und sinnhaften Elementes, das das Bild

---

[134] Cassirer, Ernst, *Zur Logik der Kulturwissenschaften: fünf Studien*, Darmstadt, Wissenschaftliche Buchgesellschaft, 5. Aufl., 1989, S. 43. Die Hervorhebung ist von mir. Und an einer anderen Stelle fügt Cassirer eine vierte Dimension hinzu: „und ferner erblicke ich daran nicht nur die individuelle Stimmung Raffaels – / sondern die „italienische Renaissance" – / es geht mir dabei die „Seele" einer ganzen Epoche auf – / mit ihrer gläubigen Hinwendung zur Antike, mit ihrer Wiederentdeckung und Wiederbelebung der griechischen Philosophie etc." Cassirer, Ernst, *Nachgelassene Manuskripte und Texte*, Hrsg. von Klaus Christian Köhnke, John Michael Krois und Oswald Schwemmer, Band 5: *Kulturphilosophie. Vorlesungen und Vorträge 1929-1941*, A.a.O., S. 87.

zur Erscheinung bringt. Die symbolische Artikulation besteht folglich nicht nur aus dem Darstellungscharakter des Bildes, sondern sie schafft vielmehr die Bedingungen solch eines symbolischen Zusammenwerdens oder Zusammenwachsens von Linien, Punkten, Farbe, Figuren – und damit wird auch das gesamte Bild zu einer echten sinnlichen Symbolkonfiguration.

Das Prinzip der Integration, wie wir mit Cassirer den artikulatorischen Prozess dieser symbolischen Zusammengliederung bezeichnen möchten, bringt dann diese Elemente zusammen, die in keiner Weise getrennt werden sollen. Indem sie kulturell artikuliert werden, werden sie zugleich ihre Bestimmung als irreduzible Elemente der Symbolkonfiguration erwerben. Und das bedeutet vornehmlich, dass die charakteristische Bedeutung eines Kulturobjekts noch nicht erreichbar ist, „solange wir diese Elemente isolieren, statt sie in ihrer Wechselbeziehung, in ihrer gegenseitigen ‚Durchdringung' zu erfassen."[135] Der angeblich wissenschaftliche Versuch, künstlerische Bilder rein technisch auszuforschen, kann diese „Durchdringung" der artikulatorischen Elemente des Kulturobjekts nicht einschließen. Man kann bestenfalls eine Jackson Pollock-Fälschung durch technische Verfahren nachweisen – die ästhetischen Qualitäten eines Pollock-Gemäldes hingegen sind nicht mathematisch messbar.[136] Die erkennbare Tatsache, dass jedes Kulturobjekt eine dingliche Existenzform voraussetzt und „in dieser Weise »verhaftet an den Körpern klebt«", wie das mit dem materiellen Substrat des Naturobjkts geschieht, bedeutet keinesfalls, dass es sich „mit bloß-physikalischen Kategorien" beschreiben lässt.[137] Ein Bild, wie etwa ein religiöses Götterbild, „kann

---

[135] Cassirer, Ernst, *Zur Logik der Kulturwissenschaften: fünf Studien*, A.a.O., S. 57.
[136] Vgl. darüber etwa Taylor, Richard & Micolich, Adam & Jonas, David, *Using Science to Investigate Jackson Pollock's Drip Paintings*, Journal of Consciousness Studies, 7, No. 8-9, 2000, S. 137-150.
[137] Cassirer, Ernst, *Nachgelassene Manuskripte und Texte*, Hrsg. von Klaus Christian Köhnke, John Michael Krois und Oswald Schwemmer, Band 5: *Kulturphilosophie. Vorlesungen und Vorträge*

aus rein naturwissenschaftlichen Gesichtspunkten beschrieben und gemäß den Begriffen und Kategorien der Naturerkenntnis dargestellt werden. Es wird damit zu einem ‚Stück Natur‘, das wie jedes andere unter chemisch-physikalischen Gesetzen steht." Denn eine naturwissenschaftliche Beschreibung seiner physischen Elemente, seiner organischen Materialität, wie Cassirer gegen einen wissenschaftlichen Reduktionismus weiter argumentiert, „verrät uns nichts über seine ‚Form‘ und die Schönheit dieser Form, noch über seine kultische Bedeutung, seinen Sinn als Gegenstand der religiösen Verehrung."[138]

Man muss diese Formulierung Cassirers nicht als eine Art idealistische Überlegung des kulturellen Daseins des Bildes verstehen. Diese Formulierung ist vielmehr eine geradlinige Konsequenz von Cassirers Auffassung des Symbolbegriffs. Es gibt bei ihm, wie wir bereits gesehen haben, keine idealistische Auffassung des Symbolbegriffs beziehungsweise des Bildbegriffs, und dadurch keinen Apriorismus des geistigen Ausdrucks vor seiner konkreten sinnlichen Erfüllung. Aber es gibt auch in gleicher Weise keine materialistische Auffassung solch einer Erfüllung, nämlich einen Vorrang der Materialstruktur des Symbols vor seiner kulturellen Konfiguration.[139] Dieses Charakteristikum von Cassirers Philosophie setzt vielmehr „eine neue Form der Wechselbeziehung und der Korrelation" zwischen Ausdrucksformen und ihren sinnlichen

---

[138] *1929-1941*, A.a.O., S. 86. Cassirers Formulierung einer Selbständigkeit des Kulturobjekts gegenüber einer kausalen Reduktion seines sinnlich-stofflichen Substrats lässt sich, wie er selbst darstellt, in einer dreifachen Gliederung systematisieren: 1. „Der Kausalbegriff ist die konstitutive Bedingung für die Gliederung und den Aufbau der physischen Welt" insbesondere „für die Gliederung der »Erfahrung« im Sinne der empirischen Ding-Wahrnehmung"; 2. Die „Ausdrucks-Wahrnehmung" als „das Grundphaenomen aller Erkenntnis von »Kulturobjekten«,", besitzt „ein anderes Fundament, eine andere logische Basis", die der Formbegriff als Bestimmung der „Welt des Ausdrucks, und damit die der Kultur," erlaubt (Ebd., S. 101); 3. Diese Ausdrucks-Wahrnehmung bildet anderseits einen „»gegebenen« Hinweis auf ein Fremd-Psychisches" – das heißt, ihre kulturelle Begründung impliziert eine „Du-Wahrnehmung" und nicht nur, wie in der empirischen Begründung des Naturobjekts, eine „Es-Wahrnehmung". Ebd., 125.
Cassirer, Ernst, *Zur Modernen Physik*, Darmstadt, Wissenschaftliche Buchgesellschaft, 7. Aufl., 1994, S. 368.
[139] Vgl. dazu Schwemmer, Oswald, *Ernst Cassirer: ein Philosoph der europäischen Moderne*, Berlin, Akademie Verlag, 1997, S. 48.

Bedingungen voraus. Damit wird jede Form „metaphysisches Dualismus" zwischen beiden Gebieten überwunden, insofern sie jedoch den Übergang der „Sphäre des ‚Eindrucks'„ zu der „Sphäre des ‚Ausdrucks'„ durchsetzen können.[140] Es ist andererseits diese Korrelation von Sinnlichkeit und Ausdruck, die jede symbolische Artikulation schafft, was die kulturelle Wirkung der menschlichen Symbolfähigkeit erlaubt. „Was sprachlich ausgedrückt, was bildlich oder plastisch dargestellt ist" – wie Cassirer bemerkt –, „das ist der Sprache oder der Kunst ‚einverleibt' und dauert durch sie fort. Dieser Prozess ist es, der die bloße *Umbildung*, die sich im Kreise des organischen Werdens vollzieht, von der *Bildung* der Menschheit unterscheidet."[141]

3.5 Schluss

Auf der Ebene der symbolischen Artikulation, wie wir in diesem Kapitel gesehen haben, macht sich die Frage nach der Untrennbarkeit der sinnlichen Dimension des Bildes und seiner Bedeutungsgliederung bemerkbar. Diese Untrennbarkeit ersetzt die Idee einer unartikulierten Konfiguration und vor allem die Ansicht, dass Bilder im Gegensatz zu Sprachzeichen keinen Artikulationsbedarf haben. Doch es bleibt zu fragen, auf welche Weise sich denn die Artikuliertheit der bildlichen Symbolkonfigurationen mit unseren Wahrnehmungsformen und dem kulturellen Spektrum der symbolischen Formen in Zusammenhang bringen lässt. Die Artikulation, was den Bildbegriff angeht, setzt ein Korrelationsverhältnis von Bild, Ausdruck und Bedeutung voraus. Aber wodurch gewinnt sie solch eine Gliederungsform? Denn, wenn wir annehmen dürfen, dass es unterschiedliche bildliche Symbolkonfigurationen

---

[140] Cassirer, Ernst, *Philosophie der symbolischen Formen, Erster Teil: Die Sprache*, A.a.O., S. 19.
[141] Cassirer, Ernst, *Zur Logik der Kulturwissenschaften: fünf Studien*, A.a.O., S. 127.

gibt (mythische, religiöse, künstlerische, wissenschaftliche und so weiter), so resultiert daraus nämlich die Hauptfrage – wie wir bereits in unserer Einleitung eingeführt haben –, welche kulturelle Bestimmung unsere Wahrnehmung gewinnt, um solch eine Verschiedenheit in Beziehung zu setzen. Das nächste Kapitel wird sich hauptsächlich einer Antwort auf diese Frage widmen.

4

ARTIKULATION UND SINN
DER AUFBAU DES PRÄGNANZPROZESSES

Jede Bilderfahrung setzt, wie wir schon gesehen haben, eine Artikulation voraus. Eine Artikulation ist aber nicht ohne eine bestimmte *Sinnrichtung* zu denken. Denn wir nehmen ein Bild beziehungsweise ein künstlerisches Bild als Kunstwerk, oder ein Kultbild nicht als Kunstwerk, sondern als Bild mit einer bestimmten religiösen Bedeutung wahr. Was wir im Bilde wahrnehmen ist nicht einfach die Darstellung oder die Abbildung einer Szene. Die Referentialität des Dargestellten, die Frage nach dem *Was*, kann weder die Artikulation des Bildes noch die Eigenartigkeit jeder Bildart – das heißt, als künstlerisches Bild, als Kultbild und so weiter – erfüllen. Die Tatsache, dass wir in einem Bild eine bestimmte Szene wahrnehmen und erkennen können, macht nicht allein seine Artikulation aus. Die Frage nach dem Sinn steht also vielmehr in der Frage nach dem *Wie* der Artikulation. Doch wenn wir annehmen dürfen, dass unser kulturell symbolgesteuertes Leben verschiedene Artikulationsformen bietet, so ergibt sich daraus die Frage, inwieweit diese letzteren sich mit unserem Sehen verbinden lassen. Eine solche Tatsache schließt die grundlegende Frage nach dem Verhältnis von Bild und Wahrnehmung ein. Wir werden in diesem Kapitel versuchen zu zeigen, dass die *symbolische Artikulation* ein Schlüsselwort für das Verständnis der *sinnlichen Konfiguration* des Bildes ist und andererseits für die Charakterisierung und Individualisierung, die jede Bildform symbolisch prägt. Der Cassirersche Begriff der „symbolischen Prägnanz" soll hier den Weg ebnen um diese Wechselbeziehung von Artikulation und Konfiguration zu begreifen und zu analysieren. Der Prägnanzprozess soll in diesem Kapitel eingeführt werden, nicht allein um eine Alternative zu einem Ähnlichkeits- oder Denotationsprozess zu schaffen, sondern vor allem um den Bildbegriff nach seiner kulturellen Dimension zu bestimmen. Und damit sind vier Grundmomente gemeint: 1) die Untrennbarkeit von Sehen und Sinn; 2) die Apriorität der Prägnanz in der Gliederung unserer Wahrnehmungswelt; 3) die verschiedenen Sinnmodalitäten des Prägnanzprozesses; 4) das Spannungsverhältnis von Prägnanz und Konfiguration. Am Ende soll klar werden, dass diese vier Grundmomente ein gemeinsames Fundament für die Konsolidierung des Bildbegriffs bilden.

4.1 Die symbolische Begründung des Sehens

Das Verhältnis von Sehen und Sinn, von Wahrnehmung und Artikulation steht immer – explizit oder implizit – im Mittelpunkt jeder Theorie der Bildwahrnehmung. (Dies schließt aber keineswegs aus, dass in einigen Bildtheorien der symbolische Sinn nur als sekundärer Begriff erscheint; besonders wenn er beispielsweise ohne direkte Verbindung mit dem Zusammenhang von Bild und Wahrnehmung gedacht wird.) Auf der Ebene der symbolischen Artikulation macht sich hauptsächlich die Frage bemerkbar, ob und inwiefern ein solches Verhältnis echten Aufschluss zum Verständnis des Symbolisierungsprozesses gibt, der unseren kulturellen Medien beziehungsweise bildlichen Symbolkonfigurationen ans Licht bringt. Die Frage nach dem Sehen wird sehr oft in Bildtheorien eingeführt, um eine Auseinandersetzung zwischen Wirklichkeits- und Bildwahrnehmung einzurichten. Zwei unterschiedliche Auffassungen lassen sich hierbei deuten: die *Kontinuitätstheorien*, die ganz im Sinne von Edmund Husserls These der Deckung von Bild und dargestelltem Gegenstand keinen besonderen Unterschied zwischen alltäglichem Sehen und bildlichem Sehen machen; und die *Diskontinuitätstheorien*, die dagegen eine scharfe Trennung zwischen beiden Formen von Sehen vertreten – Nelson Goodmans Symboltheorie des Bildes kann hier als Beispiel dafür gelten.

Dass die Kontinuitätstheorien keine scharfe Trennung von Bild und dargestelltem Gegenstand machen, ist eine unbestrittene Tatsache. Sie nehmen hauptsächlich als theoretischen Ausgangpunkt die Idee einer Art visuellen Reziprozität zwischen Bild und dargestelltem Gegenstand – das heißt, das bildliche Sehen ist immer ein referentielles Sehen. Während die Diskontinuitätstheorien keine lineare Kontinuität von Bild und Sehen, Zeichen und Gegenstand vertreten, wird diese im Gegenteil zur Hauptthese der Kontinuitätstheorien. Aber eine solche Annahme ist nur möglich, weil eine Ähnlichkeitsbeziehung von Anfang an immer vorausgesetzt ist. Aus der Similarität von Bild und Gegenstand ergibt sich eine geradlinige Abwicklung zwischen alltäglichem Sehen und bildlichem Sehen. Ernst Gombrich, einer der Vertreter der Kontinuitätstheorie, schafft vornehmlich seine Illusionstheorie des Bildes unter der Voraussetzung, dass die bildliche Darstellung eines Gegenstandes eine visuelle Erfahrung hervorrufen kann, die ganz identisch mit der realen Erfahrung desselben Gegenstands ist, dass, um hier ein Beispiel zu geben, ein Bild von einer Landschaft ein ähnliches Sehen wie das Sehen der Landschaft selbst erfüllt. Die Illusionsthese kann mit folgender Formulierung von Grombrich dargestellt werden: „the real world does not look like a flat picture, though a flat picture can be made to look like the real world."[142] Obwohl Gombrich nicht die Auffassung des unschuldigen Auges (*innocent*

---

[142] Gombrich, E. H., *The Image and the Eye. Further studies in the psychology of pictorial representation*, Oxford, Phaidon Press, Second Edition, 1986, S. 18.

eye) vertritt – „There is no reality without interpretation; just as there is no innocent eye, there is no innocent ear."[143] –, stellt er jedoch ins Spiel eine Konvergenz zwischen Wirklichkeits- und Bildwahrnehmung, denn er betrachtet unser alltägliches Sehen nur unter rein optischen Voraussetzungen und damit berücksichtigt er nicht, wie übrigens John Mitchell gut betont, dessen kulturelle und soziale Bestimmung.[144] Diese Konvergenz ist andererseits die notwendige Bedingung für die angebliche bildliche Illusionswirkung. Die Grundlage der Kontinuitätstheorien ist also der Gedanke, dass jede Bilderfahrung immer auf zwei Gegenpole verweist: die Sphäre des Bildes – *die vermittelte Welt* – und die Sphäre der Wahrnehmung – *die unvermittelte Welt*. Die Voraussetzung dieser zweier Welten erscheint damit als unerlässliche Bedingung für eine kontinuierliche Reziprozität zwischen piktorischen Eigenschaften des Bildes und visuellen Eigenschaften des Referenzgegenstands. Das Hauptproblem hiermit ist nicht so sehr das Verhältnis von Bild und Wirklichkeit, sondern vielmehr die theoretische Behauptung, dass ein solches Verhältnis von einer unmittelbaren Wahrnehmung und einer mittelbaren Wahrnehmung abhängt – das heißt, das Verhältnis scheint buchstäblich nur möglich und denkbar zu sein, wenn es außerhalb der Bildfläche auch keine vermittelte Welt, keine artikulierte Wahrnehmung geben würde.

Obwohl beide Theorien – die Kontinuitätstheorie und die Diskontinuitätstheorie – nicht miteinander vereinbar sind, teilen sie jedoch etwas: das Sehen – oder die Wahrnehmung im Allgemeinen – ist die Instanz, wodurch Bild und dargestellter Gegenstand einen bestimmten Bezugnahmemodus gewinnen. Können wir aber diese Mittelstellung des Sehens (zwischen Bild und Gegenstand) nur als Instanz des Verhältnisses von Bild- und Wirklichkeitswahr-

---

[143] Gombrich, E. H., *Art and Illusion. A study in the psychology of pictorial representation*, Oxford, Phaidon Press, Fifth Edition, 1977, S. 307.
[144] Mitchell, W. J. T., *Iconology: image, text, ideology*, A.a.O., S. 38.

nehmung bezeichnen? Oder liegt nicht vielmehr die Mittelstellung des Sehens buchstäblich darin, dass sie uns erst die Art und Weise bestimmt, wie wir etwas bildlich wahrnehmen?

Der Unterschied liegt genau in der Natur der Mittelstellung selbst. Entweder man nimmt die Rolle des Sehens als eine passive an, das heißt als bloßes Ergebnis eines Bezugnahmemodus zwischen Bild und Gegenstand, oder man nimmt sie hingegen als eine aktive Rolle an, die sich in keiner Weise auf den Bereich der Referentialität reduzieren lässt. Wenn man sich für die zweite Annahme entscheidet, dann fragt man hauptsächlich nach dem *Sinn des Sehens* und nicht nur nach dem *Gegenstand des Sehens*. Eine Apriorizität des Sinns besagt hiermit keine Negation der Darstellungsdimension des Bildes, sondern sie soll wahrhaftig verstanden werden als derjenige Beweggrund, wodurch unser Sehen seine echte symbolische Gliederung erwirbt, um die sinnliche Materie zugleich zu integrieren und zu differenzieren. Denn es ist ganz anders ein Bild wahrzunehmen, welches einen Gegenstand – wie zum Beispiel eine bestimmte menschliche Gestalt – als mythische, religiöse oder künstlerische Form darstellt. Der Sinn der Form bestimmt die Artikulation des Wahrnehmens. Er soll aber, wie Cassirer betont, „nicht in dem gesucht werden, was sie [die Form] ausdrückt, sondern nur in der Art und Weise, in dem Modus und der inneren Gesetzlichkeit des Ausdrucks selbst."[145]

Eine angebliche Trennung von Sehen und Sinn gilt normalerweise für die Auffassung einer ökologischen Optik der Bildwahrnehmung, nämlich für die theoretische Richtung, die die Psychologie oder die Neurobiologie der Bildwahrnehmung als Ausgangspunkt nehmen: Bilder zeigen optische Informationen von bestimmten Gegenständen. Ein wahrnehmungsökologischer Ansatz,

---

[145] Cassirer, Ernst, *Philosophie der symbolischen Formen, Erster Teil: Die Sprache*, A.a.O., S. 137-138.

wie ihn James Gibson vertritt, zeigt uns, dass unsere Wahrnehmung nicht durch kulturelle, symbolische Strukturen vermittelt ist, sondern dass sie immer durch unmittelbare optische Informationen bestimmt wird. Diese Unmittelbarkeit präsentiert sich nach Gibson in der Denotationsbeziehung von Bild und dargestelltem Gegenstand: zwischen Bild und Gegenstand erfüllt sich eine „intrinsic relation", denn die visuellen Qualitäten beider werden miteinander verknüpft in dem Masse, wie dieselben Qualitäten mehr oder weniger kompatibel sind. Deswegen ist das Wahrnehmen einer bildlichen Darstellung ganz verschieden von der sprachlichen Benennung eines Gegenstands: zwischen Name und Gegenstand gibt es nur eine „extrinsic relation", weil die mentale Gliederung des Bezeichnensakts keine interne Korrespondenz mit den sinnlichen Qualitäten des bezeichneten Gegenstands teilt.[146] Während die Sprache also – aufgrund ihrer konventionellen Gliederung – eine bestimmte Distanz in Bezug auf die Gegenstandswelt verursacht, sind im Gegenteil Bilder wegen ihrer nicht-konventionellen Artikulation nicht in der Lage solche eine Distanz hervorzurufen.[147] Zwischen Bild und Wahrnehmung gibt es dadurch, nach Gibsons Ansicht, keine notwendige symbolische Artikulation,

---

[146] Gibson, James J., *A theory of Pictorial Perception*, Audio-Visual Communication Review 1, 3, 1954, S. 3-23, S. 11.
[147] Ähnliche Metapher der Distanz findet sich auch bei Singer, Wolf, *Das Bild in uns – Vom Bild zur Wahrnehmung*, In: *Iconic Turn. Die neue Macht der Bilder*, Hrsg. von Christa Maar und Hubert Burda, Köln, Dumont, 2004, S. 56-76, S. 56-57. Diese sozusagen Distanzlosigkeit in der Bildwahrnehmung impliziert für Gibson jedoch keinen Illusionseffekt. Ganz im Gegensatz zu Gombrichs Illusionsthese argumentiert er: „The notion of an image that is literally and actually indistinguishable from the reality is a myth. Pygmalion's cold statue was not a girl and the image that Narcissus saw in the pool was insubstantial, as he could have discovered at any time. The fallacy encouraged by an uncritical acceptance of the 'illusion of reality' is the belief that the perception of something pictured can *pass over into* the perception of it. A mediated perception cannot become a direct perception by stages. No matter how faithful, how lifelike, how realistic a picture becomes, it does not become the object pictured. Perception at second hand will never be perception at first hand." Gibson, James J., *The information available in pictures*, Leonardo, Vol. 4, Pergamon Press, 1971, S. 27-35, S. 32.

denn die visuellen Phänomene sind uns immer unmittelbar durch optische Reize und Informationen gegeben.[148]

Hieraus folgt, dass Bildern und allen visuellen Kulturmedien, unter Rekurs auf eine mediale Transparenz, eine sinnfreie Vermittlung insgesamt zugesprochen werden. Die Nicht-Voraussetzung, ein kennzeichnendes Zusammenfallen von Bild und Sinn, würde hier in derselben Weise keine notwendige Transformation und damit auch keine kulturelle Variabilität unserer Wahrnehmungswelt implizieren. Inwieweit aber, so muss an dieser Stelle gefragt werden, können wir solch eine Trennung von Bild und Sinn annehmen? Kann man den Akt des Wahrnehmens als einen reinen unmittelbaren Akt beschreiben, der als solcher keine Verbindung mit unserem kulturellen symbolgesteuerten Leben voraussetzt?

Cassirers *Philosophie der symbolischen Formen* setzt sich von Anfang an gegen die Annahme eines prä-symbolischen Wahrnehmens, eines gliederungsfreien Sehens, das keine innere Artikuliertheit in Bezug auf die Gegenstandswelt besitzen würde. Cassirer weist darauf hin, dass keine es „‚nackte' Empfindung, als *materia nuda*", unabhängig von „irgendeiner Formgebung" gibt. Daraus lässt sich schließen, „was uns faßbar und zugänglich ist, ist immer nur die konkrete Bestimmtheit, die lebendige Vielgestalt einer Wahrnehmungswelt, die von bestimmten Weisen der Formung durch und durch beherrscht und von ihnen völlig durchdrungen ist."[149] Eine „gegliederte Wahrnehmung", so betont immer wieder Cassirer, „ist nicht mehr rein passiv, sondern aktiv, nicht mehr rezeptiv, sondern »selektiv«, nicht vereinzelt und

---

[148] Vgl. auch Gibson, James J., *The Ecological Approach to Visual Perception of Pictures?*, Leonardo, Vol. 11, Pergamon Press, 1978, S. 227-235.
[149] Cassirer, Ernst, *Philosophie der symbolischen Formen, Dritter Teil: Phänomenologie der Erkenntnis*, Darmstadt, Wissenschaftliche Buchgesellschaft, 10. Aufl., 1994, S. 18.

vereinzelnd, sondern auf ein Allgemeines gerichtet."[150] Das Sehen ist daher kein passiver Wahrnehmungsakt, sondern es ist bereits eine aktive Tätigkeit, dank der wir unserer Gegenstandswelt ihre spezifische Anordnung geben. „Denn es gibt für uns kein Sehen und es gibt für uns nichts Sichtbares," wie Cassirer ausdrücklich formuliert,

„das nicht in irgendeiner Weise der geistigen Sicht, der Ideation überhaupt, stünde. Ein Sehen und ein Gesehenes außerhalb dieser ‚Sicht', eine »bloße« Empfindung außerhalb und vor jeder Art von Gestaltung, ist eine leere Abstraktion. Immer muß das ‚Gegebene' schon in einer bestimmten ‚Hinsicht' genommen und *sub specie* dieser Hinsicht erfaßt sein: denn sie erst ist es, die ihm seinen ‚Sinn' verleiht. Dieser Sinn ist hierbei weder als sekundär-begriffliche, noch als assoziative Zutat zu verstehen: sondern er ist der schlichte Sinn der ursprünglichen Anschauung selbst."[151]

Darüber hat gewissermaßen bereits Johann Wolfgang von Goethe in seinem *Vorwort zur Farbenlehre* angedeutet: „Jedes Ansehen geht über in ein Betrachten, jedes Betrachten in ein Sinnen, jedes Sinnen in ein Verknüpfen, und so kann man sagen, dass wir schon bei jedem aufmerksamen Blick in die Welt theoretisieren."[152] Eine Behauptung, die sicherlich Cassirer nicht fremd war, wenn er immer die symbolische Gliederung des Sehens, die „Auslese" und die „Auswertung", die sich in jedem Wahrnehmungsakt findet, betont.[153] Der Wahrnehmungsakt ist demzufolge kein *actus purus* – wie im Besonderen die sensualistischen Erkenntnistheorien vertreten –, sondern von Anfang an ein bestimmter Akt der Sinngebung. Cassirer nennt diesen Akt der Sinngebung „als einen Akt ‚symbolischer Ideation',", der als solcher kein *a posteriori* additives Merkmal ist – er ist hingegen dasjenige, das „das Sehen erst konstitu-

---

[150] Ebd., 270-271.
[151] Ebd., S. 155-156.
[152] Goethe, Johann Wolfgang von, *Vorwort zur Farbenlehre*, In: Werke, Hamburger Ausgabe in 14 Bänden., Band XIII, Hrsg. Von Erich Trunz, München, Beck, 1982, S. 317.
[153] Ernst Cassirer, *op. cit.*, S. 181.

iert".[154] Die Idee eines unvermittelten Sehens – „die Ideologie vom »reinen Auge«", nach Pierre Bourdieu benannt[155] – hat eine Rückkehr in eine angeblich reine Unmittelbarkeit unserer Wahrnehmungswelt zur Folge; mit Cassirers Worten ins „Paradies der Unmittelbarkeit".[156]

Der Zusammenhang von Wahrnehmung und Sinn soll also nicht als eine Art sekundäre Beziehung verstanden werden; denn dies führt normalerweise zu der theoretischen Auffassung eines prä-symbolischen Schauens, nämlich wenn man die Sinnbildung nur als eine spätere Phase des Wahrnehmungsakts betrachtet. Gegen die Auffassung einer prä-symbolischen Deutung des Sehens hat sich zum Beispiel Arnold Gehlen gestellt. Gehlen – ähnlich wie Cassirer – geht davon aus, dass unsere Wahrnehmung, „schon rein optisch, in sehr hohem Grade symbolisch [ist], d. h. ein Feld von *Erfahrungsandeutungen*, welche uns die Beschaffenheit und Verwendbarkeit der Gegenstände symbolisieren".[157] Eine Pathologie des Sehens bietet uns zahlreiche Beispiele von Störungen der symbolischen Artikulation. Die organischen Hirnkrankheiten, die zu Störungen der Artikulationsfähigkeit führen, können in manchen Fällen als Regression auf prä-symbolische Zustände bezeichnet werden. Es gibt Fälle zum Beispiel von optisch-agnostischen Störungen, wie Cassirer im Hinblick auf die wissenschaftliche Experimenten von Lissauer erklärt, wo der Patient nicht in der Lage war eine bildliche Darstellung – ein Bismarck-Porträt – fehlerfrei zu artikulieren: obwohl der Patient das Porträt als ein Bild von Bismarck quasi richtig erkannte, wusste er aber nicht, „wo sich auf demselben

---

[154] Ebd., S. 155.
[155] Bourdieu, Pierre, *Zur soziologie der symbolischen Formen*, Übers. von Wolfgang Fietkau, Frankfurt am Main, Suhrkamp Verlag, 1974, S. 167.
[156] Cassirer, Ernst, *op. cit.*, S. 48.
[157] Gehlen, Arnold, *Der Mensch. Seine Natur und seine Stellung in der Welt*, Wiebelsheim, Aula-Verlag, 14. Aufl., 2004, S. 39.

die Augen, die Ohren, die Mütze befänden."[158] Mit einem Wort: das normale Verhältnis von symbolischer Artikulation und sinnlicher Konfiguration, von Sinn und Sehen wird unterbrochen; damit verliert auch das Bild seine interne sinnliche Kohärenz.

4.2 Symbolische Prägnanz als Sinnerzeugungsprozess

Cassirers philosophische Grundlage einer kulturellen Artikuliertheit unserer Welt des Sinnlichen und des Sehens wird, auf das Bild bezogen, besonders für Erwin Panofskys Auslegung der *Perspektive als symbolische Form* relevant. Der Kunsttheoretiker Panofsky hat im Hinblick auf die Cassirersche Reflexion über die symbolischen Formen eine neue Bestimmung für das Verstehen des Bildes als kulturelle Symbolkonfiguration eingeführt: die Perspektive, so macht Panofsky geltend, „darf, um Ernst Cassirers glücklich geprägten Terminus auch für die Kunstgeschichte nutzbar zu machen, als eine jener ‚symbolischen Formen' bezeichnet werden, durch die ‚ein geistiger Bedeutungsinhalt an ein konkretes sinnliches Zeichen geknüpft und diesem Zeichen innerlich zugeeignet wird'; und es ist in diesem Sinne", so schließt er seine Formulierung, „für die einzelnen Kunstepochen und Kunstgebiete wesensbedeutsam, nicht nur ob sie Perspektive haben, sondern auch welche Perspektive sie haben."[159] Mit der Bezeichnung der Perspektive als symbolische Form versucht Panofsky hauptsächlich die unterschiedlichen Kunstepochen und Kunststile immer im direkten Zusammenhang zur kulturellen Gliederung des Sehens – besonders der Raumanschauung – zu charakterisieren.

---

[158] Cassirer, Ernst, *op. cit.*, S. 280.
[159] Panofsky, Erwin, *Die Perspektive als symbolische Form*, In: *Aufsätze zu Grundfragen der Kunstwissenschaft*, Berlin, Haude & Spencer, 2., durchgesehene, erweiterte und verbesserte Aufl., 1974, S. 99-167, S. 108.

Panofskys Verwendung des Symbolbegriffs ist ein entscheidendes Moment für das Verstehen der kulturellen Artikuliertheit des Bildes. Wir wollen aber mit Hilfe von Cassirers Philosophie unseren Begriff der symbolischen Artikulation weiter vertiefen. Solch eine Vertiefung und ihre Notwendigkeit ist bereits in der von Panofsky zitierten Begriffsbestimmung der symbolischen Form – das heißt, die Korrelation zwischen einem geistigen Bedeutungsinhalt und einem konkreten sinnlichen Zeichen – enthalten. Woraus ergibt sich dann die Möglichkeit einer untrennbaren Wechselbeziehung von Geistigem und Sinnlichem, von Kulturellem und Bildlichem? Denn jede bildliche Symbolkonfiguration wird immer sinnlich artikuliert, wird immer als Bild wahrnehmungsmäßig konfiguriert. Als sinnliches Wahrnehmungserlebnis ist ein Bild daher keine absolute oder invariable optische Tatsache, sondern es muss sich von unseren Wahrnehmungsformen durchdringen lassen. Während der Betrachtung eines Bildes das vor mir steht – sagen wir etwa das Gemälde *Le Vase Bleu* von Paul Cézanne –, muss gleichzeitig ein bestimmter symbolischer Sinn gegeben werden, der als solcher mir die Singularität des Bildes als Kunstwerk zu betrachten erlaubt. Ich erfahre das Bild als Kunstwerk und nicht zum Beispiel als religiöses Objekt. Die Figurativität des Gemäldes von Cézanne – das heißt die blaue Blumenvase – entscheidet nicht allein über die spezifische symbolische Artikulation des Bildes, sonst würden alle Bilder, die eine blaue Blumenvase darstellen, der gleichen symbolischen Form entsprechen. Mit meiner Einschätzung, mit meiner ästhetischen Erfahrung des Bildes entfällt nicht auch sein Sinn als Kunstwerk, obwohl ich immer – dies ist aber hier nicht der Fall – am Ende meiner Betrachtung das Bild als unvollständiges oder sogar als nicht gelungenes Kunstwerk bezeichnen könnte. Unabhängig von meiner endgültigen Einschätzung aber – und mag sie sprachgesteuert sein –, habe ich bereits das Gemälde unter einem kunstästhetischen Sinn angeschaut und konfiguriert. Der Sinn ist hier also kein sekundärer Begriff, sondern er ist die unerlässliche Bedingung meiner ästhetischen Erfahrung. Wir müssen jetzt also fragen – und damit stehen wir im Mittelpunkt unserer Analyse des Begriffs der Artikulation – wie bildet sich dieser Sinn (der Sinn der Artikulation), der das Sehen kulturell bestimmt und gleichzeitig gliedert? Damit möchten wir die kulturelle Bestimmung des Bildbegriffs unter der Voraussetzung des Cassirerschen Begriffs der „symbolischen Prägnanz" bezeichnen. „Unter „symbolischer Prägnanz" soll also die Art verstanden werden", so lautet die Begriffsbestimmung die Cassirer im dritten Teil seiner *Philosophie der symbolischen Formen* gibt,

„in der ein Wahrnehmungserlebnis, als ‚sinnliches' Erlebnis, zugleich *einen bestimmten nicht-anschaulichen ‚Sinn'* in sich faßt und ihn zur unmittelbaren konkreten Darstellung bringt. Hier handelt es sich nicht um bloß »perzeptive« Gegebenheiten, denen später irgendwelche »apperzeptive« Akte aufgepfropft wären, durch die sie gedeutet, beurteilt und umgebildet würden. Vielmehr ist es die Wahrnehmung selbst, die Kraft ihrer eigenen *immanenten Gliederung* eine Art von geistiger ‚Artikulation' gewinnt – die, als in sich gefügte, auch einer bestimmten Sinnfügung angehört. In ihrer vollen Aktualität, in ihrer Ganzheit und Lebendigkeit, ist sie zugleich ein Leben ‚im' Sinn. Sie wird nicht erst nachträglich in diese Sphäre aufgenommen, sondern sie erscheint gewissermaßen als in sie hineingeboren."[160]

„Symbolisch" ist dann der Sinn des Wahrnehmungserlebnis, weil er durch die immanente Gliederung der Wahrnehmung selbst einen Impuls zur Artikulation bildet; „Prägnant" ist er, indem er auf eine Sinneinheit beziehungsweise symbolische Form verweist – oder wie Cassirer es auch formuliert: „Diese ideelle Verwobenheit, diese Bezogenheit des einzelnen, hier und jetzt gegebenen Wahrnehmungsphänomens auf ein charakteristisches Sinnganzes, soll

---

[160] Cassirer, Ernst, *op. cit.*, S. 235. Die Hervorhebung ist von mir.

der Ausdruck der »Prägnanz« bezeichnen."[161] So verstanden, bedeutet der Sinn der Prägnanz den Modus des Artikulierens, die Art und Weise, wie eine bestimmte Bedeutung symbolisch gegliedert wird. Und das heißt nämlich, dass der immanente Sinn, den das Wahrnehmungserlebnis gewinnt, noch nicht einer fertigen Bedeutungsbildung entspricht, sondern er bildet als Sinn vielmehr die Voraussetzung jeder möglichen sinnlich artikulierten Bedeutung. Oder weiter: Der Prägnanzprozess ist nicht das konklusive Ergebnis der Artikulation, sondern zuerst seine fundamentale Bedingung.

In dem Prägnanzprozess werden Wahrnehmungsformen und kulturelle Sinnmodalitäten miteinander verbunden; deswegen ist der Prägnanzprozess als Sinnbezug ein immanenter Gliederungsvorgang, durch welchen ein sinnliches Wahrnehmungserlebnis eine bestimmte symbolische Strukturierung gewinnt. Und man kann hier gewissermaßen den „nicht-anschaulichen Sinn", den eine solche Strukturierung impliziert, durch die phänomenologische Sprache von Maurice Merleau-Ponty verdeutlichen. Der Sinn – das Unsichtbare (*le invisible*) – ist „das *Nichturpräsentierbar*" des Sichtbaren.[162] Dieses „Nichturpräsentierbar" ist der unerlässliche Beweggrund jedes wahrnehmbaren Phänomens; Bedingung, die nicht außerhalb des Sehens liegt, sondern sie ist bereits in der Natur der Sichtbarkeit implizit, oder wie Merleau-Ponty auch sagt: „C'est la visibilité même qui comporte une non-visibilité."[163]

Dem apriorischen Charakter der Prägnanz entspricht hier kein Anachronismus von vorgefassten Ideen, sondern er ist selbst eine Art von geistiger Artikulation, die zwischen Wahrnehmungs- und Gegenstandsformen eine spezifische Sinnübertragung prägt und gleichzeitig aktualisiert. Diese Art

---

[161] Ebd.
[162] Merleau-Ponty, Maurice, *Le visible et l'invisible*, Suivi de *Notes de travail*, Texte établi par Claude Lefort, Paris, Galimard, 1964, S. 265.
[163] Ebd., S. 295.

Durchdringung des Symbolischen durch die Wahrnehmung ist der gemeinsame Kern aller sinnlich-geistigen Gestaltungen, der sinnliche Prozess eines Impulses zur Gestaltung, der zu einer effektiven – sowie affektiven – Auseinandersetzung zwischen Sinnlichkeit und Sinn führt. Das bedeutet auch, dass die Apriorität der Prägnanz immer noch einer sinnlichen „Richtung der Wahrnehmung"[164] entspricht, die jedem Erkenntnisphänomen ihre Prägung gibt. Für Cassirer ist diese Richtung mehr als ein spätes Ergebnis einiger Kulturformen, was zu einer Intellektualisierung des Symbolbegriffs führen würde, sondern sie ist hingegen eine *conditio sine qua non* aller symbolischen Erkenntnisse, die schon in allen mythischen Formen der menschlichen Kultur zu finden sind. Die symbolische Prägnanz unserer Wahrnehmung besitzt nach Cassirers Auffassung eine bestimmte ursprüngliche Autarkie, die sich nicht auf hochartikulierte Prozesse des Bewusstseins reduzieren lässt. Cassirer selbst sagt:

„Bezeichnen wir die Beziehung, derzufolge ein Sinnliches einen Sinn in sich faßt und ihn für das Bewußtsein unmittelbar darstellt, als die der ‚symbolischen Prägnanz', so läßt sich der Sachverhalt dieser Prägnanz weder auf bloß reproduktive noch auf mittelbare intellektuelle Prozesse zurückführen: er muß zuletzt als eine selbständige und autonome Bestimmung anerkannt werden, ohne die es für uns weder ein »Objekt«, noch ein »Subjekt«, weder eine Einheit des »Gegenstandes«, noch eine Einheit des »Selbst« geben würde."[165]

Die symbolische Prägnanz ist demzufolge ein autonomer Prozess; und jeder Prozess – allgemein betrachtet und unabhängig von welcher Natur – setzt eine Transformation von etwas in etwas anderes voraus. Dieses „etwas" und „etwas anderes" aber sind hier nicht hierarchisch artikuliert, sondern sie sind vielmehr im Verlauf des Prägnanzprozesses parallel aufeinander bezogen. Der

---

[164] Cassirer, Ernst, *op. cit.*, S. 73.
[165] Ebd., S. 274-275.

Prägnanzprozess ist in diesem Sinne kein bloßer semiotischer Prozess, mittels welchem ein Zeichen auf etwas anderes verweist. Die Transformation, die einen solchen Prozess erlaubt – das heißt, die Formbildung –, ist die notwendige Bedingung für die sinnliche Wahrnehmungsgliederung des Gegenstands selbst. Und die Prägnanz, die eine bestimmte sinnliche Erscheinung erwirbt, wie Cassirer ausdrücklich betont, „entzieht ihr nichts von ihrer konkreten Fülle; – aber sie bildet zugleich die Gewähr dafür, daß diese Fülle nicht einfach verströmt, sondern sich zu einer festen, in sich geschlossenen Form rundet."[166] Was hier mit im Spiel ist, hat nicht allein mit einer Anordnung von bestimmten Bedeutungen, von bestimmten Darstellungswerten zu tun, die im Verlauf der Formbildung eingefügt werden können. Das Moment der Formbildung ist gleichzeitig dasjenige artikulierte Geschehen, in dem die Mannigfaltigkeit und die Spontaneität des Sinnlichen eine gewisse Umrisslinie erhält, die sozusagen ihr lebenskräftiges Wesen innerhalb der symbolischen Gliederung befestigt und beschützt. Mit einem Wort: Formbildung ist desgleichen sinnliche Verdichtung.

4.3 Die Modalisierung der Form

Rekapitulieren wir kurz, was wir mit dem Zusammensetzen von Prägnanzprozess und Bildwahrnehmung ansprechen wollen. Mit dem Begriff der symbolischen Prägnanz bezeichnen wir also mit Cassirer in diesem Falle – was den Bildbegriff angeht – den Prozess mittels welchem eine bildliche Symbolkonfiguration einen Artikulationssinn erwirbt. Wir müssen nun sehen inwieweit sich die autonome Bestimmung des Prägnanzprozesses – also die unmittelbare Bezogenheit eines Wahrnehmungserlebnisses auf einen Sinnzusammen-

---

[166] Ebd., S. 237.

hang – mit einem bestimmten Wahrnehmungserlebnis zusammenfassen lässt. Oder anders formuliert: welche symbolische und sinnliche Dynamik gibt die Prägnanz einem konkreten wahrgenommen Gegenstand? Denn der Begriff der symbolischen Prägnanz hat uns bisher nur gezeigt, dass etwas, das wahrgenommen werden kann, immer eine immanente Gliederung der Wahrnehmung – einen Sinn – trägt, die die Artikulation des Sinnlichen durchdringt. Diese Durchdringung aber scheint *auf den ersten Blick* keine dynamische Offenheit des Wahrnehmungserlebnisses vorauszusetzen. Ein Kultbild ruft zum Beispiel eine bestimmte prägnante religiöse Wahrnehmung hervor; eine kunstästhetische Bildkonfiguration hingegen eine ästhetische Wahrnehmung. Setzt jede Bildform aber ein unidimensionales Korrespondenzverhältnis zwischen Wahrnehmung und symbolischen Formen voraus? Wäre dies nicht bereits die einfache Idee, ein vorprogrammiertes Referenzverhältnis von Bild, Wahrnehmung und symbolischen Formen zu akzeptieren?

Das Kriterium der Artikulation und damit der Begriff der „symbolischen Prägnanz" setzt ein anderes Prinzip voraus, nämlich das Prinzip der *Formwandelbarkeit des Kulturobjekts* – das heißt, seine kulturelle Dynamik und Offenheit. Für Cassirer bildet die „Fähigkeit zur Permanenz der Form und zur Entwicklung der Form" das „eigentümliche 'Leben'" aller kulturellen Gebilde. Damit ist gemeint, dass ihre Prägnanz „in der Fülle neuer und doch einander ähnlicher Gestalten aus sich hervorgehen zu lassen"[167] besteht, wie Cassirer immer wieder betont. So trägt jedes Kulturwerk keinen absoluten Ausdruck, keine zeitlose Formdauer. Der symbolische Ausdruck ist hingegen – wie übrigens schon G. W. F. Hegel in seinen *Vorlesungen über die*

---

[167] Cassirer, Ernst, *Nachgelassene Manuskripte und Texte*, Hrsg. von Klaus Christian Köhnke, John Michael Krois und Oswald Schwemmer, Band 5: *Kulturphilosophie. Vorlesungen und Vorträge 1929-1941*, A.a.O., S. 127.

Philosophie der Kunst definiert hat[168] – ein prozessuales Geschehen und sein dynamischer Gehalt, was genau das Leben der menschlichen Kultur entspricht, besteht vielmehr „für uns nur dadurch, dass es ständig von neuem angeeignet und dadurch stets aufs neue geschaffen wird."[169]

Es ist genau dieses Prinzip der „Permanenz" und „Wandelbarkeit" der Form, wie wir im Folgenden sehen werden, das das berühmte Cassirersche Beispiel des Linienzugs in seiner intrinsischen Formulierung zum Ausdruck bringt. Cassirers Beispiel, so soll bemerkt werden, schildert weder ein spezifisches Bildwerk noch ein ganzes Bild, sondern bezieht die einfache Linie eines Ornaments, die verschiedenen Sinnmodalitäten der Prägnanz unseres Wahrnehmens ein. Dass mit diesem Beispiel ein klares Zusammenfallen von Prägnanzbildung und Kulturmedien – vornehmlich Bilder, die ein Primat des sinnlichen Wahrnehmens vor ihrer linguistischen Gliederung erfordern –, wird sich besonders im Hinblick auf die unterschiedlichen Sinn- und Formbildungen des Linienzugs zeigen. Um dieses Beispiel besser zu verstehen, sowie um seine Relevanz für den Bildbegriff aufzuzeigen, werde ich es – gemäß also der Frage nach der Prozessualität und Mehrdimensionalität der Formbildung –, in zwei Teilen festlegen: der erste Teil wird *physiognomisches Formerlebnis* genannt und der zweite seinerseits *differenziertes Formerlebnis*. Wir fangen mit dem ersten Formerlebnis an.

4.3.1 Das *physiognomische* Formerlebnis

Beim Sehen eines Bildes, Lesen eines Textes oder bei einem Gespräch gibt es bestimmte Wahrnehmungsmomente, die uns eine Art „lebendiges Schauen" des Bildes, des Textes und des Gespräches unmittelbar geben. Dieses kon-

---

[168] Hegel, G. W. F., *Vorlesungen über die Philosophie der Kunst*, A.a.O., S. 128.
[169] Cassirer, Ernst, *Zur Logik der Kulturwissenschaften: fünf Studien*, A.a.O., S. 113.

krete Erlebnis wird sehr oft vergessen. Und in den verschiedensten Bildtheorien wird es kaum berücksichtigt. Der Hauptgrund dafür liegt, wie mir scheint, in der rein semiotischen Prämisse einer angeblich bloßen *Transparenz* zwischen Bild und abgebildetem Gegenstand, zwischen Zeichen und Bezeichnetem. Eine reine Bildsemiotik, wie wir im Hinblick auf Nelson Goodmans Denotationstheorie schon gesehen haben, setzt eine solche Transparenz zwischen Bild und Referenzgegenstand als theoretische Formel einer Analyse des Bildbegriffs voraus. In diesem Sinne wird die Zeichenhaftigkeit des Bildes in seinem referentiellen Verweisungscharakter unter Rekurs auf die Idee einer vorgegebenen linearen symbolischen Struktur begründet: das heißt, das Zeichen nimmt immer Bezug auf das Bezeichnete mittels eines differenzierten Kohärenzverhältnis – das Bild wird zu einem Transparenzmedium. Damit wird gleichwohl eines der wichtigen Artikulationsmomente des Bildes nicht beachtet, nämlich das Moment seiner sinnlichen Konfiguration. Und daraus, so muss man hiermit pointieren, ergibt sich folgende Frage: Impliziert die Gliederung eines solchen konstitutiven Moments zunächst einen symbolischen Transparenzprozess?

Der Prägnanzprozess, wie wir ihn nach Cassirer verstehen, ist kein linearer Prozess. Die symbolische Gliederung eines Bildes vollzieht sich nicht ohne Widerstand, nicht ohne eine eigentliche Gegenbewegung, eine Art Ablehnung unserer Wahrnehmung selbst. Wir haben im vorigen Kapitel bereits gesehen, dass die materielle Verkörperung eines Bildes in ihrem Produktionsprozess zugleich Widerstand und Impuls bedeutet, weil die Materie auch die Form mit ihrer eigenen Struktur bestimmt. Diese spezifische Bestimmung aber gilt nicht nur für das Moment des Produktionsprozesses. Wir finden auch eine andere Art von Widerstand und Impuls ebenso im Rezeptionsprozess jeder bildlichen Form. Sie findet in unserer Wahrnehmung selbst statt – das heißt, sie ist ein intrinsisches Charakteristikum unserer Wahrnehmung. Nach Cassirers Auslegung bildet sie das erste wichtige Formerlebnis in dem sich eine Artikulation von Sinn und Sinnlichkeit unmittelbar erfüllt. Genau deshalb nimmt Cassirer den Begriff des *reinen Ausdruckssinns*,[170] den er – wie übrigens auch Max Scheler[171] – als ursprüngliches „Urphänomen der Wahrnehmung" bezeichnet. Dabei geht er von der Überlegung aus, dass im reinen Ausdruckssinn (dem physiognomischen Charakter der Wahrnehmungsgliederung) sich eine notwendige Indifferenz von Zeichen und Bezeichnetem ursprünglich verbirgt. Diese sozusagen „symbolische Opazität" kennzeichnet den Aufbruch des Prägnanzprozesses und wird folglich im Beispiel des Linienzugs von Cassirer eingeführt. Bevor der Linienzug eine differenzierte und selbständige kulturelle Prägung gewinnen kann, erzeugt er schon eine unmittelbare Sinnerfüllung, eine lebendige individuelle Atmosphäre, oder nach Cassirers Beschreibung:

„Wir können ein optisches Gebilde, wie etwa einen einfachen Linienzug, nach seinem *reinen Ausdruckssinn* nehmen. Indem wir uns in die zeichnerische Gestaltung versenken und sie für uns aufbauen, spricht uns in ihr zugleich *ein eigener physiognomischer »Charakter«* an. In der rein räumlichen Bestimmtheit prägt sich *eine eigentümliche »Stimmung«* aus: das Auf und Ab der Linien im Raume faßt eine innere Bewegtheit, ein dynamisches Anschwellen und Abschwellen, ein seelisches Sein und seelisches Leben in sich. Und hierbei fühlen wir nicht nur unsere eigenen inneren Zustände in subjektiv-willkürlicher Weise in die räumliche Form hinein: sondern sie selbst gibt sich uns als beseelte Ganzheit, als selbständige Lebensäußerung. Ihr

---

[170] Neben den reinen Ausdruckssinn stellt Cassirer noch zwei weitere Sinndimensionen: der *Darstellungs-* und der reine *Bedeutungs*sinn. Es ist auf jeder Sinndimension möglich, einen bestimmten symbolischen Verhältnismodus als relevant und angemessen zu abstrahieren. Während der Ausdruckssinn vornehmlich bestimmte physiognomische und gefühlsmäßige Inhalte vermittelt und artikuliert, eröffnet der Darstellungssinn, aufgrund seiner Fähigkeit, etwas Gegenwärtiges oder nicht-Gegenwärtiges symbolisch zu gliedern, zu identifizieren und zu differenzieren, das Wesen des Symbolbewusstseins. Der reine Bedeutungssinn seinerseits prägt auf entscheidende Weise das Wesen der reinen Abstraktion, wodurch die Begriffe beispielsweise der wissenschaftlichen Erkenntnis als mathematisch, logisch und geometrisch Systemen einer Ordnungs-Formel und Ordnungs-Schemata unterliegen.

[171] Scheler, Max, *Die Stellung des Menschen im Kosmos*, Bonn, Bouvier Verlag, 16., durchgesehene Aufl., 2005, S. 16-18.

stetes und ruhiges Dahingleiten oder ihr unvermitteltes Abbrechen, ihre Rundung und Geschlossenheit oder ihre Sprunghaftigkeit, ihre Härte oder Weichheit: das alles tritt an ihr selbst, als Bestimmung ihres eigenen Seins, ihrer objektiven »Natur«, heraus."[172]

In diesem konkreten Fall gibt es also weder ein Transparenzverhältnis von Zeichen und Bezeichnetem noch eine echte symbolische Distanznahme von den individuellen sinnlichen Formen des Wahrgenommenen. Diese Hauptdimension des reinen Ausdruckssinns ist vielmehr durch eine Art ontologischer Indifferenz von Präsenz und Repräsentation charakterisiert, die als solche ihren emotional-affektiven Sinnerzeugungsmodus beherrscht. Was in Wahrheit verstärkt wird, ist die sinnliche Präsenz der Konfiguration. Denn das Erscheinen solch einer „Stimmung", die dem physiognomischen Formerlebnis entspricht, bildet zwar eine gelungene sinnhafte Gliederung der sinnlichen Elemente des Linienzugs, verweist aber noch nicht auf einen *differenzierten* Sinn. Die atmosphärische Sinnlichkeit und Wirksamkeit der Elemente der Konfiguration erscheinen als Spontaneität der Wahrnehmung selbst; Spontaneität, die zuerst – wie Heinz Werner auch formuliert – „das Ganze des Gegenstandes"[173], sein anschauliches Gesicht, zum Ausdruck bringt.

Allgemein ist festzustellen, dass dieser physiognomische Charakter der Wahrnehmung noch nicht das Profil eines festen und spezifischen prägnanten Sinnverhältnis (zum Beispiel ein religiöses oder künstlerisches) besitzt – er bleibt als solcher in sich eingeschlossen.[174] Das bedeutet aber nicht, dass ihm

---

[172] Cassirer, Ernst, *Philosophie der symbolischen Formen, Dritter Teil: Phänomenologie der Erkenntnis*, A.a.O., S. 232-233. Die Hervorhebung ist von mir.
[173] Werner, Heinz, *Grundfragen der Sprachphysiognomik*, Leipzig, Johann Ambrosius Barth, 1932, S. 2. Vgl. auch Werner, Heinz, *Einführung in die Entwicklungspsychologie*, 3., Umgearbeitete Aufl., Johann Ambrosius Barth, München, 1953, S. 44-57.
[174] Vgl. dazu Schwemmer, Oswald, *Ernst Cassirer. Ein Philosoph der europäischen Moderne*, A.a.O., S. 71-74; Krois, John Michael, *Cassirer und die Politik der Physiognomik*, In: *Der exzentrische Blick: Gespräch über Physiognomik*, Hrsg. von Claudia Schmölders, Berlin, Akademie Verlag, 1996, 213-226.

kein symbolisches Profil zu eigen ist. Ganz im Gegenteil. Cassirer bezeichnet den reinen Ausdruckssinn als „einen ursprünglichen 'Symbolcharakter' der Wahrnehmung",[175] der so gesehen einen lebendigen Zugang zur Wirklichkeit erlaubt. Ein Zugang, der jedoch noch nicht die Bestimmung der Subjektivität trägt, sondern diejenige „der der Wahrnehmung gleichsam die ursprüngliche Farbe der Realität gibt, die sie erst zu einer ‚Wahrnehmung von Wirklichkeit' macht."[176] Deshalb ist Cassirer auch der Meinung, dass das reine Phänomen des Ausdrucks „als konstitutives Moment in allem »Wissen« vom Gegenstand"[177] verstanden werden soll, bevor es als ästhetisches Attribut artikuliert werden kann. Damit ist vor allem gemeint, dass dieser „ursprüngliche Symbolcharakter" der Wahrnehmung einen transkulturellen Status hat, weil „ihre Sicherheit und ihre ‚Wahrheit'", wie Cassirer argumentiert, „sozusagen eine noch *vor-mythische, vor-logische* und *vor-ästhetische"* ist; „bildet sie doch den gemeinsamen Boden, dem alle jene Gestaltungen in irgendeiner Weise entsprossen sind und dem sie verhaftet bleiben."[178]

---

[175] Cassirer, Ernst, *op. cit.*, S. 108. Die hier betonte ursprüngliche Sinnbildung der Wahrnehmung ist als irreduzibles Phänomen zu betrachten. „Die skeptische Bestreitung dieses ursprünglichen „Symbolcharakters" der Wahrnehmung", so stellt Cassirer fest, „würde somit all unser Wissen von Wirklichkeit an der Wurzel abschneiden; – aber anderseits versagt freilich auch jeder dogmatische Versuch, ihn selbst noch zu begründen. Hier stehen wir vielmehr an einem Punkte, an welchem, gemäß dem Worte Goethes, der „eingeborenste" und notwendigste Begriff, der Begriff von Ursache und Wirkung uns in die Irre zu führen und uns zum Verhängnis zu werden droht: denn alle Anwendung der Kategorie der Kausalität auf die reine Ausdrucksfunktion vermag sie nicht zu erklären, sondern nur zu verdunkeln, weil sie ihr den Charakter eines echten »Urphänomens« raubt." Ebd. Und dasselbe gilt auch für die Sprache. Auch die Sprache selbst ist durch diesem Urphänomen geprägt: „(...) so kann doch kein Zweifel sein, daß selbst den Worten unserer hoch entwickelten Sprache noch immer ein bestimmter Ausdruckscharakter, ein »physiognomischer« Charakter innewohnt." Cassirer, Ernst, *Das Symbolproblem und seine Stellung im System der Philosophie*, In: *Symbol, Technik, Sprache. Aufsätze aus den Jahren 1927-1933*, Hrsg. von Ernst Wolfgang Orth und John Michael Krois unter Mitwirkung von Josef M. Werle, Hamburg, Felix Meiner Verlag, 2. Aufl., 1995, S. 1-38, S. 12. Über diese physiognomische Dimension der Sprache Vgl. zum Beispiel Bühler, Karl, *Ausdruckstheorie. Das System an der Geschichte aufgezeigt*, Jena, Verlag Gustav Fischer, 1933, S. 15-35.
[176] Cassirer, Ernst, *Philosophie der symbolischen Formen, Dritter Teil: Phänomenologie der Erkenntnis*, A.a.O., S. 86.
[177] Ebd., S. 144.
[178] Ebd., S. 95.

Diese anfängliche und konstante Durchdringung des reinen Ausdruckssinns in den Wahrnehmungserlebnissen hat für Cassirer eine leibliche Inhärenz, die sich schon in allen artikulierten körperlichen Bewegungen manifestiert. So bildet jeder reine Ausdruckssinn „eine unlösliche Korrelation", eine „konkrete Synthese von Leiblichem und Seelischem"[179], die sich nicht durch eine einfache Reduzierung auf irgendeinen Grad der menschlichen Abstraktion erklären lässt. Wir stehen hier vielmehr vor einem menschlichen Phänomen, das eine gewisse organische Vitalität ans Licht bringt. Heinz Werner, der übrigens Cassirers Auffassung des Physiognomischen vertritt, betrachtet die innere Dynamik des reinen Ausdruckssinns als ein Hauptmoment der Malerei selbst. Und seiner Meinung nach gibt es in dieser Dynamik eine ursprüngliche organische Einheit, die sich im physiognomischen Schauen durch und durch offenbart. Die piktorischen Elemente der Kunst – wie zum Beispiel Farbe – sind nicht einfach „sachliche Träger, sondern haben eine innere Bewegtheit, die grundsätzlich durch eine geometrische Anschauungsweise nicht getroffen werden kann." Und aufgrund einer solchen irreduziblen innewohnenden bildlichen Atmosphäre fügt er hinzu: „Das eben ist das Besondere an einem malerischen Werk, daß Farbe nicht in ihrer physischen oder technischen Bedeutung, daß das Zueinander der Farben nicht durch den nüchternen Stellenwert im spektralen System bestimmt ist, sondern, daß hier vor allem vitale Bewegung und Spannung sich versinnlicht."[180]

Eine ähnliche Formulierung findet sich auch bei Georg Simmel. Es ist genau dieses physiognomische Formerlebnis, diese „vitale Bewegung", die Simmel in einem kleinen Text über der *Philosophie der Landschaft* als ästhetisches Leitmotiv für die Einsetzung der Landschaft als Darstellungsthema der

---

[179] Ebd., S. 114.
[180] Werner, Heinz, *Grundfragen der Sprachphysiognomik*, A.a.O., S. 4.

Malerei anerkennt. Er beschreibt die eigentümliche Stimmung, die ein Landschaftsbild hervorruft, als Träger einer ästhetischen Singularität, denn die Stimmung einer gemalten Landschaft,

„die ihr unmittelbar eigen ist, und die mit der Änderung jeder Linie eine andere würde, diese ist ihr eingeboren, ist mit dem Entstehen ihrer Formeinheit untrennbar verwachsen. Es gehört zu den durchgängigen Irrungen, die das Verständnis der bildenden Kunst, ja der Anschaulichkeit überhaupt hintanhalten, daß man die Stimmung der Landschaft nur in jenen allgemeinen literarisch-lyrischen Gefühlsbegriffen sucht. Die einer Landschaft wirklich und individuell eigene Stimmung ist mit derartigen Abstraktionen so wenig zu bezeichnen, wie ihre Anschaulichkeit selbst mit Begriffen beschrieben werden kann."[181]

Alle diese Betrachtungen über das physiognomische Formerlebnis machen also besonders deutlich, dass ihre kennzeichnende Sinnbildung, ihr symbolischer Prägnanzmodus ein echtes konstitutives Moment in jeder Bildwahrnehmung ist. Man kann auch sagen, wenn wir diese Stimmung des Bildes im Gegensatz zu einem hocharktikulierten Charakter der Form betonen möchten, dass es Bilder gibt – manchmal vielleicht bestimmte Meisterwerke –, die wir nicht richtig sehen oder sogar nicht sehen wollen aufgrund ihrer physiognomischen Erscheinung. Denn unsere Abstraktionsfähigkeit und unsere intellektuelle Vorkenntnis sind nicht immer direkt kompatibel – oder übertragbar – mit unserer sinnlichen Wahrnehmung. Und in diesem Sinne, um hier diese Überlegungen zu einem Schlusswort zu bringen, hat der physiognomische Blick von Anfang an eine potentielle symbolische Kritikdimension beziehungsweise auch einen ästhetischen Schätzungswert.

---

[181] Simmel, Georg, *Philosophie der Landschaft*, in: *Jenseits der Schönheit. Schriften zur Ästhetik und Kunstphilosophie*, Ausg. von Ingo Meyer, Frankfurt am Main, Suhrkamp Verlag, 2008, S. 42-52, S. 51.

4.3.2 Das *differenzierte* Formerlebnis

Im physiognomischen Formerlebnis kommt also noch keine feste und differenzierte kulturelle Bestimmung der Prägnanzbildung vor. Die optische Sinnlichkeit der gezeichneten Linie erscheint vielmehr in ihrer unmittelbaren, lebendigen Stimmung immer im reinen Ausdruckssinn gebunden und wird daher als solche wahrgenommen, gefühlt und artikuliert. Weil die Art und Weise des physiognomischen Schauens noch keine bewusste Distanz in Bezug auf die sinnliche Präsenz der Konfiguration erlaubt, wird dann die symbolische Sinnbildung mittels einer dichten Gliederung erzeugt. Wir müssen nun sehen, welche Transformation des Schauens vor sich geht, wenn andere symbolische Profile die Artikulation der sinnlichen Existenzform des Linienzugs prägen. Kehren wir also zurück zu Cassirers Fortsetzung des Beispiels des Linienzugs.

Nach dem physiognomischen Sinn kommen weitere symbolische Profile, die Cassirer im Wahrnehmen des Linienzugs anfügt. Wir können sie allesamt unter dem Ausdruck *differenziertes Formerlebnis* bezeichnen (beide Formerlebnisse – physiognomisches und differenziertes – werden jedoch nicht in irgendeinem Wahrnehmungsakt getrennt, sondern sie ergänzen sich immer gegenseitig). Dieses spezifische Formerlebnis dient dazu, die Welt der symbolischen Formen – nämlich Mythos, Wissenschaft, Kunst – ins Spiel zu bringen mit der grundlegenden Absicht, die Art und Weise ihrer konkreten sinnlichen Konfiguration zu bestimmen. Als erstes Hauptbeispiel dafür stellt Cassirer gerade die gezeichnete Linie als wissenschaftliche Gebilde beziehungsweise als geometrische Figur dar. Hier wird die Linie

„nunmehr zum bloßen Schema, zum Darstellungsmittel für eine allgemeine geometrische Gesetzlichkeit. Was nicht der Darstellung dieser Gesetzlichkeit dient, was bloß als individuelles Moment in ihm mitgegeben ist, das sinkt jetzt mit einem

Schlage zur völligen Bedeutungslosigkeit herab – es ist wie aus dem geistigen Blickfeld geschwunden. Nicht nur die Farben und Helligkeitswerte, sondern auch die absoluten Größen, die in der Zeichnung auftreten, werden von dieser Vernichtung betroffen: sie sind für den Linienzug als geometrische Gebilde schlechthin irrelevant."[182]

Eine schematische Sinnbildung würde demnach erzeugt, wenn wir beispielweise nach der geometrischen Gliederung die Symbolkonfiguration einer wissenschaftlichen Formel oder eines „Bildes eines *Gesetzes*"[183] ins Auge fassen wollten. Nicht mehr das physiognomische Profil der Konfiguration mit seiner lebendigen sinnlichen Qualität würde hier relevant sein, sondern allein die „Relation" und „Proportion" der geometrischen Figur würden für die „analytische Formel" des mathematischen Gesetzes als Bedeutung dienen.[184] So kann zum Beispiel „der Blick des Mathematikers das Bild einer bestimmten trigonometrischen Funktion, etwa das Bild einer Sinuskurve" *durch* die gezeichnete Linie erkennen oder sogar, wenn er ein mathematischer Physiker ist, so kann er auch „in eben dieser Kurve vielleicht das Gesetz eines bestimmten Naturvorgangs, das Gesetz für eine periodische Schwingung" *durchschauen*.[185]

Dieses „Durchschauen" des Mathematikers, so kann man auch sagen, impliziert daher eine Verarmung der sinnlichen Qualitäten des Bildes. Die Form wird zur Formel. Seine wissenschaftliche Objektivität – das heißt, das schematische symbolische Profil der Konfiguration – bildet sich dank eines Prägnanzmodus, der gewissermaßen seinen Sinn auch behalten könnte, wenn zum

---

[182] Cassirer, Ernst, *op. cit.*, S. 233.
[183] Cassirer, Ernst, *Das Symbolproblem und seine Stellung im System der Philosophie*, In: *Symbol, Technik, Sprache. Aufsätze aus den Jahren 1927-1933*, A.a.O., S. 7.
[184] Cassirer, Ernst, *Philosophie der symbolischen Formen, Dritter Teil: Phänomenologie der Erkenntnis*, A.a.O., S. 233.
[185] Cassirer, Ernst, *Das Symbolproblem und seine Stellung im System der Philosophie*, In: *Symbol, Technik, Sprache. Aufsätze aus den Jahren 1927-1933*, A.a.O., S. 7.

Beispiel die Linie als Sinuskurve nicht so vollkommen gezeichnet würde. (Deswegen, so können wir an dieser Stelle bemerken, sind die sinnlichen Formen der Wissenschaft und ihre technischen Bilder vor allem linear und mit einer besonderen regelmäßigen Konventionalität ausgearbeitet). Damit ist ebenfalls gemeint, dass diese Modalität der Prägnanz einen *Korrespondenz-Charakter* besitzt; denn die optische Sinnlichkeit der Linie steht für einen Sinnzusammenhang, der als solcher nicht seine eigene Individualität oder Idiosynkrasie als sinnliches Zeichen voraussetzt. Das Zeichen steht also hier nicht für sich selbst, sondern für etwas anderes. Die Objektivität seines Verweisungsmodus hängt buchstäblich von der abstrakten Voraussetzung des Bezeichneten ab.

Ein Korrespondenz-Charakter der Prägnanzbildung aber kommt nicht nur im Schematismus der wissenschaftlichen Darstellungen beziehungsweise bildlichen Symbolkonfigurationen in Betracht. Obwohl mit einem unterschiedlichen symbolischen Profil, entspricht bei einer anderen Konstellation der Linienzug als „mythisches Wahrzeichen" einem Artikulationssinn, der in keiner Weise für die sinnliche Individualität des Zeichens allein steht, sondern vielmehr für eine magisch-mythische Gliederung. „Das mythische Wahrzeichen", so unterstreicht Cassirer,

„faßt als solches den mythischen Grundgegensatz, den Gegensatz des »Heiligen« und »Profanen«, in sich. Es ist aufgerichtet, um diese beiden Gebiete voneinander zu trennen, um zu warnen und zu schrecken, um dem Ungeweihten die Annäherung an das Heilige oder seine Berührung zu wehren. Und es wirkt hierbei nicht nur als bloßes Zeichen, als Merkmal, an dem das Heilige erkannt wird; sondern es besitzt auch eine ihm sachlich innewohnende, eine magisch-zwingende und magisch-abstoßende Macht."[186]

---

[186] Cassirer, Ernst, *Philosophie der symbolischen Formen, Dritter Teil: Phänomenologie der Erkenntnis*, A.a.O., S. 233-234.

Der Korrespondenzmodus der Zeichenbeziehung, das symbolische Grundverhältnis von Zeichen und Bezeichnetem, bildet sich in diesem Fall mit Hilfe eines magischen Verkörperungsakts. Im Gegensatz zu der Konfiguration als geometrischer Figur wird nunmehr das Zeichen nicht nur eine bloße Bezeichnungsaufgabe vollführen, sondern es wird verkörpern – magisch gesehen – und zugleich sichtbar machen gerade jede Art von mythischer Symbolisierung, die sich im Bereich des Sinnlichen offenbart.

Beide symbolischen Profile – das wissenschaftliche und das mythische – stellen uns also vor die Frage nach einer artikulierten Wechselbeziehung zwischen Sinnlichkeit und Sinn des Zeichens. Obwohl ihre Wirklichkeitsdeutung und Wirklichkeitsdarstellung in diametralem Gegensatz sind, haben beide eine kulturelle Sinnrichtung, die unsere Gliederung des Schauens auf entscheidende Weise bestimmt. Und Bestimmung bedeutet hiermit ebenso Dauer. Denn beide symbolischen Profile entstammen einer kulturellen Formgliederung, deren Struktur in verschiedenen wahrgenommen bildlichen Gestaltungen zum Ausdruck kommen kann. So ergibt sich zum Beispiel der kulturelle Wert einer bildlichen Darstellung einer Gottheit nicht so sehr aus ihren ästhetischen Qualitäten, sondern vielmehr aus ihrer Geschichte oder kultischen Herkunft. Die ästhetische Originalität der Bildgestalt scheint in solchen Fällen unwesentlich zu sein – „Die Genealogie ist hier wichtiger als die Gestalt."[187]

Also hat, was diese bestimmten Formen des Durchschauens angeht, die Bildbedeutung Vorrang vor der Bilderscheinung. Ein Korrespondenzverhält-

---

[187] Lüdeking, K., *Zwischen den Linien. Vermutungen zum aktuellen Frontverlauf im Bilderstreit*, in: *Was ist ein Bild?*, A.a.O., S. 344-366, S. 350. Was für das Kultbild gilt ist also die Authentizität des Glaubens, die es in seiner kultischen Inszenierung vermitteln kann. So kann zum Beispiel eine Photographie – wie diejenige von dem Heilig-Arzt Giuseppe Moscati in der Kirche *Gesù Nuovo* in Neapel – die gleiche religiöse Bedeutung wie eine gemalte Ikone erfüllen. Vgl. darüber Belting, Hans, *Bild und Kult. Eine Geschichte des Bildes vor dem Zeitalter der Kunst*, München, Verlag C. H. Beck, 6. Aufl., 2004, S. 21-24.

nis von Bild und dargestelltem Gegenstand gilt normalerweise als eine typische Art des Sehens, die als solche in der Lage ist, sich der Materialität des Symbols zu bedienen, um eine konkrete Bedeutung regelmäßig zum Ausdruck zu bringen. Ob mythisch oder wissenschaftlich, das Bild wird immer noch sozusagen Mittel zum Zweck, Symbol einer außerbildlichen Natur; außerbildliche Natur, die Dank ihrer Korrespondenzmöglichkeit in manchen Fällen durch andere Kulturmedien beziehungsweise sprachliche Medien reproduziert werden kann. Mit dem Eintritt eines neuen symbolischen Profils – der Linienzug als künstlerisches Ornament – wird nach Cassirers Darlegung solche eine Irrelevanz der sinnlichen Gestalt ganz überbrückt:

„Als Ornament betrachtet erscheint die Zeichnung ebensowohl der Sphäre des »Bedeutens«, im logisch-begrifflichen Sinne, wie der des magisch-mythischen Deutens und Warnens entrückt. *Sie besitzt in sich selbst ihren Sinn*, der sich nur der reinen künstlerischen Betrachtung, der ästhetischen »Schau« als solcher, erschließt. Wieder vollendet sich hier das Erlebnis der räumlichen Form erst darin, daß es einem Gesamthorizont angehört und diesen für uns aufschließt – daß es in einer bestimmten Atmosphäre steht, in der es nicht nur einfach »ist«, sondern in welcher es gleichsam lebt und atmet."[188]

Das zweite differenzierte Formerlebnis hat dementsprechend einen *Immanenz-Charakter*, der sich besonders deutlich in der ästhetischen Sinndimension des Ornaments zeigt. Dass die künstlerische Sphäre eine immanente Formbildung verlangt, ist für Cassirer jedenfalls kein Synonym einer symbolfreien Gliederung des Ästhetischen. „Die Kunst" – wie er ausdrücklich unterstreicht – „ist tatsächlich Symbolik, doch die Symbolik der Kunst muß man als Immanenz, nicht als Transzendenz verstehen."[189] An die Stelle des magi-

---

[188] Cassirer, Ernst, *op. cit.*, S. 234. Die Hervorhebung ist von mir.
[189] Cassirer, Ernst, *Versuch über den Menschen. Einführung in eine Philosophie der Kultur*, A.a.O., S. 242.

schen Status des mythisch-religiösen Ornaments und des schematischen Status seiner möglichen wissenschaftlichen Erklärung tritt jetzt also ein neues symbolisches Profil, das nicht mehr einem effektiven äußeren Sinn entspricht, einem Prädikat von etwas, das für etwas anderes gleichwertig sein kann, sondern seine Prägnanz besteht wahrhaftig in einem immanenten Sinn oder, wenn man so will, in einer idiosynkratrischen Artikuliertheit. Dank diesem Immanenz-Charakter, diesem „impliziten" Sinn, der – wie Susanne Langer sagt – alle künstlerischen Symbole besonders charakterisiert,[190] gewinnt auch die sinnliche Atmosphäre, die physiognomische Dimension der Konfiguration eine neue Bestimmung: während in der Betrachtung des Linienzugs zum Beispiel als geometrisches Gebilde einige sinnliche Merkmale *kontingent* erfahren werden, werden sie in der Betrachtung des Linienzugs als künstlerische Gebilde *relevant* wahrgenommen. Die kunstästhetische Prägnanz erlaubt – aufgrund ihrer formbildenden Geschlossenheit –, dass das physiognomische Schauen selbst nicht in Vergessenheit gerät. Im Gegensatz zu anderen symbolischen Profilen entfernt sich der Immanenz-Charakter der künstlerischen Prägnanzbildung vom Korrespondenz-Charakter des Durchschauens. Denn *durch das Bild etwas sehen* – das Durchschauen eines mathematischen Gesetzes oder einer mythischen oder religiösen Gottheit – ist ganz anders als *im Bilde etwas sehen, was nur zum Bilde selbst gehört*. Dieser letzte Fall setzt demzufolge ein Hinschauen voraus. Trotzdem bedeutet dieses Hinschauen des inneren Verweisungsmodus des ästhetischen Formerlebnisses keine Negation der kulturellen Tendenz einer bestimmten Kunstrichtung. Die symbolische Dimension des künstlerischen Sinns gilt nach Cassirers Meinung nicht nur als „reine Betrachtung" des Linienzugs als ästhetisches Gebilde; die kunstästhetische Artikuliertheit des Ornaments kann auch „als Ausschnitt und als Aus-

---

[190] Langer, Susanne, *Philosophy in a New Key*, A.a.O., S. 260.

druck einer künstlerischen Sprache" wahrgenommen werden, in der wir zum Beispiel „den *Stil* einer historischen Epoche" wiedererkennen können.[191] Das Hinschauen und seine Immanenz sind nicht damit beseitigt. Sie werden immer als Ausgangspunkt genommen, als interne Eigenschaften der ästhetischen Konfiguration, die in einem solchen Fall dazu dienen kann einen bestimmten künstlerischen Stil zu identifizieren. Denn man vergleicht Formen, Farben, Linien mit Linien, Farben, Formen – das Vergleichen bleibt als sinnliches Vergleichen ans Werk gebunden. Und selbst wenn die Sprache dieses Vergleichen begleitet, wenn wir darüber sprechen – und mag es hochartikuliert sein –, gewinnt sie auf entscheidende Weise eine anschauliche und bildliche Kontur.

4.4 Sinn und Konfiguration

Aufgrund der bisher dargelegten Überlegungen Cassirers ist deutlich geworden, dass mit dem Prägnanzprozess eine echte Transformation der Art und Weise vorkommt, wie wir etwas sinnlich wahrnehmen. Mit dem Prägnanzprozess ändert sich der wahrgenommene Gegenstand – zum Beispiel der Linienzug – insgesamt; denn im Begriff der Prägnanz hängen notwendigerweise Sinn und Sinnlichkeit zusammen. Cassirers Beispiel des Linienzugs muss nicht in einer Form interpretiert werden, als wäre der Linienzug selbst nur ein bloßer sinnlicher Träger mit verschiedenen symbolischen Bedeutungen. Eine solche Idee findet sich zum Beispiel bei Ludwig Wittgenstein, wenn er in seinem *Tractatus logico-philosophicus* über die logische Möglichkeit eines einzelnen sinnlichen Zeichens spricht, zwei oder mehrere symbolische

---

[191] Cassirer, Ernst, *Das Symbolproblem und seine Stellung im System der Philosophie*, In: *Symbol, Technik, Sprache. Aufsätze aus den Jahren 1927-1933*, A.a.O, S. 6.

Bedeutungen tragen zu können.[192] Bei Wittgenstein aber – obwohl er das Zeichen als „das sinnlich Wahrnehmbare am Symbol" bezeichnet[193] – übernimmt die Sinnlichkeit des Zeichens keine besondere, aktive Rolle im Bedeutungsprozess; sie bleibt quasi immer dieselbe, sogar wenn sie unterschiedliche symbolische Bedeutungen zum Ausdruck bringt. Was uns Cassirers Beispiel hingegen zeigt, ist die Idee einer artikulierten Wahrnehmung, die als solche in der Lage ist, verschiedene Sinnmodalitäten und symbolische Profile zu prägen und gleichzeitig diese Polysemie von Modalitäten und Profilen in einem bestimmten individuellen Rahmen zu artikulieren. Cassirers Auffassung der Symbolbildung bedeutet also keine bloße geistige Übertragung auf einen sinnlichen Träger. Ein Symbol steht nicht nur für die Bedeutung eines sinnlichen Zeichens. Was die Symbolbildung besonders kennzeichnet ist immer der zusammengehörige Prozess von Sinngebung und sinnlicher Erfüllung, von symbolischer Artikulation und sinnlicher Konfiguration.

Berücksichtigen wir nun diesen Prozess von *Artikulation* und *Konfiguration*. Um zu verstehen, wie beide zusammenhängen, muss man von Anfang an ein Korrelationsverhältnis von Präsenz und Repräsentation voraussetzen. Dieses Korrelationsverhältnis ist im Grunde genommen eine fundamentale, theoretische Voraussetzung für eine kulturphilosophische Deutung des Bildbegriffs. Bilder sind sehr oft unter Rekurs auf die Wirkung ihrer sinnlichen Präsenz interpretiert worden. Und in der Regel führt dies zu der Annahme einer unmittelbaren passiven Wahrnehmung, die keinen Transformationscharakter impliziert, aufgrund einer angeblich repräsentationsfreien Gliederung des Sinnlichen: das gegenwärtige Sehen eines Bildes bleibt immer noch in seiner reinen Sinnlichkeit unverändert. Andererseits ist eine solche Annahme,

---

[192] Wittgenstein, Ludwig, *Logisch-philosophische Abhandlung/Tractatus logico-philosophicus*, A.a.O., §3.321, S. 24.
[193] Ebd., § 3.32, S. 24.

wie wir übrigens schon gesehen haben, eine unerlässliche Voraussetzung für die sinnliche Übereinstimmung beziehungsweise Ähnlichkeit zwischen Bild und dargestelltem Gegenstand. Unter diesem Gesichtspunkt würden daher Präsenz und Repräsentation kein Spannungsverhältnis, keine Wechselbeziehung bilden, sondern wahrhaftig als zwei getrennte Dimensionen des menschlichen Bewusstseins im Akt des Wahrnehmens bleiben. Eine solche Trennung von Präsenz und Repräsentation lässt sich, was den Bildbegriff angeht, gerade im Verhältnis von Bilderscheinung und Bildbedeutung überführen. Edmund Husserls präsentationalistische und Nelson Goodmans repräsentationalistische Bildtheorien bieten, wie bereits dargelegt, keine Möglichkeit einer grundlegenden Wechselbeziehung zwischen Bilderscheinung und Bildbedeutung. Wenn wir aber die Folgerungen, die sich aus dem eingeführten Cassirerschen Beispiel des Linienzugs ergeben, buchstäblich analysieren, dann findet man hier nicht irgendeine Spur eines Präsentationalismus oder Repräsentationalismus. Das Zusammengehen von Präsenz und Repräsentation wird im Beispiel des Linienzugs mit vier Hauptpunkten verbunden, die sich folgendermaßen entfalten lassen.

Erstens: in einem Prägnanzprozess, in der inneren Gliederung eines sinnlichen Wahrnehmungserlebnisses, fallen immer Sinn und Sinnlichkeit zusammen. Es handelt sich hier also, so können wir sagen, um eine doppelte Arbeit der Prägnanz, die gleichzeitig das Material des Sinnlichen zu bestimmen und zu individualisieren vermag. Das Beispiel des Linienzugs dient in diesem Sinne gleichzeitig als Metapher des Prägnanzcharakters der Wahrnehmung selbst. „Was wir die ‚Materie' der Wahrnehmung nennen", so kann man mit Cassirer auch sagen, „das ist uns also nicht eine bestimmte ‚Summe von Impressionen', ein konkretes Substrat, das der künstlerischen, der mythischen, der theoretischen Anschauung zu Grunde liegt. Es ist vielmehr gewissermaßen nur eine Linie, in der sich die verschiedenen Weisen der Formung schneiden."[194]

Zweitens: diese Wechselbeziehung von Sinnlichem und Sinnhaftem eröffnet eine neue Beziehung zwischen Wahrnehmungsformen und Kulturformen. Denn die symbolische Artikulation und ihre entsprechende sinnliche Konfiguration bildet hier eine symbolische Einheit, die die verschiedenen Betrachtungsweisen des Linienzugs, die unterschiedlichen Artikulationsmodi seiner sinnlichen Qualitäten verwandelt. Die Fülle und die Densität der gesamten Konfiguration transformieren sich. Mit dem Prägnanzprozess und seiner innewohnenden Artikuliertheit wird jede Symbolkonfiguration ein eigenes sinnliches Leben gewinnen. Um dies hier in eine kurze Formel zu bringen: die Art und Weise, wie man etwas wahrnimmt, spiegelt sich unmittelbar in seiner Sichtbarkeit, in seiner Formbildung wieder; *Konfigurieren* bedeutet bereits diese Wechselwirkung von Sinn und Sinnlichkeit – und sie bildet sich in einem Spannungsverhältnis von Präsenz und Repräsentation. „Denn kein Inhalt des Bewußtseins", wie Cassirer formuliert, „ist an sich bloß »präsent«, noch ist er an sich bloß »repräsentativ«; vielmehr faßt jedes aktuelle Erlebnis beide Momente in unlöslicher Einheit in sich."[195] Damit wird die theoretische Gefahr einer präsentationalistischen Auffassung und in gleicher Weise einer bloßen Intellektualisierung des Repräsentationsbegriffs vermieden.

Drittens: aus dem Spannungsverhältnis von Präsenz und Repräsentation ergibt sich die Möglichkeit der Transformation und der Wandelbarkeit – die

---

[194] Cassirer, Ernst, *Zur Logik des Symbolbegriffs,* In: *Wesen und Wirkung des Symbolbegriffs,* A.a.O., S. 201-230, S. 213.
[195] Cassirer, Ernst, *Philosophie der symbolischen Formen, Dritter Teil: Phänomenologie der Erkenntnis,* A.a.O., S. 232.

kulturelle Offenheit in den Symbolisierungsprozessen – jeder sinnlichen Symbolkonfiguration. Daraus folgt: eine gegebene Erscheinung bleibt „nicht mehr dieselbe, sobald sie etwas anderes »bedeutet«, sobald sie auf einen anderen Gesamtkomplex, als auf ihren Hintergrund, hinweist."[196] Oder wie Cassirer es auch begreift: „mit der Art und Richtung der Vergegenständlichung wandelt sich auch der angeschaute Gegenstand selbst."[197] Diese wichtige Tatsache kann man als ein Hauptcharakteristikum der symbolischen Artikulation selbst betrachten. Jede sinnliche, beziehungsweise bildliche Symbolkonfiguration gewinnt aufgrund ihrer symbolischen Artikulation eine konfigurierbare sinnliche Struktur. Solch eine Konfigurierbarkeit, solch ein positiver Impuls zur Gestaltung, ist eine unerlässliche Bedingung für die kulturelle Prägnanz unseres Sehens. Genauer betrachtet berührt dieser positive Impuls mittels einem „negativen Akt"[198] – das heißt einem Akt der Distanznahme – das symbolische Wahrnehmen. „Ein Bewußtsein, das Umfang und Kraft genug besäße, in den Einzelheiten selber zu leben und sie alle gleich unmittelbar zu erfassen, bedürfte der symbolischen Einheitsbildungen nicht: es wäre ganz und gar »präsentativ«, statt im Ganzen oder in einzelnen Teilen repräsentativ zu bleiben."[199] In diesem Sinne, so kann man auch mit Merleau-Ponty sagen, impliziert jede Sinngebung zugleich eine gewisse Verarmung des sinnlichen Substrats des Zeichens.[200]

Viertens: aufgrund einer solchen Zusammengehörigkeit von symbolischer Artikulation und sinnlicher Konfiguration wird auch die Formbildung eine

---

[196] Ebd., S. 164.
[197] Cassirer, Ernst, *Zur Logik des Symbolbegriffs*, In: *Wesen und Wirkung des Symbolbegriffs*, A.a.O., S. 209.
[198] Cassirer, Ernst, *Philosophie der symbolischen Formen, Dritter Teil: Phänomenologie der Erkenntnis*, A.a.O., S. 224.
[199] Ebd.
[200] Merleau-Ponty, Maurice, *Phénoménologie de la perception*, Paris, Gallimard, 2006, S. 223.

eigene Dynamik gewinnen: die mannigfaltigen Sinnmodalitäten durchdringen sich und damit kommt es zu einer Art Spannung untereinander. Sie sind nicht einfach isoliert gegeben. Man kann auch mit Oswald Schwemmer sagen, dass der Prägnanzprozess die „Formbildung in der Wahrnehmung" und „die Bildung von Formverhältnissen" zugleich vereinigt.[201] Deshalb setzt das *Moment der Artikulation* in gleicher Weise das *Moment der Differenzierung* voraus. Letzteres – das Moment, in dem in Wahrheit sich das Künstlerische vom Wissenschaftlichen oder vom Mythischen unterscheiden lässt – ist nicht a priori gegeben, sondern es ist vielmehr das Ergebnis einer ständigen Spannung von Sinnverhältnissen, von Sinnverweisungen. Die Zusammenwirkung zwischen der physiognomischen Sphäre und der differenzierten Sphäre der Artikulation fehlt überhaupt in keinem symbolgesteuerten Wahrnehmungsakt. Es gibt aber, wie wir bereits gesehen haben, Prägnanzbildungen, deren eigener Artikulationsmodus einem starken oder schwachen Grad solch einer Zusammenwirkung entspricht. Das unmittelbare Spüren des Physiognomischen wird nicht immer auf die gleiche Weise erlebt. Wir erinnern uns an die gewaltigen Farbspiele und Farbkontraste, wenn wir zum Beispiel eine bemalte Leinwand von Mark Rothko im Museum sehen. Das gleiche können wir sicherlich nicht sagen, wenn wir die technische Bilddarstellung eines wissenschaftlichen Experiments vor Augen haben. Denn wissenschaftliche oder technische Symbolkonfigurationen sind – wegen der starken Diskretion des Sinnlichen in

---

[201] Schwemmer, Oswald, *Kulturphilosophie. Eine medientheoretische Grundlegung*, A.a.O., S. 145. Die Formbildung und die Bildung von Formverhältnissen sind daher keine getrennten Dimensionen. Sie sind vielmehr als gleichlaufende Prozesse zu bezeichnen. Darüber fügt Schwemmer hinzu: „Man kann nicht nur eine Form bilden, ohne zugleich – im Prinzip – alles andere auf sie identifizierend oder differenzierend zu beziehen. Die mit einer jeden Form erzeugten Formverhältnisse sind daher Verweisungsverhältnisse, die sich auf alles überhaupt beziehen lassen und damit ein Ordnungsnetz durch die Welt legen. Eben dies ist dann eine Sinnfügung, ein Gewebe der aufeinander bezogenen Formen und Formverhältnisse, durch die hindurch wir die Welt wahrnehmen." Ebd.

ihrer Prägnanzbildung – diejenigen Gestaltungen, deren Formverhältnissen einer ziemlich linearen Artikulation entsprechen.[202]

Aus diesen vier Hauptpunkten ergibt sich folgendes: die symbolische Bestimmung des Wahrnehmens setzt, so kann man auch sagen, eine Art „Plastizität" des Sehens voraus. Das Sehen wie dasjenige des Linienzugs als geometrische Figur, als mythisches Wahrzeichen und als ästhetisches Ornament – das heißt, ein „Sehen-als", wie Oswald Schwemmer es bezeichnet[203] – ist nur denkbar, wenn alle diese symbolischen Profile zugleich eine selbständige Aktualisierungskraft des Wahrnehmens selbst hervorrufen. Das bedeutet aber nicht notwendigerweise, dass die sinnliche Formbildung, die für ein Profil konstitutiv ist, im anderen fehlt, sondern, dass sie vielmehr als irrelevant oder kontingent wahrgenommen wird. In diesem Sinne, so können wir jetzt sagen, impliziert das Sehen desgleichen ein *Nicht-Sehen*. Denn die visuelle Kompetenz unseres Auges besitzt nicht die Fähigkeit alles sehen zu können, sondern sie setzt auch die Fähigkeit nicht alles sehen zu können voraus. Dies ist jedoch kein Nachteil. Nicht alles sehen zu können bietet bereits die Möglichkeit das Besondere sehen zu können. Und damit ist auch gemeint, wie Merleau-Ponty in einer treffenden Formulierung erklärt, dass was als Sichtbar artikuliert wird, nicht eine entsprechende geradlinige Äquivalenz mit dem Sichtba-

---

[202] Ähnliche Betrachtung findet sich auch bei John Dewey. Er sieht in jeder Zeichenbeziehung „eine Degradierung" und „eine Erhöhung" der sinnlichen Qualitäten des Symbolträgers. In dieser doppelten Dimension der Artikulation jedoch sind die mathematischen Symbole diejenigen, die am meisten eine Verarmung ihren sinnlichen Qualitäten implizieren. So Dewey: „Ein gutes Beispiel findet sich in mathematischen Symbolen; hier wird die direkte Qualität des erscheinenden Objekts so weit wie möglich reduziert, um den effektiven repräsentativen Gehalt zu erweitern. Beziehungen wirken auf das als Symbol verwendete Ding, um seinen *früheren* Zustand neu zu bestimmen." Dewey, John, *Erscheinen und Erscheinung*, In: *Philosophie und Zivilisation*, Übers. von Martin Suhr, Frankfurt am Main, Suhrkamp Verlag, 2003, S. 58-78, S. 67-68.

[203] Schwemmer, Oswald, *op. cit.*, S. 153.

ren selbst hat *(„Il n'y a pas coïncidence du voyant et du visible ")*[204]. Unsere Wahrnehmung bleibt also, so kann man auch sagen, in dieser Art Inkongruenz verhaftet. Inkongruenz aber, die ihre Natur wesentlich frei macht. Jedes sinnliche, beziehungsweise bildliche Zeichen kommt damit nicht mehr als absoluter oder invariabler Symbolträger vor. Es muss immer wieder als anschauliches Wahrnehmungserlebnis aktualisiert und artikuliert werden. Daraus ergibt sich bald seine symbolische Bestimmung, bald seine konkrete Differenz als kulturelles Gebilde.

4.5 Schluss

Wir haben in diesem Kapitel begründet, dass die Artikuliertheit jedes bildlichen Wahrnehmens eine symbolische Sinnrichtung benötigt. Der Prozess, wodurch ein Bild einen spezifischen Artikulationssinn erwirbt, wurde in unserem Zusammendenken mit Cassirer als Prozess der Prägnanz bezeichnet. Mit der Annahme einer Untrennbarkeit von symbolischer Artikulation und sinnlicher Konfiguration, mittels welcher der Prägnanzprozess sich kulturell verwirklicht, haben wir ein bedeutungsvolles Kriterium für das Verstehen der Bildwahrnehmung bekommen. Damit haben wir in gleicher Weise die Polarität von Präsenz und Repräsentation zu überbrücken versucht und an ihrer Stelle haben wir hingegen die Leitidee einer unlöslichen Einheit, eines unabdingbaren Gleichlaufes zueinander eingeführt. Um diese Leitidee weiter zu vertiefen, ist es deshalb von entscheidender Bedeutung zu untersuchen, wie sich die von Bildern vermittelten, sinnlichen Inhalte – insbesondere diejenigen, die man fühlt und nicht bloß sieht – zum Prägnanzprozess und seiner kulturellen Bestimmung verhalten. Und wir haben gewissermaßen bereits den

---

[204] Merleau-Ponty, Maurice, *Le visible et l'invisible*, A.a.O., S. 309.

Weg für diese neue Aufgabe geebnet. Dass der Prägnanzprozess weder einen linearen noch einen unmittelbaren, transparenten Ablauf aufzeigt, wurde besonders klar mit der Idee einer Spannung von den Sinnverhältnissen in der sinnlichen Gestaltung der Form und anderseits mit dem eingeführten physiognomischen Formerlebnis. Es handelt sich hierbei also nicht nur um reine sichtbare Inhalte und ihre Bezugnahmefunktionen. Denn Bilder vermitteln nicht nur bloße sichtbare Inhalte, oder wenn man so will, man sieht sie nicht lediglich; sie haben auch die außerordentliche Kraft bestimmte Gefühle, bestimmte emotionale Qualitäten zum Ausdruck zu bringen – auch sie nimmt man in Bildern wahr. Dieses sozusagen „parallele Wahrnehmen" soll unser nächster Schritt bei der Vertiefung des Bildbegriffs sein.

5

PRÄGNANZ UND AUSDRUCK
DIE TRANSFORMATION DER DYNAMIK DES GEFÜHLS

Wir haben vorher gesehen, dass der Prägnanzprozess grundsätzlich eine Veränderung, eine Modifikation des Sinnlichen voraussetzt. Wir müssen jetzt fragen, inwieweit sich solch eine Modifikation mit der Dynamik des Gefühlsausdrucks artikuliert, nämlich wie sich im Prägnanzprozess Bild und Gefühl verhalten und verbinden. Denn in einem Wahrnehmungserlebnis – wie zum Beispiel im Fall einer Bilderfahrung – werden auch Gefühle wahrgenommen und akzentuiert. Wir nehmen nicht nur bestimmte sinnliche Formen wahr, sondern diese rufen zugleich mannigfache emotionale Zustände hervor. Mit dem Cassirerschen Beispiel des Linienzugs haben wir zuerst das physiognomische Formerlebnis als erste Sinngliederung des Sinnlichen anerkannt und wir haben damit auch bemerkt, dass dieser ursprüngliche Modus unseres Wahrnehmens schon eine gewisse „Stimmung", eine unmittelbare gefühlsmäßige Atmosphäre zum Ausdruck bringt. Sehr oft wird die Frage nach dem Gefühlsausdruck mit dem epistemologischen Problem eines Verhältnis zwischen einem leblosen Objekt – wie ein Bild – und einem lebendigen Subjekt zusammengebracht. Doch entscheidend ist hier etwas anderes. Bilder *besitzen* natürlich kein Gefühl. Bilder rufen jedoch Gefühle hervor und artikulieren sie. Was hier in Frage steht, ist also nicht zu wissen, wie ein lebloses Objekt bestimmte Gefühle erwerben kann, sondern vielmehr zu verstehen, wie sich die Artikulation von Gefühlen an die Prägnanzbildung des Bildes koppelt. Die

Frage nach dem Gefühlsausdruck stellt teilweise dieselbe grundlegende Problematik dar, die wir im letzten Kapitel analysiert haben, nämlich die Natur des Artikulationsprozesses (kontinuierlich oder diskontinuierlich). Oder anders formuliert, lässt sich das Verhältnis von Gefühl und Ausdruck unter der gleichgestellten Prämisse eines Transformationsprozesses von Bild und Wahrnehmung denken? Wenn wir eine solche Prämisse akzeptieren, so müssen wir dann unsere Aufmerksamkeit vor allem auf die möglichen Weisen der Artikulation, auf die spezifischen Sinnrichtungen lenken, die den von uns eingeführten zwei unterschiedlichen Hauptprägnanzcharakteren entsprechen (Korrespondenz- oder Immanenz-Charakter), die dem symbolischen Profil des Bildes inhärent sind. Von da an und unter dem Gesichtspunkt, dass die Frage des Ausdrucks an die Prägnanzbildung gebunden ist, verbirgt sich auch die theoretische Forderung nach einem wesentlichen Zusammenhang zwischen Gefühlsausdruck und Bildbewusstsein.

5.1 Der Körper als Beispiel

Es wurde bereits gezeigt, dass die Nicht-Transparenz von Bild und Bezeichnetem im symbolischen Prozess der Prägnanz ein hochbedeutendes Hauptmoment der bildlichen Artikulation ist. Und wir haben auch mit Cassirer gesehen, dass solch eine Opazität – das heißt, die ursprüngliche Indifferenz von Symbol und Symbolisiertem – sich besonders aus dem reinen Ausdruckssinn, dem physiognomischen Formerlebnis ergibt. Jede Prägnanzbildung erzeugt einen Sinnzusammenhang von Formen und Formenverhältnissen, der zugleich unser Gefühlsleben involviert und, wenn man so will, stimuliert. So schließt in dieser Masse die Komplexität eines Sinnerzeugungsprozesses desgleichen das Moment des Fühlens ein. Eine erste Einbeziehung von Wahrnehmen und

Fühlen ist also von Anfang an in der kulturellen Begründung des Symbolbegriffs bereits impliziert. All diese Bemerkungen bilden hiermit eine echte Voraussetzung, wenn man die Frage nach dem Zusammenhang von Bild, Ausdruck und Gefühl stellen möchte.

Der Terminus „Gefühl" erscheint normalerweise in unserer alltäglichen Sprache – als auch in einer ganz allgemeinen wissenschaftlichen Verwendung – als Bezeichnung für eine gewisse Veränderung des inneren Zustandes unseres Körpers. Diese Veränderung ist manchmal aber mit einer unmittelbaren Passivität unseres Fühlens verknüpft und unter dieser Voraussetzung wird auch das Fühlen mehr als eine Art irrationale körperliche Reaktion gesehen – eine Idee, die gewissermaßen immer noch an die klassische Trennung von Körper und Seele gebunden ist – als eine strukturierte, menschliche Fähigkeit, um bereits die Welt zu erleben und zu verstehen. Kann man aber wahrhaftig das Moment des Fühlens vom Moment des Ausdrückens lösen? Gibt der Ausdruck eines Gefühls unserem Gefühlsleben in seiner *Bewegung nach Außen*, in seiner sinnlichen wahrnehmbaren Erscheinung, nicht eine gegliederte und dynamische Dimension? Wir können bei dieser Frage auf eine lapidare Formulierung von Alfred North Whitehead verweisen. Gefühle werden von ihm überhaupt als Verwandlungen von Emotionen gedeutet. Oder wie er in seinem *Process and Reality* selbst sagt: „It must be remembered (...) that emotion in human experience, or even in animal experience, is not bare emotion. It is emotion interpreted, integrated, and transformed into higher categories of feeling."[205] Selbst die Neurowissenschaften beziehungsweise die Neurobiologie haben heutzutage eine ähnliche Prämisse angenommen. Neuroforscher wie António Damásio stellten fest, dass Emotionen – das heißt, die

---

[205] Whitehead, A. N., *Process and Reality. An Essay in Cosmology*, Edited by David Ray Griffin and Donald W. Sherburne, New York, The Free Press, 1985, S. 163.

sinnlich wahrnehmbaren Gefühlsausdrücke – eine unerlässliche Bedingung für die neuronalen Korrelate des Gefühls sind. So sind Gefühle, nach Damásios Terminologie, im Wesentlichen innere Repräsentationen von äußeren erlebten Emotionen.[206] Aufgrund dieser Idee kann unterstellt werden, dass unser Fühlen kein passives und irrationales Erlebnis ist, sondern es lässt sich nicht ohne Rekurs auf eine bestimmte innere Artikuliertheit unseres emotionalen Lebens erklären.

Die innere Gliederung, die der Begriff der symbolischen Prägnanz voraussetzt, wie wir analysiert haben, beruht auf eine Überwindung der Polarität von Sinn und Sinnlichem. Diese Überwindung gilt nicht nur nach Cassirers Philosophie für die dinghafte Außenwelt; sie lässt sich ebenfalls auf das Verstehen charakteristischer Modi des Gefühlsausdrucks verwenden. Jedes Ausdrucksmoment, das mit einem gefühlsmäßigen Gehalt verbunden ist, erwirbt auch eine bestimmte sinnmäßige Artikuliertheit, die sein Erlebnis bestimmt und differenziert. Wie im Falle des Sehens, des Wahrnehmens, gibt es nach Cassirer keinen unvermittelten Ausdruck des Gefühls, sondern in unseren Gemütsbewegungen geschieht schon eine untrennbare symbolische Einheit von Fühlen und Ausdrücken. In diesem Sinne ist zum Beispiel das Erlebnis der Schamröte als eine spezifische Form symbolischer Prägnanz zu verstehen. Denn ein solches Erlebnis, so erläutert Cassirer,

„läßt sich freilich nicht, im Sinne einer bloßen Elementarpsychologie, aus einem gesehenen ‚Rot' und einer erschlossenen oder hinzuphantasierten ‚Scham' zusammensetzen. Hier herrscht nicht bloßes Beieinander, sondern jenes Verhältnis, das ich mit dem Ausdruck der ‚symbolischen Praegnanz' zu bezeichnen versucht habe. Aber so stark wir das ‚Ineinander' gegenüber dem bloßen Beieinander auch betonen mögen, so kann doch dieses Ineinander niemals als vollständige Kongruenz und Koin-

---

[206] Vgl. dazu Damásio, António, *Emotion and the Human Brain*, In: *Unity of knowledge: the convergence of natural and human science*, Edited by António Damásio [et al.], Annals of the New York Academy of Sciences, Vol. 935, New York, 2001, S. 101-106.

zidenz gefaßt werden. Das Ganze, das wir hier vor uns haben, weist vielmehr von selbst eine innere Gliederung auf; es ist ein artikuliertes Ganzes und wird erst durch diese Artikulation zu dem, was es ist."[207]

Eine ähnliche Auslegung findet sich auch in Max Schelers *Wesen und Formen der Sympathie*. Auch er sieht im Erlebnis der Schamröte keine herrschende „Kausalbeziehung", sondern vielmehr „eine *Symbolbeziehung*", nämlich, wie er ausdrücklich erklärt, „die Beziehung eines echten ursprünglichen «Zeichenseins»,".[208] Es ist eben eine solche innere Gliederung, ein solches Zusammengehen von Fühlen und Ausdrücken, was demgegenüber erst den kennzeichnenden Sinn des Erlebnisses der Schamröte erlaubt und sie zugleich von anderen menschlichen Gemütsbewegungen unterscheidet. Wenn es nicht so wäre, wären auch sicherlich alle gefühlsmäßigen Erlebnisse unbedeutende und unartikulierte körperliche Reaktionen. So verstanden, sind Gefühle in erster Linie keineswegs bloße passive innerliche Zustände, sondern sie werden vielmehr dank ihrer sinnlichen Ausdrucksform eine eigene Dynamik gewinnen. Dieser Dynamik, die das Fühlen in den Prozess der Prägnanz einbindet, ist demzufolge eine Transformation inhärent: die sinnliche Sphäre und die Sinnsphäre des Gefühlsausdrucks bilden, wie Cassirer hinzufügt, „eine in sich unterschiedene und gegliederte Einheit",[209] das heißt, eine prägnante Einheit.

Diese Prägnanz ist nicht nur im menschlichen Körper zu sehen. Die Gemütsbewegungen unseres Körpers aber, wie übrigens Edgar Wind – einer der bekanntesten Schüler Cassirers – genau betrachtet hat, sind freilich ein echter Ausgangspunkt für die Entwicklung des bildlichen Ausdrucks. Weil sie schon

---

[207] Cassirer, Ernst, *Zur Logik des Symbolbegriffs*, In: *Wesen und Wirkung des Symbolbegriffs*, A.a.O., S. 201-230, S. 222-223.
[208] Scheler, Max, *Wesen und Formen der Sympathie*, Hrsg. und mit einem Anhang versehen von Manfred S. Frings, Bonn, Bouvier Verlag, 6. Aufl., 2005, S. 21.
[209] Cassirer, Ernst, *op. cit.*, S. 223.

einen gewissen Artikulationsgrad besitzen, werden sie auch durch den Gebrauch von Bildern und anderen kulturellen Geräten verbreitert und verstärkt.[210] Es gibt in diesem Fall, in diesem Übergang vom „Körper" zum „Werk", ein offenes neues Leben, das der Ausdruck von Gefühlen erhält. Denn im Unterschied zu körperlichen Gefühlen, wie Cassirer unterstreicht, vermitteln Gefühle durch symbolische Akte und Kulturmedien „eine doppelte Kraft: die Kraft zu binden und die Kraft zu lösen. Selbst hier werden die Gefühle nach außen gekehrt; aber statt zerstreut zu werden, werden sie im Gegenteil zusammengezogen."[211] Während einem körperlichen Gefühl eine bestimmte relative Dauer zukommt, ermöglichen symbolische Ausdrücke vor allem eine „Intensivierung" und eine „Kondensierung" unserer Gefühle. Weil sie, so fügt Cassirer hinzu, „nicht nur einfach in bloße Akte umgewandelt, sondern in «Werke» umgewandelt werden. Diese Werke verschwinden nicht. Sie sind beharrlich und dauernd."[212]

Cassirer erkennt jedoch an, wie er im Hinblick auf Charles Darwins Werk *The Expression of the Emotions in Man and Animals* betont, dass der Ausdruck von Gefühlen immer ein biologisches Fundament umfasst.[213] Dieses Fundament schließt andererseits nicht allein alle Dimensionen der menschlichen Ausdrucksmodi ein, vor allem nicht diejenige bedeutungsvolle Transformation, die mit dem kulturellen Prozess der Prägnanzbildung anfängt. Selbst Darwin hat in seinem Werk bemerkt, dass es zwischen Gefühl und Ausdruck

---

[210] Wind, Edgar, *Warburgs Begriff der Kulturwissenschaft und seine Bedeutung für die Ästhetik*, In: *Bildende Kunst als Zeichensystem*, Band I, Ikonographie und Ikonologie: Theorie, Entwicklung, Probleme, Hrsg. von Ekkehard Kaemmerling, Köln, Dumont Buchverlag, 5. Aufl., 1991, S. 165-184, S. 177-178.
[211] Cassirer, Ernst, *Vom Mythus des Staates*, Übers. von Franz Stoessl, Hamburg, Felix Meiner Verlag, 2002, S. 64-65.
[212] Ebd., S. 65.
[213] Ebd., S. 60-61.

eine starke Kopplung, eine „intimate relation" gibt.[214] Für Cassirer bedeutet eine solche Korrelation die Möglichkeit der Dynamisierung unseres emotionalen Lebens. Gefühl und symbolischer Ausdruck bilden eine unlösliche Einheit. Sie liegt im Zusammengehen von äußerer Manifestation und innerer Gliederung, aus der das Gefühl seine kulturelle Vermittlungskraft gewinnt. „Eine unmittelbare Gefühlsübertragung", so stellt Cassirer fest, ist eine „Selbsttäuschung". Das wäre nur möglich, „wenn die Welt des ‚Ich' als eine gegebene und fertige bestünde, und Wort und Bild keine andere Aufgabe hätten, als dieses Gegebene auf ein anderes Subjekt zu übertragen."[215] Und er fügt hinzu: „die Kraft und Tiefe des Gefühls beweist und bewährt sich erst im

---

[214] Darwin, Charles, *The Expression of the Emotions in Man and Animals*, With a Preface by Konrad Lorenz, Chicago & London, The University of Chicago Press, 1965, S. 365.
[215] Cassirer, Ernst, *Zur Logik der Kulturwissenschaften: fünf Studien*, A.a.O., S. 53. Das Verhältnis von Bild, Wort und Gefühl wird übrigens manchmal benutzt um eine Unterscheidung zwischen sprachlichen und bildlichen Ausdrucksformen zu begründen. Edmund Burke zum Beispiel vertritt in seinem *Inquiry* die Hauptthese, dass das Schöne – im Gegensatz zum Erhabenen und der nicht-Transparenz der sprachlichen Formen beziehungsweise Dichtung – aufgrund seiner festen Verbindung mit der Transparenz und der Lust buchstäblich eine angehörige Qualität des Bildlichen ist. Vgl. Burke, Edmund, *A philosophical inquiry into the origins of our ideas of the sublime and beautiful: with an introductory discourse concerning taste*, Baltimore, William & Joseph Neal, 1833, S. 67-72. Die Transparenz des Bildes ergibt sich in diesem Fall für Burke aus einer mimetischen Abbildung der Wirklichkeit. Wenn man diese Auslegung mit Susanne Langers Auffassung der diskursiven und präsentativen Formen vergleicht, dann wird man das Gegenteil davon erfahren. Ihrer Meinung nach sind Bilder – und die präsentativen Formen im Allgemeinen – privilegierte Ausdrucksmedien für die Artikulation von Gefühlen. Der Terminus „Gefühl" wird von Langer benutzt nicht nur bezüglich bestimmter emotionaler Qualitäten, sondern er hat auch eine begriffliche Prägung, nämlich er dient als Bezeichnung aller sinnlichen Inhalte, die sich nicht auf eine linguistische Artikulation reduzieren lassen. Vgl. Langer, Susanne, *Philosophy in a New Key*, A.a.O., S. 87. Eine weitere Entwicklung dieser These findet sich in Langers *Feeling and Form. A theory of art developed from Philosophy in a New Key*, New York, Charles Scribner's Sons, 1953. Allgemein ist aber zu betrachten, dass sowohl Bilder als auch Wörter wichtige Artikulationsformen von Gefühlen sind. Selbst die Sprache, wie Cassirer bemerkt, „dient nicht nur sekundär dem Ausdruck und der Mitteilung von Gefühlen und Willensregungen, sondern sie ist eine der wesentlichen Funktionen, kraft derer das Gefühls- und Willensleben sich gestaltet und kraft derer es sich erst zu seiner spezifischmenschlichen Form erhebt." Denn die Sprache, wie Cassirer seine Formulierung beendet, „bildet nicht nur das Medium, in dem aller Gefühls- und Willensaustausch, wie aller Gedankenaustausch sich bewegt; sondern sie ist aktiv und konstitutiv an der Bildung des Willensbewußtseins beteiligt." Cassirer, Ernst, *Die Sprache und der Aufbau der Gegenstandswelt*, In: *Symbol, Technik, Sprache*, A.a.O., S. 121-160, S. 134.

Ausdruck des Gefühls."[216] Wenn es keine unvermittelte Gefühlsübertragung gibt, so scheint es auch plausibel, dass Gefühle im Verlauf ihres symbolischen Vermittlungsprozesses eine kulturelle Bestimmung erfahren werden. Damit sind wir bei einer These angekommen, die Cassirer ganz präzise in seinem *The Myth of the State* dargestellt hat: „Der Ausdruck eines Fühlens ist nicht das Fühlen selbst – er ist Gefühl in Bild gewandelt."[217] („Bild" gilt hier nicht nur für echte materielle Bilder, sondern auch für jede gestaltende sinnliche Manifestation.) Oder anders formuliert: der Ausdrucksprozess gibt dem Gefühl einen aktiven Zustand, in dem das Fühlen statt eine passive Dimension zu werden, vielmehr eine bestimmte Gliederung gewinnt, die zugleich seine Intensität und seinen Wert verwandelt.

5.2 Gefühlsausdruck versus Bildbewusstsein – *erste Bemerkung*

Es ist ersichtlich, dass dem Übergang vom Körper zum Bild kein linearer Weg des Gefühlsausdrucks entspricht. Denn im Bild findet sich nicht wie im Körper eine *organische* Einheit von Ausdruck und Gefühl. Das Bild fordert eine physische Distanz. Was es zum Ausdruck bringt, wird als Bild, als Darstellung wahrgenommen und empfunden. Die Voraussetzung einer solchen Distanz aber impliziert keineswegs eine Negation der Dynamik des Gefühls. Die Unterscheidungsmerkmale zwischen Bildern, die einen Prägnanzcharakter als Korrespondenzverhältnis haben – zum Beispiel mythische oder religiöse bildliche Darstellungen – und Bildern, die einen Prägnanzcharakter als Immanenzverhältnis enthüllen – zum Beispiel künstlerische Bilder – liegen nicht nur in der Art und Weise der Zeichenbeziehung und im Modus des

---

[216] Cassirer, Ernst, *Zur Logik der Kulturwissenschaften: fünf Studien*, A.a.O., S. 54.
[217] Cassirer, Ernst, *Vom Mythus des Staates*, A.a.O., S. 60.

Sehens. Sowohl Korrespondenzverhältnisse als auch Immanenzverhältnisse besitzen daher eine entsprechende symbolische Gliederung von Gefühlsausdrücken, die gleichzeitig für ihre Prägnanzbildung konstitutiv ist. Solch eine Prägnanzbildung und damit auch die Verbindung von Artikulation und Gefühl gelten aber nicht für jede symbolische Form in identischer Weise. Mythische und religiöse Bilder bringen in ihrem Korrespondenzverhältnis normalerweise bestimmte emotionale Attribute zum Ausdruck. Durch sie werden nicht nur Gefühle erlebt – wie das Mysterium des Todes in der mythisch-religiösen Welt –, sondern auch die Dynamik des Gefühls selbst wird transformiert; „und durch diese Transformation", wie Cassirer erklärt, „hört der Tod auf, eine harte und unerträgliche Naturtatsache zu sein; er wird verständlich und erträglich."[218] Auf diese Weise wird auch der Gefühlsausdruck als Auflösung des Fühlens, als Beherrschung der Angst dienen.

Gerade weil die Prägnanzbildung unterschiedlichen Sinnrichtungen folgt, sind alle emotionalen Inhalte, die in der symbolischen Artikulation hervortreten, nicht von der Frage nach dem Bildbewusstsein zu trennen. Die Frage nach dem bildlichen Ausdruck des Gefühls kann also nicht von der Frage eines Bildbewusstseins getrennt werden. Beide Fragen ergänzen sich wechselseitig. Und diese Voraussetzung bewegt sich auf zwei Achsen. Auf der einen Seite zeigt sich, dass ein echtes Bildbewusstsein auf einem Darstellungsbewusstsein, auf dem grundlegenden Unterschied von Symbol und Symbolisiertem beruht. Obgleich Cassirer den „Charakter der »Darstellung«" als „Wesen des »Bewußtseins«" bezeichnet, betont er immer wieder, dass solcher Charakter „nicht in allen Gebilden des Bewußtseins in gleicher Prägnanz und Deutlichkeit hervortritt."[219] Das gleiche Problem, das sich auch selbst im Ent-

---

[218] Ebd., S. 69.
[219] Cassirer, Ernst, *Philosophie der symbolischen Formen, Dritter Teil: Phänomenologie der Erkenntnis*, A.a.O., S. 149.

wicklungsprozess des Artikulationsbewusstseins der sprachlichen Medien zeigt, findet Cassirer im Artikulationsbewusstsein der bildlichen Symbolkonfigurationen. Obwohl der Mensch Bilder mal als Ausdrucksform, mal als Werkzeug verwendet,

„zeigt sich, daß er, nachdem er längst gelernt hat mit Bildern zu leben, ja nachdem er sich ganz in die selbst geschaffenen Bildwelten der Sprache, des Mythos und der Kunst eingesponnen hat, noch eine lange Entwicklung zu durchmessen hat, ehe er das spezifische Bildbewußtsein gewinnt. Nirgends scheidet sich ihm anfangs die reine Bildebene von der Kausalebene ab; immer wieder wird dem Zeichen statt seiner darstellenden Funktion eine bestimmte ursächliche Funktion, statt seines Bedeutungscharakters ein Wirkungscharakter zugeschrieben."[220]

Wenn man diese Formulierung von Anfang an betrachtet, merkt man, dass der Gebrauch von Bildern nicht immer direkt an einem Bildbewusstsein festgehalten ist. Das Bild wird nicht immer als Zeichen wahrgenommen, da die Wirkung einen echten Vorrang vor der Darstellungssphäre hat. Auf der anderen Seite, und wie bereits angedeutet, setzt der reine Ausdruckssinn – das heißt, diejenige Prägnanzrichtung, die ganz eng mit gefühlsmäßigen Inhalten verbunden ist – keine herrschende Transparenz von Symbol und Symbolisiertem voraus oder, wenn man so will, haben wir es hier mit einer wahren Verdunkelung des Darstellungssinns zu tun. Das Fühlen bedeutet im Endeffekt nicht nur Impuls zur Gestaltung, sondern auch Widerstand.

In diesem Rahmen gibt es eine Art Spannung zwischen der Indifferenz von Bild und Ausgedrücktem, die der Gefühlsausdruck vornehmlich erfordert, und die Überwindung dieser Spannung dank der Differenz, die der Darstellungscharakter des Bildes setzt. Auf der Grundlage, dass Gefühlsausdruck und Bildbewusstsein immer miteinander verbunden sind, ergibt sich demzufolge

---

[220] Ebd., S. 130-131.

die Frage nach der Natur der Transformation und ihrer entsprechenden Dynamik, die mit unserem emotionalen vermittelten Leben verbunden ist, als auch nach der kulturphilosophischen Bestimmung des Bildbegriffs. Wir werden versuchen, diese Hauptfrage im Hinblick auf die von uns im letzten Kapitel eingeführte Unterscheidung zwischen Korrespondenz- und Immanenzcharakter des Bildes zu bestimmen.

5.3 Korrespondenz und Identität

Der Zusammenhang von Wahrnehmen und Fühlen bildet eines der Hauptmomente des mythischen Bildbewusstseins. Die durch Bilder ausgedrückten Gefühle sind im Mythos direkt mit einer spezifischen Prägnanzrichtung der Wahrnehmung verknüpft. Man kann in diesem Fall gewissermaßen von einem Primat des Fühlens sprechen; Primat aber, der nicht ohne die Teilhabe des Wahrnehmens und seiner artikulierten Formen möglich wäre. Denn beim Mythos haben wir einen starken Beweis dafür, dass der Ausdruck eines Gefühls immer mit einer Transformation des sinnlich Wahrgenommenen verbunden ist. Es zeigt sich in diesem Fall, dass der Gefühlsausdruck eine bestimmte Umwandlung der Symbolbeziehung voraussetzt: das Bild repräsentiert nicht einfach die Eigenschaften des Gegenstandes, sondern was das Bild zur Erscheinung bringt ist vielmehr eine umgewandelte Ausdruckskraft des Gegenstandes selbst. Der Grund dafür liegt im Bedürfnis, dass das menschliche Wesen seinem emotionalen Leben eine bestimmte Gliederung und damit Kohärenz geben möchte.

Für das mythische Denken eröffnet das Bild vor allem eine Identitäts-Beziehung von Ausdruck und Gegenstand. Eine Identitäts-Beziehung, die als Ergebnis einer Art Inversion zwischen Bild und dargestelltem Gegenstand entsteht. „Das Bild", wie Cassirer formuliert, „muß hier der Sache gegenüber einen eigentümlichen Primat und Vorrang behaupten. Denn was im Gegenstand rein ausdrucksmäßig »ist«, das ist im Bilde nicht aufgehoben und vernichtet, sondern es tritt in ihm vielmehr in gesteigertem, in potenziertem Maße hervor."[221] Die Hauptaufgabe des Bildes wird in diesem Sinne keine andere sein als die ursprüngliche Ausdruckskraft des Abgebildeten wiederaufzunehmen und zu verstärken. Diesbezüglich fügt Cassirer hinzu: „Das Bild befreit dieses Sein des Ausdrucks von allen bloß zufälligen und akzidentellen Bestimmungen und faßt es gleichsam in einem Brennpunkt zusammen."[222] So ist zu verstehen, dass das Bild – trotz seines Primats vor dem dargestellten Gegenstand – hier als eine Art Reinigung und Verstärkung der eigenen Ausdruckskraft des Gegenstandes fungiert. So stehen wir hier vor einem Primat, aber einem paradoxen Primat, denn wenn diese Inversion gleichzeitig einen Transfer der Ausdruckskraft des Gegenstandes zum Bild bedeutet, so bleibt es doch dabei, dass das Bild keine selbständige Ausdruckskraft besitzt.[223] Um es auf eine kurze Formel zu bringen: Das, was durch das Bild gesehen wird, ist buchstäblich nur das, was man fühlt (und umgekehrt). In diesem Fall erfüllt sich nicht nur die bildliche Transformation des Gegenstandes durch das Bild – wie in der ästhetischen Kunstanschauung –, sondern es ist auch das Bild selbst, in seiner Verkörperung des Symbolisierten, welches eigentlich durch

---

[221] Ebd., S. 81.
[222] Ebd. Eine ähnliche Formulierung findet man auch bei Arnold Gehlen. „Die Darstellung im Bilde" – so bezieht sich Gehlen auf das mythische Bildbewusstsein – „löst das Ereignis vom zufälligen Geschehen, von der einmaligen Situation, vom Vorgefundenen ab, sie macht es dauernd und sozusagen gültig, immer gegenwärtig. Und die Affektspannung, weit entfernt sich zu erledigen oder umzuschlagen, wird gerade damit stabilisiert, weil sie aufgenommen wird in die Entscheidung zum Dasein dieser Schrecknisse. Die moralische Leistung der Überwindung des Angsteffekts wird so festgehalten, und aus der ursprünglichen moralischen Anstrengung wird eine *dauernde virtuelle Gegenwart*, die am dargestellten Bilde entwickelt wird und von ihm gestützt bleibt." Gehlen, Arnold, *Studien zur Anthropologie und Soziologie*, Neuwied am Rhein und Berlin, Luchterhand Verlag, 1963, S. 88-89.
[223] Cassirer, Ernst, *Sprache und Mythos. Ein Beitrag zum Problem der Götternamen*, In: *Wesen und Wirkung des Symbolbegriffs*, A.a.O., S. 71-158, S. 77.

die ursprüngliche Ausdruckskraft des Gegenstandes transformiert wird. Diese Befreiung der Ausdruckskraft des Gegenstandes erlaubt andererseits das Erscheinen seiner wahren physiognomischen Atmosphäre. Dieses Erscheinen ist aber keine Verarmung der eigenen Eigenschaften des abgebildeten Gegenstandes, sondern jede magische Erzeugung des Bildzaubers „beruht auf der Voraussetzung, daß der Magier es in ihm keineswegs mit toten Nachahmungen der Gegenstände zu tun hat, sondern daß er in den Bildern vielmehr das Wesen, daß er die Seele der Gegenstände besitzt."[224] Émile Durkheim hat übrigens dieses Verhältnis zwischen Bild und Gegenstand in gleicher Weise charakterisiert: „*les images de l'être totémique sont plus sacrées que l'être totémique lui-même.* (...) Les représentations du totem ont donc une efficacité plus active que le totem lui-même."[225]

Hier haben wir also eine Art geschlossenen Kreis von Bild, Abgebildetem und Ausdruck. Das Bild entspricht einem bestimmten Gefühlsausdruck und die Herkunft des Ausdrucks liegt andererseits außerhalb der intrinsischen piktorischen Qualitäten des Bildes selbst. Deshalb kann man hier sicherlich nicht von einem Zuschauerbewusstsein sprechen, da in Wahrheit noch keine bewusste Distanz, keine Betrachtung im Sinne des ästhetischen Schauens vorkommt. Oder wie Cassirer auch sagt, das mythische Bild „stellt die Sache nicht nur für die subjektive Reflexion eines Dritten, eines Zuschauers dar, sondern es ist ein Teil ihrer eigenen Wirklichkeit und Wirksamkeit. Wie der Eigenname eines Menschen, so ist auch sein Bild ein *alter ego*: was ihm widerfährt, widerfährt dem Menschen selbst."[226] Das Prinzip des Wirkens, das

---

[224] Cassirer, Ernst, *Philosophie der symbolischen Formen, Dritter Teil: Phänomenologie der Erkenntnis*, A.a.O., S. 81.
[225] Durkheim, Émile, *Les formes élémentaires de la vie religieuse*, Paris, Presses Universitaires de France, 5. Édition, 2005, S. 189.
[226] Cassirer, Ernst, *Philosophie der symbolischen Formen, Zweiter Teil: Das mythische Denken*, A.a.O., S. 56.

die mythisch-kulturellen Artikulationsformen prägt, stellt sich gegen ein Bildbewusstsein, denn was als Bild oder als Gegenstand-unter-Gegenständen wahrgenommen wird, besitzt denselben Artikulationsgrad; sie haben – Bild und Gegenstand – einen gemeinsamen undifferenzierten „Realitätscharakter".[227] Damit erwirbt jede Bildgestaltung eine wirkliche und aktuelle Existenzform, die als solche die befreite Wirkungskraft des Abgebildeten unmittelbar zum Ausdruck bringt. Und als Beispiel dafür fügt Cassirer hinzu:

„Wie der Zauber sich als Mittels und Vehikels eines bestimmten physischen Teils des Menschen, etwa seiner Nägel oder Haare bedienen kann, so kann er mit dem gleichen Erfolg das Bild als Ausgangspunkt wählen. Wird das Bild des Feindes mit Nadeln durchstochen oder mit Pfeilen durchbohrt, so wirkt dies magisch unmittelbar auf den Feind zurück. Und ebenso wie diese passive kommt dem Bild auch volle aktive Wirkungsfähigkeit zu; – eine Wirkungsfähigkeit, die der des Gegenstandes selbst durchaus gleich steht. Ein in Wachs geformtes Modell des Gegenstandes ist das Gleiche und verrichtet das Gleiche, wie das in ihm dargestellte Objekt."[228]

Die Ausdruckskraft des Bildes dient hier als Aktualisierung der magischen Wirkung. Etwas bildlich darzustellen bedeutet in dieser Richtung etwas präsent und sichtbar zu machen; und Sehen bedeutet konsequenterweise das Bild in seiner gegenwärtigen symbolischen Artikulation wahrzunehmen. Das ist

---

[227] Ebd.
[228] Ebd. James Frazer bezeichnet diese magische Funktion des Bildes unter den Ausdruck „homeopathic or imitative magic". Dieses magische Prinzip - „the principle that like produces like", wie Frazer ihn formuliert – „is the attempt which has been made by many peoples in many ages to injure or destroy an enemy by injuring or destroying an image of him, in the belief that, just as the image suffers, so does the man, and that when it perishes he must die. (…) Thus the North American Indians, we are told, believe that by drawing the figure of a person in sand, ashes, or clay, or by considering any object as his body, and then pricking it with a sharp stick or doing it any other injury, they inflict a corresponding injury on the person represented. For example, when an Ojebway Indian desires to work evil on any one, he makes a little wooden image of his enemy and runs a needle into its head or heart, or he shoots an arrow into it, believing that wherever the needle pierces or the arrow strikes the image, his foe will the same instant be seized with a sharp pain in the corresponding part of this body; but if he intends to kill the person outright, he burns or buries the puppet, uttering certain magic words as he does so." Frazer, James, *The Golden Bough. A study of magic and religion*, London, Wordsworth Editions, 1993, S. 12-13.

ein Charakteristikum des mythischen Bewusstseins. Alles was „ein Sein und einen Sinn" besitzen kann, wird nur „in realer Gegenwart dar[ge]stellt".[229] Das mythische Bewusstsein kennt noch keine deutliche Trennung, kein freies Verhältnis zur Welt des Wirkens. „Denn Wort und Bild sind die beiden Weisen", wie Cassirer auch betont, „in denen der Mensch ein Nicht-Gegenwärtiges gleich einem Gegenwärtigen behandelt; in denen er ein Gewünschtes und Ersehntes gleichsam vor sich hinstellt, um es schon in diesem Akt des »Vorstellens« zu genießen und sich zu eigen zu machen".[230]

Weil der Übergang von sinnlicher Existenzform des Bildes zu seiner geistigen Bedeutung – der Übergang von Materialität zur Medialität, wenn man so will – immerzu mit einem raum-zeitlichen Kontext verbunden ist, setzt das mythische Bildbewusstsein ein Vollzugsmoment durch die magische Kultpraxis voraus. Die Prägnanzerzeugung des Bildes kann nicht von ihrem Akt getrennt werden. „Die eigentliche Objektivierung der mythisch-religiösen Grundempfindung finden wir daher nicht in dem bloßen Bild der Götter, sondern in dem Kult, der ihnen zuteil wird."[231] Für Cassirer ist es diese Ritualisierung, die die symbolische Verbindung von Bild und Abgebildetem genau ausmacht. „Denn der Kult", wie er hinzufügt, „ist das aktive Verhältnis, das der Mensch sich zu seinen Göttern gibt. In ihm wird das Göttliche nicht nur mittelbar vorgestellt und dargestellt, sondern es wird unmittelbar auf dasselbe eingewirkt."[232] Der Prozess der „Prägnanz" gewinnt seine Wirkung dank der

---

[229] Cassirer, Ernst, *Sprache und Mythos. Ein Beitrag zum Problem der Götternamen*, In: *Wesen und Wirkung des Symbolbegriffs*, A.a.O., S. 122.
[230] Cassirer, Ernst, *Form und Technik*, In: *Symbol, Technik, Sprache*, A.a.O., S. 39-91, S. 58.
[231] Cassirer, Ernst, *Philosophie der symbolischen Formen, Zweiter Teil: Das mythische Denken*, A.a.O., S. 262.
[232] Ebd. Laut Cassirer hat die Kultpraxis einen Vorrang vor den mythischen Glaubensinhalten. „Es ist mit Recht betont worden," – wie er selbst formuliert – „daß im Verhältnis von Mythos und Ritus, der Ritus das Frühere, der Mythos das Spätere ist. Statt das rituelle Tun aus dem Glaubensinhalt, als einem bloßen Vorstellungsinhalt, zu erklären, müssen wir vielmehr den umgekehrten Weg einschlagen: wir müssen das, was am Mythos der theoretischen Vorstellungswelt

Wiederholungsformen des Rituals und deshalb wird die Symbolbeziehung von Bild und Abgebildetem vornehmlich im direkten Verhältnis zur physischen Anwesenheit des Teilnehmers erzeugt – der Ort eines Dinges „ist selbst ein Teil seines Seins".[233] Die Artikulation von Gefühlen wird in diesem Sinne lebendig – das heißt gegenwärtig –, da die magische Kraft, die das Bild erwirbt, durch eine Art untrennbare mediale Einheit von Körper, Wahrnehmung und Fühlen erfahren wird.[234] In manchen Fällen haben wir sogar eine vollständige Fusion. Das Bild, das zum Beispiel als Maske am Körper benutzt wird, vereinigt sich zugleich mit dem Ausdruck des Körpers selbst. „Der Tänzer, der in der Maske des Gottes oder Dämons erscheint," – wie Cassirer bemerkt – „ahmt in ihr nicht nur den Gott oder Dämon nach, sondern er nimmt seine Natur an, er wandelt sich in ihn und verschmilzt mit ihm. Es gibt hier nirgends ein bloß Bildhaftes, eine leere Repräsentation; es gibt kein bloß Gedachtes, Vorgestelltes oder „Gemeintes", das nicht zugleich ein Wirkliches und Wirksames wäre."[235] Das Gebiet der materiellen Existenzform des Bildes und das Gebiet seiner Bedeutungssphäre werden im Endeffekt ursprünglich miteinander undifferenziert artikuliert. Die mythischen Bilder sind also nach Cassirers Auffassung nicht als bloße Abbildungsformen zu betrachten, sondern vielmehr als körpergebundene Ausdrucksformen mit einem echten Realitätscharakter. Inwieweit aber bestimmt dieser Realitätscharakter die Ausdruckskraft des Bildes?

---

angehört, was an ihm bloßer Bericht oder geglaubte Erzählung ist, als eine mittelbare Deutung desjenigen verstehen, was unmittelbar im Tun des Menschen und in seinem Affekt und willen lebendig ist. So gefaßt aber haben alle Riten ursprünglich keinen bloß „allegorischen", nachbildenden oder darstellenden, sondern durchaus realen Sinn: sie sind in die Realität des Wirkens derart eingewoben, daß sie einen unentbehrlichen Bestandteil von ihr bilden." Ebd., S. 51.

[233] Ebd., S. 115.
[234] Vgl. darüber Belting, Hans, *Bild-Anthropologie. Entwürfe für eine Bildwissenschaft*, München, Wilhelm Fink Verlag, 3. Aufl., 2006, S. 34-38.
[235] Cassirer, Ernst, *op. cit.*, S. 285.

Cassirer sieht im mythischen Bildbewusstsein das Übergewicht einer „substantiellen Gewalt",[236] die von Anfang an den Prägnanzprozess vollständig durchdringt. Wie er es beschreibt, ist diese substantielle Gewalt eine „unmittelbare Gewalt", die sich aus einer „einfachen Intensität" ergibt und Dank des mythischen Bewusstseins seine Erfahrungswelt strukturiert. Denn dieses Bewusstsein erfährt nach Cassirer „den Gegenstand nur, indem es von ihm überwältigt wird; es besitzt ihn nicht, indem es ihn fortschreitend für sich aufbaut, sondern es wird schlechthin von ihm besessen."[237] Gewalt bezeichnet hier also nicht bestimmte bildliche Inhalte, bestimmte piktorische Motive, die gefühllose und groteske Szenen zur Darstellung bringen, sondern vielmehr die kennzeichnende Art und Weise, wie der bildliche Symbolisierungsprozess seine Prägnanz gewinnt.

Diese Dimension der Gewalt bereits in der Prägnanzbildung wird im Sinnerzeugungsprozess sehr oft kaum berücksichtigt. Stattdessen wird vielmehr das Phänomen der Gewalt nur in Bezug auf die sichtbaren Inhalte des Bildes analysiert. Trotzdem findet man schon einen gewissen Zusammenhang von Form und Gewalt zum Beispiel in einigen Reflexionen von Friedrich Schleiermacher und Hans Jonas bezüglich des Kunst- und des Bildbegriffs. Schleiermacher beobachtet eine Gewalt in jeder „kunstlosen" Ausdrucksform und sogar „eine andere höhere Gewalt" im Übergangsmoment von den kunstlosen zu den „kunstmäßigen" Ausdrucksformen. „Dieser Moment ist es also", wie er erklärt, „durch welchen sich die Kunst von dem bloßen Naturprozeß unterscheidet, es ist *der Moment der Conception*, in welchem was hernach äußerlich hervortritt sich innerlich vorbildet."[238] Wo Schleiermacher diese implizite

---

[236] Ebd., S. 31.
[237] Ebd., S. 93-94.
[238] Schleiermacher, Friedrich, *Über den Umfang des Begriffs der Kunst in Bezug auf die Theorie derselben*, In: *Ästhetik*, A.a.O., S. 153-183, S. 162-163. Die Hevorhebung ist von mir.

Gewalt im Moment der Konzeption – das heißt, in dem Moment der inneren Gliederung einer Ausdrucksform als Kunstform – sieht, bezeichnet Hans Jonas sie andererseits als eine „Art Gewalt", die jedes Bildherstellen durchdringt: „Bilder müssen schließlich hergestellt, nicht nur konzipiert werden. Ihr äußeres Dasein als Ergebnis menschlicher Tätigkeit offenbart daher auch einen physischen Aspekt der Macht, die im Bildvermögen wirksam ist: die Art Gewalt, die der Mensch über seinen Körper hat."[239] Hans Jonas betrachtet solch eine „physische" Gewalt jedoch nicht als negative Wirksamkeit des Bildes, sondern, wie er weiter argumentiert, als unerlässliche Bedingung für die innere Gliederung der Bilddarstellung und ihre entsprechende geistige „Freiheit". Hätte diese Gewalt, wie er seine Formulierung beendet, „nicht auch die Macht, den Leib im Zuge der Ausführung zu leiten", so wäre auch der Übergang von „Vor-stellung zur Dar-stellung" nicht nachvollziehbar.[240] Was aber das mythische Bildbewusstsein angeht, umfasst die Intensität und die Gewalt nicht nur ein einziges und isoliertes Moment der Formbildung, sondern vor allem die gesamte Artikulation der bildlichen Symbolkonfigurationen. Aus der Zusammenwirkung von Wahrnehmen und Fühlen ergibt sich eine magische Fusion, die zu einer Gleichgültigkeit von Bild und Wirklichkeit führt. Denn, wie Cassirer punktiert, jede bildliche Symbolkonfiguration erscheint für das Bewusstsein immer als

„nur eine andere Form der objektiv-dinglichen Wirklichkeit, weil es ihr in der gleichen Gebundenheit wie der Welt der unmittelbaren Sinneseindrücke gegenübersteht. Das Bild ist nicht als solches, als eine freie geistige Schöpfung, gewußt und erkannt, sondern es kommt ihm eine selbständige Wirksamkeit zu; es geht ein dämonischer Zwang von ihm aus, der das Bewußtsein beherrscht und bannt. Das mythische Be-

---

[239] Jonas, Hans, *Die Freiheit des Bildens: Homo pictor und die differentia des Menschen*, In: *Zwischen Nichts und Ewigkeit. Zur Lehre vom Menschen*, Göttingen, Vandenhoeck & Ruprecht, 1963, S. 26-43, S. 40.
[240] Ebd.

wußtsein wird durchweg durch diese Indifferenz von Bild und Sache bestimmt: beide können sich in der Art des Seins nicht voneinander trennen, weil die Art des Wirkens ihnen gemeinsam ist."[241]

Dieser Wirkungszusammenhang von Bild und Sache gibt dann „dem Bild die gleiche Kraft wie irgendeinem physischen Dasein."[242] Bildlichkeit und Dinglichkeit sind hier also unter den gleichen Wirkungsgesetzen wie jedes physische Phänomen. Als unmittelbares Ergebnis solch einer Indifferenz ergibt sich daraus eine kritiklose Identität von Bild und Abgebildetem. „Das Bild des Menschen oder sein Name", wie Cassirer argumentiert, „repräsentiert hier keineswegs den Menschen, sondern es ist, vom Standpunkt des magischen Wirkungszusammenhangs und also gemäß dem magischen Begriff der ‚Realität', der Mensch selbst."[243] Die Substantialisierung der Symbolbeziehung – das, was zu einer Nichtunterscheidung von Bild und Abgebildetem führt – entspricht vornehmlich dem Hauptbedürfnis des mythischen Bewusstseins: die Wirklichkeit in ihrem physischen Wesen zu beherrschen und zu erleben. Genau deshalb wird das Bild nicht als bloßes Bild erkannt, sondern es nimmt den Platz der Sache selbst ein. Das zauberische Moment bedeutet in diesem Sinne den Augenblick in dem das Abgebildete sich im Bild verkörpern lässt. Etwas bildlich darstellen, schließt ein etwas präsent zu machen; und darum wird auch die unmittelbare Erfüllung des Gefühls erlangt.

Im Endeffekt ist diese Substantialisierung vornehmlich die Quelle der Gewalt des mythischen Bildes. Man soll dies aber nicht so verstehen, als sei diese Nichtunterscheidung eine Art sinnlicher Kongruenz zwischen piktorischen Eigenschaften des Bildes und sichtbaren Eigenschaften des dargestellten

---

[241] Cassirer, Ernst, *Der Begriff der symbolischen Form im Aufbau der Geisteswissenschaften*, In: *Wesen und Wirkung des Symbolbegriffs*, A.a.O, S. 188.
[242] Ebd.
[243] Ebd.

Gegenstandes selbst. Ganz im Gegenteil. Die undifferenzierte mythische Identität oder Gleichheit von Bild und Sache sowie von Wort und Gegenstand wird in direktem Zusammenhang mit der magischen Praxis des Kults und des Rituales erzeugt.²⁴⁴ Die mythische Verwechselung von Bild und Sache ist in diesem Maße kein pathologisches Phänomen, kein regressiver prä-symbolischer Zustand; sie ist hingegen ein erster Versuch, einen Zusammenhang von Wahrnehmen und Fühlen zu etablieren. Dass dem mythischen Wahrnehmen eines Bildes ein Primat des Fühlens entspricht, bedeutet keineswegs, dass die innewohnenden Qualitäten des Bildes die Emotionen selbst seien. Die Emotionen werden in performativen Akten wie Ritualen und magischen Praktiken ins Bild übertragen, oder wenn man so will, projiziert. Und diese emotionale Korrespondenz und Identität bildet und verstärkt vor allem das „Gemeinschaftsgefühl"²⁴⁵ zwischen Individuum und Gesellschaft. Außerhalb des Rituales hat das Bild keine besondere magische Kraft, keine besondere Wirkung.²⁴⁶ Weil das Bild hier noch keine selbständige Ausdruckskraft besitzt, ist die Ursache seiner Prägnanz daher weniger visuell oder bildlich als vielmehr körperlich und rituell.

---

[244] Über die magische Herkunft der mythischen Kategorie der Gleichheit oder Ähnlichkeit schreibt Cassirer den folgenden Gedanken: „Die Anwendung der Kategorie der Gleichheit erfolgt nicht auf Grund der Übereinstimmung in irgendwelchen sinnlichen Merkmalen oder abstrakt-begrifflichen Momenten, sondern sie ist bedingt durch das Gesetz des magischen Zusammenhangs, der magischen ‚Sympathie'. Was immer durch diese Sympathie gemeint ist, was sich magisch ‚entspricht', sich unterstützt und fördert: das geht zur Einheit einer mythischen Gattung zusammen." Cassirer, Ernst, *Philosophie der symbolischen Formen, Zweiter Teil: Das mythische Denken*, A.a.O., S. 216-217.
[245] Ebd., S. 209.
[246] Man kann diesen Gedanken in den folgenden Wörtern von Herbert Read lesen. So stellt er fest: „For though primitive man believed that every soul must be provided with a permanent resting place, and that an image would serve the purpose, I know of no evidence which suggests that he had to provide a soul for every image he made. We may be quite sure that the soul was not lodged in the image without due ceremony; an image, therefore, which had not been subjected to such a ceremony would posses no particular significance." Read, Herbert, *Problems of primitive art*, In: *A Coat of many colours. Occasional Essays*, London, George Routledge & Sons, 1945, S. 128-132, S. 132. Vgl. darüber auch Keifenhein, Barbara, *Wege der Sinne. Wahrnehmung und Kunst bei den Kashinawa-Indianern Amazoniens*, Frankfurt/New York, Campus Verlag, 2000.

5.4 Gefühlsausdruck versus Bildbewusstsein – *zweite Bemerkung*

Beispielhaft für Bilder, die einen Korrespondenz-Charakter in ihrer Prägnanzbildung enthüllen – da, wie bereits angedeutet, das Symbolisierte einen Vorrang vor dem sinnlichen Substrat des Symbols durchsetzt –, ist das von ihnen geschaffene Verhältnis zwischen Ausdruck und Gefühl. Gefühle werden zwar durch sie vermittelt und artikuliert und damit wird auch ihre Dynamik verwandelt und verstärkt. Weil diese Verstärkung aber immerzu auf den abgebildeten Gegenstand zielt, hat das ein Kontingenzverhältnis des Ausdrucks bezüglich der internen piktorischen Elemente des Bildes zur Folge. Im Mythos steigert sich eine solche Diskrepanz. Und sie steigert sich hauptsächlich aufgrund der magischen Fusion von Bild und Sache. Ein Bildbewusstsein, das nicht in der Lage ist eine kategorische Trennung von Symbol und Symbolisiertem zu machen – und der Mythos, wie Cassirer immer betont, ist kein bloßes vergangenes Phänomen, sondern er ist hingegen ein eingegliederter Teil unserer Welterfahrung –, hat auch nicht die Fähigkeit, diejenige innewohnende Ausdruckskraft der Linien, Farben, Punkten wirklich zu erleben. In dem Maße, so können wir jetzt feststellen, besitzt ein Korrespondenz-Charakter des Ausdrucks keine echte bildliche Dimension. Die Natur des Ausdrucks ist in diesem Fall zuerst die ursprüngliche Ausdruckskraft des Abgebildeten – oder ist strenggenommen weniger bildliche als außerbildliche Natur.

Aus dem Übergewicht des Abgebildeten einerseits, und aus der Nichtunterscheidung von Bild und Abgebildetem andererseits, resultiert ein Ausdrucksverlust des Bildes und ein Artikulationsverlust der Dynamik des Gefühls selbst. Denn das, was durch das Bild kontingenzmäßig angeschaut und erlebt wird, nämlich das, was nicht dem Wesen des Symbolisierten angehört, wird auch nicht besonders wahrgenommen und gefühlt. Ein Primat des Fühlens, wie sich im Mythos zeigt, bedeutet konsequenterweise keineswegs eine

Emanzipation der Dynamik des Gefühls. Je mehr die Darstellung sich dem Symbolisierten nähert – und dies gilt in gleicher Weise und vor allem für diejenigen Bildarten, wie zum Beispiel Markenzeichen oder Embleme, die als Identitätssymbole fungieren –, desto mehr zieht sich der Ausdruck vom Bild zurück. Die angebliche Tatsache, dass das Bild als Identitätssymbol eine dominante Bedeutsamkeit bekommt, dass es sogar als Kultbild angenommen wird, ist kein Synonym eines ästhetischen Übergewichts seiner sinnlichen Konfiguration. Ganz im Gegenteil. Was uns die Identitätssymbole zeigen, ist vielmehr eine Verarmung des Sinnlichen und des Originellen, da ihre kollektive Bedeutung im Endeffekt zu einer Begrenzung des Besonderen zugunsten des Allgemeinen tendiert. Diesbezüglich können wir eine lapidare Formulierung von John Dewey verwenden. Dewey stellt vornehmlich einen wesensgemäßen Unterschied zwischen *ausgedrückten* und *angedeuteten* emotionalen Inhalten vor. „Ein verbreitetes Thema religiöser Gemälde" – so formuliert er – „ist ein Zustand von Seligkeit. Heilige werden in einem Zustand himmlischen Glückes dargestellt. Doch in den meisten frühen religiösen Gemälden ist dieser Zustand mehr angedeutet als ausgedrückt. Die Linien, durch die er erkannt werden soll, sind wie propositionelle Zeichen. Sie sind in ihrer Art fast genauso festgelegt und verallgemeinert wie der Heiligenschein, der die Köpfe der Heiligen umgibt."[247] Damit ist also gemeint, dass ein Korrespondenzverhältnis von Bild und Gefühl zu einem Ausdrucksverlust der besonderen Eigenschaften des Bildes führt und in diesem Beispiel von Dewey zeigt sich auch, dass dank eines solchen Verlustes, dank einer solchen Diskrepanz von Sinnlichkeit und Bedeutung, die Gefühle vor allem projiziert und als

---

[247] Dewey, John, *Kunst als Erfahrung*, Übers. von Christa Velten, Gerhard vom Hofe und Dieter Sulzer, Frankfurt am Main, Suhrkamp Verlag, 1988, S. 108.

solche wahrgenommen werden, das heißt, sie werden quasi unabhängig von der sinnlichen Gestaltung des Bildes symbolisiert.

5.5 Immanenz und Dynamik

Das eingeleitete Problem einer kompatiblen Zusammenwirkung von Bildbewusstsein und Gefühlsausdruck, die folglich nicht zu einem Artikulations- und Ausdrucksverlust des Bildes führt, scheint eine neue Formulierung zu erzielen, wenn wir den kennzeichnenden Immanenz-Charakter der künstlerischen, bildlichen Symbolkonfigurationen den Korrespondenz-Charakter der meisten kulturellen Formen gegenüberstellen. Und Cassirer gibt uns eine entscheidende Hilfe, um diese neue symbolische Bestimmung des Bildes zu verstehen, nämlich die grundlegende Idee einer Art ästhetischer Versöhnung der Ausdruckskraft des Bildlichen mit seiner dazu gehörigen Darstellungsdimension oder, wenn man so will, eines Zusammenklangs zwischen Gefühlsausdruck und Bildbewusstsein. Denn, wie Cassirer sagt: „Von der Welt des Wirkens und Leidens, in die die magisch-mythische Weltansicht den Menschen einschloss, hat sich das Bild hier endgültig gelöst."[248] Diese Überwindung des magischen Gefühls und die Versöhnung von Ausdruck und Darstellung ist eine unerlässliche Bedingung für die symbolische Erfüllung des Ästhetischen, da die Kunst um sich von der mythisch-religiösen Welt zu lösen, zugleich ein neues Bildbewusstsein braucht, das in der Lage ist, nicht nur eine Distanz bezüglich der magischen Wirkung des Symbols zu schaffen, sondern auch bereits eine Kritik bezüglich der eigenen symbolischen Artikulationsmodi, die eine solche Welt zuerst kulturell bestimmen. Deshalb fordert die Prägnanzbil-

---

[248] Cassirer, Ernst, *Der Begriff der symbolischen Form im Aufbau der Geisteswissenschaften*, In: *Wesen und Wirkung des Symbolbegriffs*, A.a.O, S. 190.

dung der künstlerischen Bilder nach Cassirer buchstäblich eine verdichtete aber bewusste Korrelation von Ausdrucksmoment und Darstellungsmoment. Ohne diese Wechselseitigkeit könnten sie sich auch nicht von anderen kulturellen bildlichen Symbolkonfigurationen unterscheiden und damit wäre ebenso die Selbständigkeit des Ästhetischen tief gefährdet.

Diese fundamentale Forderung des Ästhetischen wird trotzdem in einigen Kunst- und Ästhetiktheorien nicht berücksichtigt, vornehmlich denjenigen, wie Cassirer beobachtet, „die die Kunst so ganz im Emotionalen festzuhalten suchen, die sie so völlig in reinen Ausdruckserlebnissen aufgehen lassen, dass darüber das Charakteristische des ästhetischen *Gegenstandes* fast verloren geht", als auch denjenigen, die dagegen das ästhetische Gebiet von jedem gefühlsmäßigen Verhältnis trennen möchten, „so dass es für sie zu nichts anderem als zu einer bestimmten Grundform der gegenständlichen Erfassung und der gegenständlichen Erkenntnis wird, die als solche auf derselben Stufe wie die theoretische Naturerkenntnis steht."[249] Was den Bildbegriff angeht, scheint übrigens der erste Fall – das heißt, die ästhetischen Theorien, die einen Primat des Ausdruckserlebnisses über das Darstellungsmoment setzen – ziemlich paradigmatisch zu sein. Die meisten dieser Theorien vertreten ein reines Verhältnis zwischen Bild und Ausdruck, das in der Lage wäre, einen gewissen unmittelbaren Resonanzboden von Emotionen zu schaffen, nämlich eine gefühlsmäßige Transparenzbeziehung zwischen Künstler und Zuschauer. Ästhetik- und Kunsttheoretiker wie Benedetto Croce, George Santayana, R. G. Collingwood und Clive Bell vertreten diese Auffassung und deshalb bezeichnen sie auch die Kunst überhaupt als Ausdruck von Emotionen. Alle

---

[249] Cassirer, Ernst, *Das Symbolproblem und seine Stellung im System der Philosophie*, In: *Symbol, Technik, Sprache*, A.a.O., S. 1-38, S. 18.

teilen die Ansicht, dass was ein echtes Kunstwerk ausmacht, die Fähigkeit ist, bestimmte emotionale Wirkungen zu provozieren.

Die Emotionstheorien haben das gemeinsame Ziel, Bild und Kunst überhaupt von den „angedeuteten" emotionalen Qualitäten zu befreien. Sie interpretieren die künstlerische Form von Anbeginn, nach der Auffassung einer Ästhetik des Unmittelbaren, einer Ästhetik die in der Lage ist, eine Antwort auf die individuelle Atmosphäre des Bildwerks zu geben. Um diesen Ausgangspunkt plausibel zu machen, versuchen sie die ästhetischen Kategorien der Kunst auf die Ebene des Gefühlsausdrucks zurückzuführen, als würde diese Ebene die eigentlich wahre Entstehung des Status des Bildes als Kunstwerk bedeuten. Man kann diese Idee zum Beispiel in Clive Bells Werk sehr genau begreifen:

„We are all familiar with pictures that interest us and excite our admiration, but do not move us as works of art. To this class belongs what I call 'Descriptive Painting' – that is, painting in which forms are used not as objects of emotion, but as means of suggesting emotion or conveying information. Portraits of psychological and historical value, topographical works, pictures that tell stories and suggest situations, illustrations of all sorts, belong to this class."[250]

Dass einer solchen Sublimierung des Gefühls ein echter Vorrang vor der Darstellungsweise des Bildes inhärent ist und dadurch zu einer Unterschätzung der intrinsischen piktorischen Qualitäten des Bildwerks führt, ist eine Tatsache, die von Bell übrigens vorausgesetzt wird. „The important thing about a picture," so formuliert er dahingehend, „is not how it is painted, but whether it provokes aesthetic emotion."[251] Bell bezeichnet diese Emotion als „aesthetic

---

[250] Bell, Clive, *Art*, London, Chatto & Windus, 1949, S. 16-17.
[251] Ebd., S. 45.

ecstasy"[252] und vergleicht sie sogar mit dem religiösen und mystischen Universum.[253] Und um diese ästhetische Emotion zu erfüllen, müssen dann Künstler und Beschauer in demselben emotionalen Zustand in Verbindung stehen. Der ästhetische Status des Gefühlsausdrucks hängt vom emotionalen Leben ab, das sich aus der Arbeit des Künstlers im Prozess des Bildschaffens ergibt. Diese Voraussetzung gilt auch nach Bells Meinung für die Reproduktion eines Bildes: „Even to copy a picture one needs, not to see as a trained observer, but to feel as an artist. To make the spectator feel, it seems that the creator must feel too."[254] Eine ähnliche Version dieser Auffassung findet sich auch ziemlich akzentuiert bei R. G. Collingwood. Er sieht auch – ob seiner scharfen Kritik an der Idee einer Kunst als Unterhaltung – in gleicher Weise die künstlerischen Bilder als eine Art Abbildungen emotionaler Resonanzen, die der Künstler immer wieder im Malprozess erfährt; andererseits bezeichnet und unterscheidet er sogar das Bild als Kunstwerk in denjenigen Fällen, wenn der Künstler in der Lage ist, bestimmte Emotionen zu empfinden und auszudrücken. Nach seiner Auffassung ist das überhaupt die wichtigste Differenz, die ein Bild als Kunstwerk von etwa einem kommerziellen Bild unterscheidet. „If, for example", – so schreibt er – „a portrait-painter who has been asked to produce a good likeness of a sitter, instead, or in addition, paints a portrait expressing the emotions which the sitter arouses in him, he will produce not a commercial portrait or pot-boiler, but a work of art."[255] Soweit es sich also um eine emotionale Wiedergabe der Physiognomie des abgebildeten Gegenstands handelt, kann dann der Maler ein echtes Kunstwerk schaffen.

---

[252] Ebd., S. 20.
[253] Ebd., S. 80.
[254] Ebd., S. 61.
[255] Collingwood, R. G., *The Principles of Art*, London/New York, Oxford University Press, 1958, S. 277-278.

Die Schwierigkeit dieser Sichtweise liegt auf der Hand. Wenn nun der Malprozess eines Bildwerks nur ein gefühlsmäßiges Verhältnis zu dem was dargestellt wird ausmacht, und wenn dieses mit der Art und Weise des Darstellens so wenig zu tun hat, worin besteht dann die Möglichkeit der Rezeption des Bildes als Kunstwerk? Wie könnte das Bild in diesen Maße vor dem Wahrnehmungsprozess des Zuschauers, der keine direkte emotionale Verbindung zum vom Künstler gewählten abgebildeten Gegenstand hat, der nicht wie der Künstler den Widerstand und den Impuls des stofflichen Materials erfährt, immer noch als Kunstwerk fortbestehen? Die Emotionstheorien bahnen in Wahrheit nur einen Weg, um diese Fragen zu verstehen. Einen Weg aber, der buchstäblich zu einer Ähnlichkeitstheorie des ästhetischen Ausdrucks führt. Doch es bleibt zu begründen, auf welche Weise denn die Emotionen des Künstlers sich auf die Emotionen des Zuschauers übertragen lassen. Eine mögliche Begründung dieses Übertragungsprozesses bietet zum Beispiel Wassily Kandinsky – besonders mit seinem Begriff der „Vibration". Kandinsky vertritt die These, dass es eine Kongruenz – und damit eine Identität – von Ausdruck und Gefühl in den künstlerischen Bildern gibt. Er spricht im Besonderen von einer durch Gefühle vermittelten Vibration, die eine reine emotionale Übertragung des Bildwerks – das heißt, vom Künstler zum Beschauer – erlaubt:

„Das Kunstwerk besteht aus zwei Elementen: aus dem *innern* und aus dem *äußern*. Das innere Element, einzeln genommen, ist die Emotion der Seele des Künstlers. Die Emotion hat die Fähigkeit, eine im Grunde entsprechende Emotion in der Seele des Beschauers hervorzurufen. Solange die Seele mit dem Körper verbunden ist, kann sie in der Regel Vibrationen nur durch die Vermittlung des Gefühls empfangen. Das Gefühl ist also eine Brücke vom Unmateriellen zum Materiellen (Künstler) und vom Materiellen zum Unmateriellen (Beschauer). Emotion – Gefühl – Werk – Gefühl – Emotion."[256]

Diese Vibration, die zu einer Art emotionaler Identität zwischen Künstler und Beschauer führt, hat für Kandinsky eine musikalische Begründung: jede Farbe drückt ein bestimmtes Gefühl aus – zum Beispiel Angst, Freude, Frieden, Schmerz –, die dieselbe Wirkung einer musikalischen Harmonie hat.[257] Die Invariabilität solcher vermittelten Gefühle schafft nach Kandinskys Theorie eine eindeutig reine Übertragung des Gefühls des Künstlers. „Jedes Werk und jedes einzelne Mittel des Werkes verursacht in jedem Menschen ohne Ausnahme eine Vibration, die im Grunde der des Künstlers identisch ist."[258] Wäre also diese Formulierung plausibel, so wäre auch keine Unterscheidung zwischen zum Beispiel religiösen und künstlerischen Bildern mehr möglich. Und das scheint übrigens die Absicht von Kandinsky zu sein, denn seine Theorie ist durch und durch ganz eng mit einer mythischen und religiösen Weltanschauung verbunden.

Die von Kandinsky eingeführte triadische Formel – *Werk-Gefühl-Emotion* – folgt ganz genau der Rundfunkformel *Sender-Botschaft-Empfänger*. Das Bild wird in dieser Hinsicht als eine Art Übertragungskanal zwischen Künstler (Sender) und Betrachter (Empfänger) dienen. Und das bedeutet hauptsächlich:

---

[256] Kandinsky, Wassily, *Essays über Kunst und Künstler,* Hrsg. und kommentiert von Max Bill, Bern, Benteli-Verlag, 2. Aufl., 1963, S. 63.
[257] George Santayana spricht auch von einer „Vibration", die nicht nur mit der Musik geschieht, sondern auch mit dem Erscheinen der gemalten Farbe. So Santayana: „we need not be surprised that the high rate of vibration which yields a sharp note to the ear should involve somewhat the same feeling that is produced by the high rate of vibration which, to the eye, yields a violet colour." Und als weitere Formulierung dieser These, die uns sehr wohl an Kandinskys Versuch erinnert die Farbe mit Tönen zu verbinden, fügt er hinzu: „There are certain effects of colour which give all men pleasure, and others which jar, almost like a musical discord. A more general development of this sensibility would make possible a new abstract art, an art that should deal with colours as music does with sound." Santayana, George, *The sense of Beauty. Being the outline of aesthetic theory*, New York, Dover Publications, 1955, S. 47.
[258] Kandinsky, Wassily, *op. cit.*, S. 51.

das Bild schließt immer etwas Determiniertes ein, etwas Unmodifiziertes, was im Endeffekt die emotionale Ähnlichkeitsbeziehung, die identische Vibration erlaubt.[259] Trotz der angeblichen emotionalen Deckung gibt es jedoch im suggestiven Begriff der „Vibration" – das heißt die von Kandinsky eingeführte Verbindung von Körper und Seele – bereits die implizite Idee einer Zusammenwirkung von Ausdruck und Bewegung, die, wie wir gesehen haben, ein ausgeprägtes Charakteristikum des reinen Ausdruckssinns, des physiognomischen Formerlebnisses ist. Was die Emotionstheorien der Kunst aber teilweise nicht berücksichtigen ist, dass das körpergebundene, physiognomische Schauen keine Transparenz der Symbolbeziehung annimmt, denn es ist vielmehr eine artikulierte Sinnerzeugung des unmittelbar sinnlich Wahrgenommenen, der konkreten lebendigen Kraft der sinnlichen Existenzform des Bildes. Die Rundfunkformel (Sender-Botschaft-Empfänger) als Muster einer passiven Übertragung des Gefühls setzt von Anfang an zugleich eine

---

[259] Wir finden eine ähnliche Auffassung in Anton Mayers Reflexionen über das Wesen des Gefühls in der bildenden Kunst. Für Mayer ist das Verhältnis zwischen Beschauer und Kunstwerk „ein in erster Linie gefühlsmäßiges Verhältnis." Er bezeichnet dieses Verhältnis aber als eine Art sympathetische Resonanz, die sich aus einer symbolischen vermittelnden Korrespondenz des Gefühls ergibt, oder wie auch Mayer formuliert, einer „Vorstellungskoinzidenz des Künstlers und Beschauers". „In denjenigen, bei welchen eine *Gefühlskoinzidenz* eintritt," – so stellt er dann fest – „wird durch das ästhetische Erlebnis ein Lustgefühl ausgelöst, bei den andern nicht." Diese Übereinstimmung des Gefühlsausdrucks ist für Mayer bereits ein symbolischer Prozess. Ein Prozess aber, der eine Art Dekodierung des Gefühls des Künstlers voraussetzt. Um diesem Dekodierungsprozess zu erklären, gibt Mayer das folgende Beispiel: „Denn wir haben alle schon die Erfahrung gemacht, dass wir etwa bei Betrachtung einer Landschaft, welche in uns irgendwelche Empfindungen loslöste, unsere Gefühle symbolisierten, indem wir etwa ‚Melancholie' eines Sonnenunterganges verspürten. Nun plötzlich stehen wir wieder einem Sonnenuntergang gegenüber – aber keinem natürlichen, sondern einem bereits symbolisierten, vom Künstler als Gefühlssymbol empfundenen und uns im Kunstwerk vermittelten Sonnenuntergang. Uns bleibt also zunächst nicht übrig, als etwa schon einmal Symbolisiertes noch einmal zu symbolisieren, d. h. wir müssen uns das Objekt des Kunstwerks unsymbolisiert vorstellen, und selbst symbolisieren. Dann können wir sehen, ob unsere Symbolisierung mit derjenigen des Künstlers, die wir auf der Leinwand vor uns sehen, übereinstimmt. (...) Ist dies der Fall, so ‚gefällt' uns das Bild. Sehr häufig wird dies aber nicht der Fall sein, sondern entweder unser oder des Künstlers Symbolisierungsvermögen wird sich als stärker erweisen. Im ersten Falle wird uns das Bild ‚schwach', es gefällt uns nicht; im zweiten Falle können wir begeistert zustimmen, oder auch, von der Stärke der künstlerischen Kraft zurückgestoßen, das Bild ablehnen." Mayer, Anton, *Der Gefühlsausdruck in der bildenden Kunst*, Verlegt bei Paul Cassirer in Berlin, 1913, S. 59-72.

passive Artikulation des Wahrnehmens und damit des Fühlens selbst voraus. Impliziert aber nicht eine kunstästhetische Idee von Ausdruck und Bewegung das Gegenteil davon, nämlich keine vorgegebene emotionale Übereinstimmung von Bild und Ausdruck?

Eine Antwort auf diese Frage kann nach zwei Kriterien gegeben werden: erstens nach dem Kriterium der Dynamik des ästhetischen Gefühlsausdrucks; zweitens nach dem Kriterium der künstlerischen Form. Die folgende Formulierung von Cassirer zeigt uns ganz genau die unentbehrliche Vereinigung beider. Gegen eine Wirkungsästhetik des Ausdrucks und gegen eine bloße Reduktion der Kunst auf bestimmte und einige emotionale Qualitäten, argumentiert Cassirer wie folgt:

„Wer also versucht, ein Kunstwerk durch ein bestimmtes emotionales Merkmal zu charakterisieren, der wird ihm nicht wirklich gerecht werden können. Wenn die Kunst nicht einen bestimmten Zustand auszudrücken versucht, sondern den dynamischen Prozeß des inneren Lebens selbst, dann könnte eine solche Bestimmung allenfalls flüchtig und oberflächlich ausfallen. *Die Kunst liefert uns nicht bloße Emotion, sondern »Motion«* – *Bewegung*. Selbst die Unterscheidung zwischen tragischer und komischer Kunst ist eher konventionell als notwendig. Sie beruht sich auf den *Inhalt* und die *Motive*, nicht auf die *Form* und das Wesen der Kunst."[260]

Bewegung bedeutet also hier sicherlich nicht denjenigen Bewegungseindruck, den manche Bilder vermitteln – wie etwa figürliche Darstellungen von Feuerflammen – und der nach William Hogarths Bezeichnung dem Wesen des Bildes angehört.[261] Bewegung ist vielmehr von Cassirer metaphorisch verwendet um die immanente Dynamik des künstlerischen Ausdrucks, die freie Gliederung des ästhetischen Gefühls zu bezeichnen und zu betonen. Der grundle-

---

[260] Cassirer, Ernst, *Versuch über den Menschen*, A.a.O., S. 230. Die Hervorhebung ist von mir.
[261] Hogarth, William, *The Analysis of Beauty*, Edited with an Introduction and Notes by Ronald Paulson, New Haven & London, Yale University Press, 1997, S. 3.

gende Unterschied von Inhalt und Form ist hier in der Tat von extremer Bedeutung. Denn man kann allerdings bezüglich des Inhalts eines Bildes eine dargestellte Figur traurig nennen, wenn ihr zum Beispiel ein melancholisches Gesicht entspricht. Die Tatsache aber, dass die bildliche Figur in ihrer eigenen gezeichneten Physiognomie als traurig erscheint, bedeutet keineswegs, dass das ganze Bild traurig ist oder, wenn man so will, dass es als traurig wahrgenommen und gefühlt wird. Otto Baensch hat diesen Gedanken lakonisch so formuliert: „the objective feeling that belongs to a picture of such a sad person need not itself be sadness."[262] Inwieweit kann man deshalb sagen, dass solche Gemälde wie zum Beispiel *Der Schrei* von Edvard Munch ein trauriges Bild, dass *Blue Nude I* von Henri Matisse[263] ein fröhliches Bild, und dass *Number 32* von Jackson Pollock, weil es keine figurative Szene dargestellt ist,

---

[262] Baensch, Otto, *Art and Feeling*, in: *Reflections on Art. A source book of writings by artists, critics, and philosophers*, A.a.O., S. 10-36, S. 12. Eine andere Meinung hat zum Beispiel Derek Matravers. Seiner Meinung nach haben Gefühle, die sich aus einer figürlichen Darstellung ergeben dieselbe Wirkung wie ein wirklicher Gegenstand. So argumentiert er: „We react to works which describe a sad situation in much the same way as we would react to situation itself." Und als Beispiel dafür fügt er hinzu: „It takes no special aesthetic insight to predict that a painting of a young urchin holding a broken doll and rubbing her tear-filled eyes will pass as a sad painting, and there is no problem in explaining how a painter may be aware in advance that a reasonably good representation of such a scene will inherit its emotional quality." Matravers, Derek, *Art and Emotion*, New York, Oxford University Press, 2001, S. 215-218. Sicherlich kann man gewissermaßen eine emotionale Empathie in einigen Akten des Betrachtens und des Schaffens voraussetzen. Eine einfache Verallgemeinerung dieser Empathie scheint allerdings problematisch. Die angebliche Tatsache, dass die Darstellung eines traurigen Gesichts dem Ausdruck eines wirklich traurigen Gesichts gleicht, stellt unsere körpergebundene emotionale Erfahrung nicht in Frage, denn wenn wir diese Letztere direkt erleben, zeigt sich ein unmittelbares lebendiges Verhältnis zwischen zwei Körpern, zwischen zwei Gesichtern. Die Gefühle, die wir dadurch erfahren können, sind nicht nur die Gefühle eines anderen Menschen, sondern auch unser Mitleid. Oder wenn man so will, seine Traurigkeit setzt auch unsere Gefühle ins Spiel, denn unser Gegenpart nimmt auch unsere Gefühle wahr, im Gegensatz zu einer bildlichen Darstellung eines oder seines Gesichts. Deshalb kann ein Bild nicht ein direktes *Körper-zu-Körper-Verhältnis* durch ein mittelbaren *Körper-Bild-Verhältnis* ersetzen oder diesem gleichgesetzt werden.

[263] Selbst Matisse hat sich gegen ein beherrschendes Gefühl in seiner Malerei geäußert. Nach seiner Meinung ist der Gefühlsausdruck keine bestimmte Qualität einer Figur oder Szene, sondern die Gefühle gehören im Gegenteil zur gesamten sinnlichen Komposition des Bildes. So Matisse: „L'expression, pour moi, ne réside pas dans la passion qui éclatera sur un visage ou qui s'affirmera par un mouvement violent. Elle est dans toute la disposition de mon tableau: la place qu'occupent les corps, les vides qui sont autour d'eux, les proportions, tout cela y a as part. La composition est l'art d'arranger de manière décorative les divers éléments dont le peinture dispose pour exprimer ses sentiments." Matisse, Henri, *op. cit.*, S. 42.

ein emotionsleeres Bild sei? Selbst ungegenständliche Bilder können eine bestimmte emotionale Wirkung verursachen.[264] Entspricht diese emotionale Wirkung jedoch allein der ästhetischen Artikulation von Gefühlen? „Es ist eine wohlbekannte Tatsache", wie Cassirer anerkennt, „dass jeder Ausdruck eines Gefühls eine mildernde Wirkung hat. Ein Schlag mit der Faust kann unsere Wut besänftigen; ein Tränenausbruch kann uns von Kummer und Trauer erleichtern."[265] Jeder Gegenstand oder jede Situation kann in uns gewissermaßen bestimmte Reaktionen hervorrufen. Andererseits, wenn jedes künstlerische Bild ein bestimmtes Gefühl zum Ausdruck bringen könnte, so gäbe es auch in Wahrheit keinen echten ästhetischen Ausdrucksprozess mehr, sondern die Gefühle würden vielmehr als angedeutet erfahren werden. „Die Vorstellung, dass Ausdruck die direkte Ausstrahlung eines in sich geschlossenen Gefühls sei," – so sagen wir mit John Dewey – „bedingt logischerweise den Gedanken, Individualisierung sei nur äußerlich und trügerischer Schein. Denn folgt man ihr, so ist Furcht gleicht Furcht, Stimmung gleich Stimmung, Liebe gleich Liebe, jedes in der Art gleich und nur durch Intensitätsunterschied vom anderen getrennt. Wäre dieser Gedanke richtig, so fielen Kunstwerke notgedrungen in ganz bestimmte Kategorien."[266]

Was Dewey in diesem Sinne vertritt, vertritt auch Cassirer mit ähnlicher Deutlichkeit. Das Kunstwerk hat, wie er in gleicher Weise bemerkt, im Gegensatz zu den religiös-mythischen Kulturobjekten „kein bestimmtes Temperament".[267] Die Überwindung der magischen und religiösen Kraft des Bildes ist eine unerlässliche Bedingung für die Entstehung und Entwicklung des Bildes als Kunstwerk. Die „ästhetische Freiheit", die die Kunst als selbständige

---

[264] Vgl. darüber etwa Elkins, James, *Pictures & Tears. A History of People Who Have Cried in Front of Paintings*, New York/London, Routledge Chapman & Hall, 2001.
[265] Cassirer, Ernst, *Vom Mythus des Staates*, A.a.O., S. S. 64.
[266] Dewey, John, *op. cit.*, S. 82.
[267] Cassirer, Ernst, *Versuch über den Menschen*, A.a.O., S. 231.

kulturelle Artikulationsform schafft, so betont andererseits Cassirer, „bedeutet nicht Abwesenheit von Leidenschaft", sondern sie drückt immerhin aus, „dass unser Gefühlsleben ihre größte Kraft gewinnt und gerade in dieser Kraft seine Form wandelt. Denn hier leben wir nicht mehr in der unmittelbaren dinglichen Wirklichkeit, sondern in einer Welt reiner Sinnesformen. In dieser Welt erfahren unsere Gefühle ihrem Wesen und Charakter nach eine Art von Gestaltwandel."[268] Daraus lässt sich also schließen, dass unsere sozusagen ästhetischen Gefühle eine neue Dynamik dank der artikulierten sinnlichen Form der Kunst erwerben, dass das ästhetische Verhältnis von Form und Gefühl auf eine Transformation verweist, deren symbolische Natur nicht gleichbedeutend mit unserer Alltagserfahrung ist. Auf dieser Weise, so lässt sich hiermit schließlich feststellen, bedeutet eine solche Transformation, ein solcher „Gestaltwandel", ein kennzeichnendes Moment des Ästhetischen, der sich aus diesem Grunde für die Prägnanzbildung der Kunst als konstitutive und differenzierte Dimension setzt.

5.6 Schluss

Mit der Einbeziehung der Frage nach dem Gefühlsausdruck innerhalb unserer kulturphilosophischen Deutung des Bildbegriffs hat sich vor allem gezeigt, dass das Verhältnis von Bild, Wahrnehmen und Fühlen sich nicht nur auf die piktorischen Inhalte und Motive des Darstellens stützt, sondern bereits auf seine eigene symbolische Gliederung. Denn zwar sind emotionale Qualitäten, die bildlich vermittelt werden, das Ergebnis von bestimmten abgebildeten Gegenständen oder einer Szene – wie es sich am deutlichsten im Fall von

---

[268] Ebd., S. 228-229.

Symbolkonfigurationen zeigt, die einen Korrespondenz-Charakter besitzen –, aber sie sind auch zugleich der Beweggrund für den Sinnerzeugungsprozess und für die Differenzierung des Bildes selbst: das heißt, Gefühle werden nicht passiv rezipiert und übertragen; sie bilden grundsätzlich ein aktives Hauptmoment der Prägnanzbildung und der Symbolbeziehung. Dass die Kunst angesichts ihrer symbolischen Immanenz diese zweite und aktive Dimension besonders verstärkt, bedeutet andererseits eine Hebung der Ausdruckskraft des Bildes und damit auch eine Akzentuierung seiner internen piktorischen Eigenschaften. Wenn die Bilder der Kunst – und die Kunst überhaupt – diese Schlagkraft hat, um unserem Gefühlsleben eine neue Dynamik zu geben, dann fragt man sich, inwiefern ist diese Wandlung möglich oder anders formuliert, was sind die spezifischen Merkmale, die ihre symbolische Prägnanz begründen? Wir befinden uns in diesem Sinne in der wesensgemäßen Prägnanzrichtung des Ästhetischen sozusagen auf den *Weg zum Bild*, nämlich zu seiner kulturellen Differenz als künstlerische Symbolkonfiguration. „Differenz" soll deshalb unser Schlüsselwort für die Anordnung des nächsten Kapitels sein.

6

FORM UND DIFFERENZ
DIE INDIVIDUALITÄT DES BILDES ALS KUNSTWERK

Über die künstlerischen Bilder wird oft mit Recht gedacht und gesagt, dass sie im Gegenteil zu den konventionellen Bildarten eine ästhetische Erfahrung hervorrufen, die wesentlich mit dem sinnlichen Erlebnis einer unvergleichbaren Besonderheit verknüpft ist, deren Wesen sich einer bestimmten Wahrnehmung des Bildwerks verdankt. Kunst ist in diesem ersten Sinne gleichbedeutend mit Differenz. In Museen, in Galerien oder im Atelier des Künstlers beginnt sich eine selbständige Welt zu entfalten – die Kunstwelt –, die ihre eigene Identität und Autarkie trägt und dank der wir auch unsere eigenen Gefühle, Vorstellungskraft, Erwartungen und Denkart in einer neuen Art und Weise artikulieren können. Kunst ist in diesem zweiten Sinne gleichbedeutend mit Individualisierung. Diese Formulierungen enthalten aber mindestens zwei Grundprobleme. Was verbirgt sich dann aber in dieser ästhetischen Differenz, die zu einer originellen Individualisierung unseres Daseins führt? Und wie gelangt das Bild, als Kunstwerk verstanden, zu diesem Einheitserlebnis? Beide Fragen, die sich hiermit aus der Ebene der kunstästhetischen Erfahrung ergeben, kehren auf die Ausgangsebene der symbolischen Prägnanz zurück, da das, was die symbolische Artikulation des Sinnlichen begründet, seinerseits, wie wir im vorletzten Kapitel gesehen haben, immer ein Spannungsverhältnis von Wahrnehmungsformen und materiell fixierten Formen (wie zum Beispiel Bilder oder andere sinnlich wahrnehmbare Kulturmedien) erfordert, mittels welchem eine Bestimmung und Differenzierung von jedem Formerlebnis ermöglicht wird. Ein Wiederkehren auf eine solche Ausgangsebene bedeutet parallel eine unvermeidliche Auseinandersetzung mit den allgemeinen Prägnanzmodi unserer Wahrnehmung, nämlich mit denjenigen Merkmalen, die keine akzentuierte Relevanz für die Symbolbildung haben oder die sogar die kunstästhetische Prägnanz selbst beschränken können. Die Emphase des Sinnlichen, die die kunstbildlichen Symbolkonfigurationen ans Licht bringen, beziehen aus diesem Grunde eine weitere Vertiefung der Korrelation von Wahrnehmung und Sinn ein, im Hinblick sowohl auf das Bildsehen als auch auf das Bildschaffen. Um sich die ästhetische Differenz der Kunst besser zu veranschaulichen, benötigen wir dann gleicherweise eine Einverleibung des schöpferischen Tuns des Künstlers als Bestandteil des Individualisierungsprozesses, dem die künstlerische Formgebung den Weg frei macht. Auf diese Weise wird in diesem Kapitel die Frage nach der Individualität des Bildes als Kunstwerk auf eine erste triadische Beziehung von *Schaffen-Werk-Sehen* zusammengezogen. Eine weitere zweite triadische Beziehung – *Werk-Sehen-Welt* – wird ebenso am Ende des Kapitels eingeführt um die Frage der Individualität mit der Frage der Individualisierung der sinnlichen Wirklichkeitsformen einzubeziehen.

6.1 Der Weg zum Bild. Die Bestimmung des Kunstästhetischen

Mit dem Grundverhältnis des Prägnanzbildungsprozesses zur symbolischen Artikulation des Bildes hat sich bisher gezeigt, dass die menschliche Wahrnehmung zu zwei Hauptbewegungen tendiert: die „Bewegung der Korrespondenz", die auf eine Synthese von Bild und Abgebildetem angewiesen ist und zugleich ein Übergewicht des Letzteren immer noch voraussetzt, lässt sich in ihren Grundzügen als ein *Weg aus dem Bild* schildern – das heißt, das Bild besitzt hier den Status eines Mittels zu einem außerbildlichen Zweck; die „Bewegung der Immanenz" hingegen und wie sie sinngemäß in der Kunst gegliedert ist, fordert eine echte Gegenrichtung des Prägnanzbildungsprozesses, einen anderen und unterschiedlichen Symbolbeziehungsmodus, dessen kulturelle Natur sich nicht auf die Grenzen der Abbildung beschränken lässt – sie ist (wie man sie bezeichnen kann) ein *Weg zum Bild*, nämlich Kraft einer starken Veränderung, die wir normalerweise in unserem Alltag erleben, artikulieren und verstehen.

Der Weg zum Bild und zur Autarkie des Ästhetischen setzt in erster Linie eine Auseinandersetzung der Kunstformen mit der gesamten Welt der kulturellen Artikulationsformen ins Spiel. Die Rede von einer Selbständigkeit der Kunst ist nicht zu denken ohne die Einbeziehung der Spannungsverhältnisse von Formen, die, wie wir schon mit Cassirer gesehen haben, in jedem Prägnanzprozess, in jedem Sinnerzeugungsprozess von Anfang an präsent ist. Bereits die Welt der symbolischen Formen in ihrer Entwicklung zeigt uns, dass das Kulturmedium Bild keineswegs eine selbständige Symbolkonfiguration war – wie sie heute in der Kunst erscheint. Die Auseinandersetzung der Kunst mit den symbolischen Formen ist auf entscheidende Weise durch das Hauptproblem der Entstofflichung der sinnlichen Zeichen geprägt. Sobald wir uns zum Beispiel der Entstehung und Entwicklung der Sprache nähern, stellt sich unmittelbar die Frage nach der Gliederung der sinnlichen Elemente der Zeichenartikulation, die mit der gradualen Linearisierung der gesprochenen und geschriebenen Sprache – und andererseits ihrer Vereinbarung dank der Unterordnung der Letzteren unter die Erste – eine beherrschte Verarmung der bildlichen Elemente der Sprache selbst bedeutet.[269] Überdies ist es so, dass diese ursprüngliche Bildhaftigkeit des Schriftzeichens – die sogenannte Bilderschrift – nur eine mimetische Funktion erfüllt, denn, wie Cassirer auch sagt, das Bild hat hier „noch keinerlei Bedeutungs- und Mitteilungscharakter"; das Bild „tritt vielmehr für den Gegenstand selbst ein; es ersetzt ihn und steht für ihn."[270] Die schriftlichen Bildzeichen beziehungsweise Piktogramme waren also immer noch Träger des magischen Wirkens des Gegenstandes selbst, sie waren nach Cassirer vornehmlich „eine Art dämonischer Doppelgänger des Gegenstandes".[271] Freilich dürfen wir nicht unterstellen, dass der kulturelle Übergang von Bildzeichen zum reinen Sprachzeichen kein einflussreiches Gewicht für ein Bildbewusstsein beigetragen habe. Cassirer sieht in einer solchen Entwicklung des sprachlichen Ausdrucks einen wichtigen Faktor sowohl „für den Aufbau des Bewusstseins", als auch „für den Aufbau der reinen Phantasiewelt", nämlich für die Überwindung der magischen Indifferenz „zwischen »Phantasie« und »Wirklichkeit«, zwischen »Bild« und »Sache«, zwischen dem »Vorgestellten« und dem »empirisch-Realen«".[272]

Diese Tendenz zur Entstofflichung des Bildes, wie sie sich in der Welt der Sprache verwirklicht hat, zeigt sich auch auf entscheidende Weise in der religiösen Welt. Denn das religiöse Bildbewusstsein schafft gegenüber der mythischen Bildwelt eine neue Sinnmodalität der symbolischen Artikulation. Ihre Prägnanz – das heißt, die symbolische Richtung der Artikulation – ergibt sich nicht nur nach Cassirers Auffassung nicht aus einer bloßen Überwindung

---

[269] Vgl. darüber Leroi-Gourhan, André, *Le geste et la parole. I. Technique et langage*, Paris, Éditions Albin Michel, 1964, S. 293.
[270] Cassirer, Ernst, *Philosophie der symbolischen Formen, Zweiter Teil: Das mythische Denken*, A.a.O., S. 284. Vgl. darüber auch Friedrich, Johannes, *Geschichte der Schrift. Unter besonderer Berücksichtigung ihrer geistigen Entwicklung*, Heidelberg, Carl Winter, Universitätsverlag, 1966, S. 19.
[271] Cassirer, Ernst, *op. cit.*, S. 285.
[272] Cassirer, Ernst, *Die Sprache und der Aufbau der Gegenstandswelt*, In: *Symbol, Technik, Sprache*, A.a.O., S. 143-144.

der alten mythischen Gestaltungen, sondern vielmehr aus einer Veränderung des mythischen Formverhältnisses von Bild und Sinn. Mit dem religiösen Bildbewusstsein werden Bilder und andere Zeichen zu „Ausdrucksmittel[n], die, wenn sie einen bestimmten Sinn offenbaren, notwendig zugleich hinter ihm zurückbleiben, die auf diesen Sinn ‚hinweisen', ohne ihn jemals vollständig zu erfassen und auszuschöpfen."[273] In dieser Scheidung des Bildes und des Abgebildeten, in dieser Verstärkung des Korrespondenz-Charakters des Sinns, dessen symbolische Dimension sich nicht auf das Sinnliche reduzieren lässt, nähern sich jedoch buchstäblich die bildlichen Ausdrucksformen dem Entwicklungsprozess der sprachlichen Ausdrucksformen an,[274] da diese neue Form der Bildartikulation, und damit ihre Annäherung an die Konfiguration der sprachlichen Zeichen, eine Form der Negation gegen die sinnlichen Elemente der Artikulation selbst voraussetzt. Um eine deutliche Trennungslinie zwischen mythischer Glaubenswelt und religiöser Bildwelt zu erreichen, muss die religiöse Form, die konkret-sinnliche Dimension ihrer Symbole, in ein neues Verhältnis zum Ganzen der göttlichen Vorstellungen eintreten. Eine Kritik an der mythischen Bildwelt hängt von Anfang an von einer Kritik an der bloßen magischen Unmittelbarkeit des Symbols ab. So kann die Religion, wie Cassirer betont, die „Kritik dieser Bildwelt nicht vollziehen, ohne zugleich das wirkliche Dasein in sie einzubeziehen."[275] Dass diese Kritik des Sinnlichen eine entscheidende Rolle für die Emanzipation der Kunst gespielt hat, zeigt sich besonders zum Beispiel im sogenannten religiösen Bildverbot und dem Ikonoklasmus der Reformationszeit, die einen bedeutungsvollen

---

[273] Cassirer, Ernst, *Philosophie der symbolischen Formen, Zweiter Teil: Das mythische Denken*, A.a.O., S. 286.
[274] Zu dieser religiösen Verbindung vom Bild und Wort Vgl. zum Beispiel Wenzel, Horst, *Hören und Sehen, Schrift und Bild: Kultur und Gedächtnis im Mittelalter*, München, C. H. Beck, 1995.
[275] Cassirer, Ernst, *op. cit.*, S. 286.

Einfluss für die Säkularisierung des Bildwerks beigetragen haben.[276] Mit dieser Bildkritik allein ist der grundlegende Unterschied der religiösen Bildartikulation nicht charakterisiert. Die entsprechende gewaltsame mythische Konkreszenz von Bild und Sinn wird nach Cassirers Meinung teilweise mit der Autonomisierung des religiösen Lebens in „Konflikt" treten. Hier zeigt sich aber ein „Ineinander und Gegeneinander von 'Sinn' und 'Bild'", was zu den Wesensbedingungen des Religiösen gehört. „Könnte an Stelle dieses In- und Gegeneinander", so fasst Cassirer das zusammen, „jemals das reine und völlige Gleichgewicht treten, so wäre damit auch die innere Spannung der Religion aufgehoben, auf der ihre Bedeutung als 'symbolische Form' beruht."[277] Denn diese Spannung von Bild und Sinn, „dieser ständige Versuch, sich vom bloß Bildhaften zu lösen und die ständige Notwendigkeit, zu ihm zurückzukehren, bildet ein Grundmoment des religiösen Prozesses selbst, wie er sich in der Geschichte vollzieht."[278]

Die neuen Artikulationsmodi, die die Kunst als selbständige kulturelle symbolische Form schaffen wird, ergeben sich daher nicht allein aus einer unmittelbaren Anerkennung der Herrschaft der Kunst, sondern der Gewinn der Prägnanz des Bildes als Kunstwerk bedeutet in diesem Sinne zugleich einen Prägnanzverlust des Bildes als konventionelles Kulturmedium. Eine Antwort auf das „Gleichgewicht" von Bild und Sinn, auf die Überwindung des Gegensatzes von Sinnlichem und Geistigem soll in diesem Maße nach Cassirers Auffassung in der Kunst gesucht werden. „Die Forderung dieses

---

[276] Vgl. Cassirer, Ernst, *Der Begriff der symbolischen Form im Aufbau der Geisteswissenschaften*, In: *Wesen und Wirkung des Symbolbegriffs*, A.a.O., S. 188-191. Vgl. darüber auch Belting, Hans, *Bild und Kult. Eine Geschichte des Bildes vor dem Zeitalter der Kunst*, A.a.O., S. 510-545.
[277] Cassirer, Ernst, *Philosophie der symbolischen Formen, Zweiter Teil: Das mythische Denken*, A.a.O., S. 310-311.
[278] Cassirer, Ernst, *Der Begriff der symbolischen Form im Aufbau der Geisteswissenschaften*, In: *Wesen und Wirkung des Symbolbegriffs*, A.a.O., S. 189.

Gleichgewichts", wie er ausdrücklich betont, „weist somit in eine andere Sphäre. Erst wenn wir von der mythischen Bildwelt und von der Welt des religiösen Sinnes auf die Sphäre der Kunst und des künstlerischen Ausdrucks herüberblicken, zeigt sich der Gegensatz, der die Entwicklung des religiösen Bewußtseins beherrscht, wenn nicht aufgehoben, so doch gewissermaßen beruhigt und beschwichtigt."[279] Dies erfordert aber eine Erklärung. Wenn die künstlerischen Bilder in der Lage sind, eine solche sozusagen Dissonanz von Sinnlichem und Sinn zu überbrücken, was folgt daraus für den Prägnanzprozess? Oder besser formuliert: welche neue unterschiedliche Bestimmung trägt der ästhetische Sinnerzeugungsprozess bezüglich des innewohnenden Korrespondenz-Charakters der konventionellen Bilder? Was macht den Weg zum Bild möglich?

6.2 Expressive Individualität

6.2.1 Die Umdrehung der Prägnanzbildung

Es besteht der Grund zur Annahme, dass in der menschlichen Anordnung des Sinnlichen eine allgemeingültige Tendenz zur Kategorisierung des Gegebenen unter bestimmte Wirklichkeitsdeutungen und Sinngliederungen geschieht, die dazu führt, so müsste man folgern, dass das, was wir als Erfahrung erleben und verstehen, auch mit einer Zurückhaltung des Sinnlichen verknüpft ist. Diese Tatsache wirft nicht nur Licht auf die Frage nach der symbolischen Gestaltung der menschlichen Erfahrung, sondern sie wird innerhalb der Kunst als ein echter kritischer Maßstab für die Formulierung und Differenzierung

---

[279] Cassirer, Ernst, *Philosophie der symbolischen Formen, Zweiter Teil: Das mythische Denken*, A.a.O., S. 311.

der ästhetischen Erfahrung gelten. Mag die künstlerische Anschauung zum Beispiel die Kantische Welt des unbegreiflich Schönen oder die Hegelsche Welt des Scheins gegen die Welt des Wirklichen als alternative Welten und als Hauptkategorien des Ästhetischen setzen, mag die moderne Malerei den Primat der Farbe über die Zeichnung als Vehikel der reinen Empfindung des Natürlichen im Impressionismus, oder als Vehikel des emotionalen Seelenzustands des Künstlers im Expressionismus fördern, so verstärkt sich damit immer mehr das Streben nach einer unerlässlichen Überwindung der alltäglichen Grenzen der menschlichen Sinnlichkeit und Einbildungskraft. Darauf beruht die ästhetische Eigenart des Künstlerischen: sie bietet nicht nur neue Erfahrungsformen; sie setzt sich auf einmal gegen die fortwährende Konventionalisierung der Form durch.

Als Weg zur Form ist daher der Weg zum Bild ein entgegengesetzter Weg. Er fordert sowohl eine Befreiung des Künstlerischen von der mythisch-religiösen Bildwelt und von den sprachlichen Ausdrucksformen als auch eine andere kulturelle symbolische Bestimmung des menschlichen Wahrnehmens und Erschaffens bezüglich der Art und Weise wie wir das Sinnliche erfahren und im sinnlichen Ausdruck unsere Kreativität suchen. Beide Forderungen gewinnen im künstlerischen Bild ein Equilibrium, das, wie Cassirer zugesteht, ein neues Verhältnis von Sinn und Sinnlichkeit impliziert. In der symbolischen Form der Kunst, so schreibt er,

„gewinnt die Bildwelt, die der Geist der bloßen Sach- und Dingwelt gegenüberstellt, eine reine immanente Geltung und Wahrheit. *Sie zielt nicht auf ein anderes und verweist nicht auf ein anderes; sondern sie 'ist' schlechthin und besteht in sich selbst.* Aus der Sphäre der Wirksamkeit, in der das mythische Bewußtsein, und aus der Sphäre der Bedeutung, in der das sprachliche Zeichen verharrt, sind wir nun in ein Gebiet versetzt, in dem gleichsam nur das reine 'Sein', nur die ihm eigene innewohnende Wesenheit des Bildes als solche ergriffen wird. *Damit erst formt sich die Welt des Bildes zu einem in sich geschlossenen Kosmos*, der in seinem eigenen

Schwerpunkt ruht. Und nun erst vermag auch der Geist zu ihr ein wahrhaft freies Verhältnis zu finden."[280]

Der Anspruch, der mit dieser Formulierung erhoben wird, ist ausschließlich der, dass der Status des Bildes als Kunstwerk – in seinem Immanenz-Charakter und in seiner eigenen ästhetischen Differenz verstanden – eine neue Konfigurationsform verlangt, die sich ihrerseits nicht mehr auf die Korrespondenzsinnrichtung der konventionellen Symbolik begrenzt, die dagegen eine besondere Sinnrichtung ans Licht bringt, deren Prägnanz zu einer Individualisierung des Sinnlichen führt. Das Spezifische an dem ästhetischen Sinn liegt darin, dass er selbst aus dem Sinnlichen im Werk konfiguriert kommt – oder auch: er ist ein Sinn des Sinnlichen. Diesem Verhältnis von Sinnlich und Sinn folgt daher ein entgegengesetzter Weg der Prägnanzbildung. Die Entstehung des Sinns wird hier nur erdenklich, wenn die Sinnlichkeit sich von der Zweckdienlichkeit des Konventionellen frei macht. Ich finde keine bessere Formulierung eines Künstlers über einen solchen „geschlossenen Kosmos" des Bildes, den Cassirer hier anspricht, und über dessen notwendige Überwindung des Korrespondenz-Charakters des Konventionellen als folgende lakonischen, aber treffenden Wörter von Ad Reinhardt: „The image of art is not an image. Vision in art is not vision. The visible in art is visible. The invisible in art is invisible."[281] Artikulation im Sinne des künstlerisch Ästhetischen ist auf diese Weise eng an einen Prägnanzmodus gebunden, mittels welchem das Sinnliche zum Sinnlichen wird. Der Sinn – der ästhetische Sinn – stützt sich auf einen solchen Prozess und er besteht dadurch in dem Maße fort, als er sich von der Offenbarung des Sinnlichen nicht trennt.

---

[280] Ebd., S. 34. Die Hervorhebung ist von mir.
[281] Reinhardt, Ad, *Art-as-Art: the selected Writings of Ad Reinhardt*, Edited by Barbara Rose, Berkeley and Los Angeles, University of California Press, 1991, S. 67.

Aus der Bindung des Bildes an seine Sinnlichkeit folgt, wenn wir diese Untrennbarkeit mit dem Ausdruck „Immanenz" formulieren, dass die Gliederung der ästhetischen Erfahrung eine unterschiedliche Dimension des Symbolischen einschließt. „Die künstlerische Anschauung", so verfasst Cassirer, „blickt nicht durch das Bild hindurch auf ein anderes, das in ihm ausgedrückt und dargestellt wird, sondern sie versenkt sich in die reine Form des Bildes selbst und beharrt in ihr."[282] Das wiederum gelingt aufgrund einer referenzfreien Bestimmung und Artikuliertheit der Symbolbeziehung. Das Symbolisierte – das, was der Künstler ausgedrückt hat und was wir in seiner individuellen Eigenart als Erlebnis artikulieren – erscheint nicht mehr jenseits des Symbols; es lässt sich keineswegs außerhalb dieses Letzteren erleben und verstehen. Dafür kann die folgende Prämisse von Susanne Langer gelten: „A symbol that cannot be separated from its sense cannot really be said to refer to something outside itself."[283] Was das Bild angeht und wenn wir diesen Gedanken Langers in der Sprache Cassirers übersetzen möchten, so lässt sich schließen, „daß hier das Bild rein als solches anerkannt bleibt, daß es, um seine Funktion zu erfüllen, nichts von sich selbst und seinem Gehalt aufzugeben braucht."[284] Und dies besagt auch, wie Cassirer in diesem Bezugsrahmen argumentiert, dass mit dem Weg zum Bild, mit dem freien Verhältnis zum Sinnlichen „ein ideeller Fortschritt" in der menschlichen Kultur zum ersten Mal vorkommt, nämlich „dass der Geist in seinen eigenen Bildungen,

---

[282] Cassirer, Ernst, *Der Begriff der symbolischen Form im Aufbau der Geisteswissenschaften*, In: *Wesen und Wirkung des Symbolbegriffs*, A.a.O., S. 190.
[283] Langer, Susanne, *Feeling and Form. A theory of art developed from Philosophy in a New Key*, A.a.O., S. 380.
[284] Cassirer, Ernst, *Philosophie der symbolischen Formen, Zweiter Teil: Das mythische Denken*, A.a.O., S. 311.

in seinen selbstgeschaffenen Symbolen nicht nur ist und lebt, sondern dass er sie als das, was sie sind, begreift."[285]

Diese Umdrehung der Prägnanzbildung in der Kunst bedeutet vornehmlich zuerst eine Akzentuierung der internen Verweisungsstrukturen des Bildes, nämlich den Vorrang der vielfältigen Korrelationen unter seinen piktorischen Elementen – wie zum Beispiel das Spannungsverhältnis von Licht und Schatten, Linie und Gegenlinie – über die möglichen gegenständlichen Deutungen, die dem Bild in einigen Werken entsprechen können. Man kann in diesem Fall, in dieser Besonderheit des Ästhetischen von einer innewohnenden und irreduziblen Bildlichkeit sprechen, mittels welcher das Bildwerk als Kunstwerk zur Erscheinung kommt. Mit dieser neuen Sinnrichtung des Wahrnehmens, die die kunstästhetische Prägnanzbildung fordert, verläuft parallel eine Art Suspension der Prägnanz unseres alltäglichen Sehens. Die menschliche Tendenz zur Verallgemeinerung, zur Kategorisierung der sinnlichen Erfahrung unter bestimmten Qualitäten – was auch zu einem kontingentmäßigen Erlebnis des Sinnlichen selbst führt – wird sich in der ästhetischen Welt stark verringern. Aber fahren wir weiter fort um diesen Gedanken zu begründen und besser zu verstehen.

6.2.2 Die malerische Hebung der Bildlichkeit

Um gegenstandslose Bilder beziehungsweise abstrakte Gemälde zu bezeichnen, wird sehr oft des Terminus „Immanenz" verwendet; er wird in diesem Sinne bezüglich der figurativen Natur der kunstbildlichen Symbolkonfigurationen, oder, wenn man so will, bezüglich ihrer sichtbaren Formen verwendet/gebraucht. Und nicht selten werden auch das Plädoyer eines gegenstands-

---

[285] Ebd., 34.

freien Sehens und dadurch die Legitimierung einer gegenstandlosen Malerei mit der angeblichen Idee eines unschuldigen Auges, einer symbolfreien Wahrnehmung zusammengesetzt. Es ist aber ersichtlich, dass ein Immanenzbewusstsein der Kunst, wie zum Beispiel Max Imdahl formuliert, eine „Enthabitualiserung des Sehens"[286], eine „Befreiung vom denotativen Sehen"[287] einschließt – und diese sind gewissermaßen auch das Ergebnis und die Wirkung der kulturellen Stellung, die die gegenstandslose Malerei im Universum der Kunst erworben hat. (Die Prämissen der *suprematistischen* Malerei von Kasimir Malewitsch, eine radikale Zerstörung der Abbildung und eine „aeronautische" Perspektive der Erscheinungsformen – ein wahrer „Blick von oben" inspiriert durch die Technik der Luftfahrt –, die, anders als die von der *kubistischen* Malerei eingeführte Auflösung des Gegenstands, eine vollkommene Gegenstandslosigkeit des Bildes fordern, sind früher wie heute wichtige Zeichen dafür.)[288] Bei Cassirer aber, wie wir schon angedeutet haben, sind Kunst und Bilder der Kunst durch eine immanente Bestimmung geprägt, unabhängig davon, ob sie einen figurativen Gegenstandsbezug haben oder nicht. Deshalb ist Immanenz vielmehr als eine interne Relation der künstlerischen Form zu verstehen, die andererseits die Selbständigkeit und die *differentia specifica* der Prägnanzbildung in der Kunst absichert. Immanenz bedeutet also das ästhetische Symbolverhältnis, die unverwechselbare Sinnrichtung, die die Prägnanzbildung der künstlerischen Formen durchdringt, und gewiss nicht einen nicht-gegenständlichen Status der Kunst.

Wenn wir zum Beispiel ein Landschaftsbild ästhetisch richtig genießen, so bewegen wir uns – so Cassirer – nicht in einer Welt von „lebendigen

---

[286] Imdahl, Max, *Reflexion – Theorie – Methode*, Gesammelte Schriften, Band 3, Hrsg. von Gottfried Boehm, Frankfurt am Main, Suhrkamp Verlag, 1996, S. 295.
[287] Ebd., S. 284.
[288] Malewitsch, Kasimir, *Die Gegenstandlose Welt*, Übers. von Alexander von Riesen, Mainz/Berlin, Florian Kupferberg Verlag, 1980, S. 59.

Dinge[n]", sondern vielmehr von „»lebenden Formen«„, das heißt, wir bewegen uns „im Rhythmus der räumlichen Formen, in der Harmonie und im Kontrast der Farben, im Gleichgewicht von Licht und Schatten." Und aus dieser bildlichen Besonderheit, aus dieser Bildlichkeit, wie Cassirer hinzufügt, ergibt sich eine allgemeine Prämisse, die für jede künstlerische Erfahrung gültig ist: „Der Eintritt in die Dynamik der Form begründet das ästhetische Erlebnis."[289] In diesem Sinne lassen sich die piktorischen Elemente des Bildes – Rhythmus, Kontraste, Harmonie – nicht bloß auf die gegenständlichen Elemente des Dargestellten – wie zum Beispiel landschaftliche Motive – reduzieren. Denn in den kunstbildlichen Symbolkonfigurationen gibt es einen Primat der internen Gesetzmäßigkeit des Bildes – das heißt, das Bild bezieht sich nicht direkt auf etwas Dargestelltes, sondern das, was zum Bild wird, ist direkt auf Linien, Punkte, Farben, Perspektive, die in seiner materiellen Oberfläche erscheinen, bezogen. In diesem Sinne spricht auch zum Beispiel Georg Simmel von einer „inneren Wahrheit" des Kunstwerks; und diese, so erklärt er, „realisiert sich als ein Verhältnis der Elemente des Kunstwerks untereinander, und nicht als eine starre Gleichheit zwischen jedem derselben und einem ihm äußeren Objekt, das seine absolute Norm bilde."[290] Darüber kann man auch sagen, dass die interne Verweisungsstruktur des Bildes in der Kunst *verstärkt* wird; und diese Verstärkung führt solchermaßen zu einem hochkomplexen Aufbau der Bildbetrachtung und der Prägnanzbildung.

Hinter dieser Verstärkung verbirgt sich freilich der künstlerische Gestaltungsprozess des Malers. „Zum Kunstwerk wird ein Bild dadurch," – wie Oswald Schwemmer pointiert – „dass sowohl in ihm selbst ein künstlerischer Schaffensprozess sich individualisiert hat und zu seinem – man kann da übri-

---

[289] Cassirer, Ernst, *Versuch über den Menschen*, A.a.O., S. 233-234.
[290] Simmel, Georg, *Philosophie des Geldes*, Gesammelte Werke, Erster Band, Berlin, Duncker & Humblot, 7. Aufl., 1977, S. 72.

gens immer hinzufügen: vorläufigen – Ende gekommen ist als auch unserem Sehen ein solcher Prozess der Individualisierung abgefordert wird."[291] Die ästhetische Umdrehung des Symbolisierungsprozesses fängt bereits mit dem Prozess des Bildschaffens an. Die konfigurierende Handbewegung des Malers zeigt auf die umgekehrte Richtung der Prägnanz unseres Sehens – der Pinsel des Malers streicht sozusagen in einer Gegenrichtung unseres alltäglichen Sehens. Der Maler unternimmt in seinem künstlerischen Gestaltungsverfahren eine echte Transfiguration des Sinnlichen, die in keiner Weise dem Sinnlichen selbst gleicht und die sich anderseits gegen die Wiederholung der Form richtet. Dazu gibt uns Cassirer das folgende Beispiel:

„Sagen wir von zwei Künstlern, daß sie »dieselbe« Landschaft malen, so beschreiben wir unsere ästhetische Erfahrung durchaus unrichtig. Aus dem Blickwinkel der Kunst ist die angebliche Identität völlig illusorisch. Wir können nicht sagen, daß sich beide Maler ein und denselben Gegenstand zum Thema gewählt hätten. Denn der Künstler porträtiert oder kopiert nicht einen bestimmten empirischen Gegenstand – eine Landschaft mit ihren Hügeln und Bergen, ihren Bächen und Flüssen. Was er uns zeigt, ist die individuelle, augenblickliche Physiognomie dieser Landschaft. Er will die Atmosphäre der Dinge, das Spiel von Licht und Schatten ausdrücken."[292]

Und über diesen Vorrang der expressiven Individualität der Bildlichkeit vor der Abbildlichkeit des Dargestellten, den der Maler im Prozess des Bildschaffens auf der Malfläche verwirklicht, wie auch über die kennzeichnende Differenz des Ästhetischen, fügt Cassirer hinzu:

„Unsere ästhetische Wahrnehmung ist sehr viel differenzierter und komplexer als unsere gewöhnliche Sinneswahrnehmung. In der Sinneswahrnehmung begnügen wir uns damit, die vertrauten, konstanten Merkmale der Gegenstände in unserer Umge-

---

[291] Schwemmer, Oswald, *Kulturphilosophie*, A.a.O., S. 185.
[292] Cassirer, Ernst, *op. cit.*, S. 223.

bung zu erfassen. Die ästhetische Erfahrung hingegen ist unvergleichlich viel reicher. Sie schließt unendliche Möglichkeiten in sich, die in der gewöhnlichen Sinneserfahrung unverwirklicht bleiben. In der Arbeit des Künstlers werden diese Möglichkeiten aktualisiert; sie werden freigesetzt und nehmen Gestalt an. Daß sie diese unerschöpfliche Vielfalt von Aspekten an den Dingen offenbart, gehört zu den zentralen Vorrechten der Kunst und macht ihren eigentlichen Zauber aus."[293]

Auf diese Weise ist die schöpferische Arbeit des Künstlers keine Wiederholung der Gegenstandswelt, keine illusionistische Annäherung an irgendeine Dimension des Wirklichen; sie ist hingegen in der Tat ein Moment, in dem das Sinnliche erstmals – das heißt, auf eine originellere Art und Weise – zur Form kommt. „Das Auge des Künstlers ist kein passives Auge, das den Eindruck der Dinge lediglich empfängt und aufzeichnet", sondern es ist wahrhaftig ein „konstruktives" Auge.[294] „Das Sehen des Malers" – wie Maurice Merleau-Ponty darüber auch lapidar formuliert hat – „ist eine fortwährende Geburt."[295] Gewiss, es ist ein Sehen, aber ein Sehen, das sich gegen die gewöhnliche Einordnung unseres Alltagssehens stellt, das sich Linie zu Linie, Farbe zu Farbe ständig erneuert. Was der Maler an der Malfläche fixiert, hat demzufolge keine statische Natur, sondern das, was man als Farben, Linien, Punkte anschaut, bietet immer noch neue Deutungshorizonte, neue Formerlebnismöglichkeiten, wird nicht in einem einzigen Moment, in einem einzigen Blick entleert. Denn das ästhetische Formerlebnis setzt eine sinnliche Aktualisierung des Bildwerks voraus. Das Bildwerk als Kunstwerk enthält mehr als nur was die konkrete Wahrnehmung erreichen kann – das heißt, obwohl die Konfiguration des Kunstwerks nur im Wahrnehmen zustande kommt, ist es nicht auf einen einzigen und absoluten Akt des Wahrnehmens zu reduzieren;

---

[293] Ebd.
[294] Ebd., S. 232.
[295] Merleau-Ponty, Maurice, *Das Auge und der Geist: philosophische Essays*, Hrsg. und übers. von Hans Werner Arndt, Hamburg, Felix Meiner Verlag, 2003, S. 287.

es bietet immer mehr als was unsere Betrachtung – hier und jetzt – begreifen kann. Darauf beruht seine ästhetische Offenheit.

Dieses Charakteristikum des Ästhetischen schafft in diesem Sinne – und im Gegensatz zu den konventionellen Artikulationsformen – eine sozusagen echte Spannung zu der Art und Weise, wie wir normalerweise unsere sinnliche Welt betrachten. Denn die Konfiguration eines Kunstwerks muss immer sinnlich aktualisiert werden, um ihren Sinn zu gewinnen. Diese Aktualisierung aber, weil ihr eine symbolische Gegenrichtung der Prägnanzbildung entspricht, ist im Gegensatz zu unseren alltäglichen Erfahrungsobjekten immer mehr kreativ an unsere Wahrnehmung gebunden. Was die Wahrnehmung als sinnlich kreativ begreift, wird in der Kunst als konstitutives Moment der ästhetischen Erfahrung zugrundegelegt.

Deshalb haben wir es nach Cassirer in der Kunst, wie im Objektivationsprozess der Sprache, mit einem „dialogischen und dialektischen"[296] Prozess zu tun. Oder wie er auch an anderer Stelle geschrieben hat: „Artistic experience is always a dynamic, not a static attitude – both in the artist himself and in the spectator. We cannot live in the realm of artistic forms without participating in the creation of these forms."[297] Was das künstlerische Bild angeht, gibt es also in diesem dialogischen Prozess des Bildschaffens und des Bildsehens eine phantasievolle Zusammenarbeit von Maler und Zuschauer, von Hand und Auge. In diesem Bezugsrahmen kann man hier von einer „sinnlichen dialogischen Intelligenz" sprechen, deren Wirkung ihrerseits sich im Werk verwandelt. Das Bildwerk als Ergebnis einer solchen Intelligenz besitzt daher eine irreduzible, doppelt expressive Individualität: das Schaffen

---

[296] Cassirer, Ernst, *op. cit.*, S. 229.
[297] Cassirer, Ernst, *The educational value of art*, In: *Symbol, Myth and Culture*, A.a.O., S. 196-215, S. 212.

des Malers und das Sehen des Beobachters artikulieren sich gegenseitig ohne sich jedoch zu verbergen.[298]

6.3 Physische Individualität

6.3.1 Formschaffung als materielle Umformung

Der dialogische Symbolisierungsprozess, der die künstlerische Ausdrucksformen ans Licht bringt, stellt gleicherweise auch ein relevantes Moment des Bildschaffens in Frage, das sich seinerseits im Akt des Bildsehens widerspiegelt: das Moment, grob gesagt, wodurch das Bild seine physische Konfiguration erwirbt. Als solcher bezeichnet er von Anfang an die Wechselwirkung von Materie und Form, die originelle Durchdringung beider, die mit der kreativen Arbeit des Künstlers zum Ausdruck gebracht wird. Man könnte auch sagen, dass die Schöpferkraft des Künstlers sich in der Art und Weise zeigt, wie er einen neuen Durchgang zwischen Materiellen und Sinnlichen schafft. Es gibt natürlich zahlreiche grundlegende Unterschiede, wie dieser Durchgang gemacht werden kann, sowohl bezüglich zum Beispiel der Maltechnik als auch der materiellen Mittel, die der Künstler im Akt des Schaffens verwendet, um seine Phantasie Gestalt werden zu lassen. Aber das, was im Endeffekt die Verwirklichung der Schöpferkraft des Künstlers erlaubt, sei er auch

---

[298] Max Imdahl hat diesen Gedanken so zum Ausdruck gebracht: „Diese unmittelbare und immer aktuelle Gegenwärtigkeit des Kunstwerks beruht – das kann man sehr allgemein sagen – mindestens in zweierlei Hinsicht. So ist zum einen sowohl *im Erschaffen als auch im Erfahren* von Kunst immer der Mensch als Individuum gegenwärtig. Niemals ist das Individuum austauschbar." Denn, wie er weiter argumentiert, eine solche „unmittelbare und immer aktuelle Gegenwärtigkeit des Kunstwerks beruht zum anderen – auch das läßt sich sehr allgemein sagen – darin, daß die Erfahrungen und Erlebnisse, die das Kunstwerk vermittelt, nichts anders und nicht anderswo gewonnen werden können als nur in der Anschauung des Werks, also an die Anschauung unmittelbar gebunden sind." Imdahl, Max, *Zur Kunst der Moderne*, In: Gesammelte Schriften, Band. I, Hrsg. von Angeli Janhsen-Vukićević, Frankfurt am Main, Suhrkamp Verlag, 1996, S. 460-461. Die Hervorhebung ist von mir.

ein erfahrener Künstler, ist immer mit einem Prozess der Individualisierung des Sinnlichen verbunden, dank dem er seinen gestalteten Formen Kohärenz und Relevanz gibt.

Ästhetisches Gewicht ist expressives Gewicht. Über diese Prämisse sind fast alle Kunsttheorien einig. Allerdings sind sie nicht einig darüber, wie eine solche Expressivität zu bestimmen ist. Damit hängt eng zusammen, dass die Ausdruckskraft des Ästhetischen – wie es zum Beispiel bei einer Auslegung der Kunst als Ausdruck von Emotionen vorkommt – häufig auf eine kontinuierliche Übersetzung unseres emotionalen Lebens reduziert wird und dadurch auch die Frage nach dem Zusammenhang von Expressivität und Formgestaltung ihre Bedeutung für die Bestimmung der Differenz des Ästhetischen verliert. Die Wichtigkeit dieser Frage wird von Cassirer immer unterstrichen. Die Kunst, wie er bemerkt, ist als „expressiv" zu verstehen, „aber sie kann expressiv nicht sein, ohne gleichzeitig formend und bildend zu sein. Und dieser Bildungsprozess vollzieht sich in einem bestimmten sinnlichen Medium."[299] So ist dieses Medium für den Künstler kein „mere external and indifferent material", sondern die Linien, die Farben bilden immerhin die „essential moments of the productive artistic process itself."[300] Cassirer, wie übrigens John Dewey und Susanne Langer, kritisieren hierbei die Ausdruckstheorien der Kunst, nämlich diejenige von Benedetto Croce, „weil er im Aufbau seiner Ästhetik, den Moment des ‚Ausdrucks' als das eigentliche und einzige Fundament gelten lässt."[301] Für Croce hat zum Beispiel das Schreiben eines Briefes den gleichen expressiven Wert wie das Malen eines Bildes. Denn er unterschätzt die Relevanz der Materialität für die Entstehung und Identität des Kunstwerks. „Es kommt ihm einzig auf die Intuition des Künstlers an, nicht darauf, wie

---

[299] Cassirer, Ernst, *Versuch über den Menschen*, A.a.O., S. 218.
[300] Cassirer, Ernst, *Language and Art I*, In: *Symbol, Myth and Culture*, A.a.O., S. 161.
[301] Cassirer, Ernst, *Zur Logik der Kulturwissenschaften: fünf Studien*, A.a.O., S. 120.

diese Intuition in einem bestimmten Material Gestalt annimmt. Dem Material ordnet er eine technische, keine ästhetische Bedeutung zu."[302] Wie Cassirer es sieht, ist die Schöpfung eines Kunstwerks charakterisierbar durch ein ästhetisches Gleichgewicht zwischen materieller Erfüllung und schöpferischer Gestaltung, da die technische Dimension nicht von der kreativen Dimension des Schaffensprozesses isoliert werden kann.[303] Beide Dimensionen erzeugen die Expressivität des Werks. Und sie sind als untrennbare Einheit stark sichtbar, gerade in den Werken der bildenden Kunst. In diesem Sinne hat sich zum Beispiel Max Liebermann in seinen Schriften über Malerei gegen eine Trennung in der bildenden Kunst von „geistiger Vollendung" und „technischer Vollendung" geäußert. Nach seiner Meinung „ist es daher ein müßiges Spiel mit Worten, das Kunstwerk in zwei Bestandteile zerlegen zu wollen: In ihm ist die Phantasie materialisiert und umgekehrt die Technik vergeistigt worden."[304]

Im Schaffensprozess des Malers geschieht deshalb immer eine erneuerte Bewegung, Kraft derer er seine Kreativität zum Ausdruck bringt: es ist die Bewegung einer tiefen Transformation des Malmaterials in sinnliche Formen, die als solche die Bildlichkeit des Bildes selbst prägen. Diese Transformation – ein echter Übergang von Materie zur Form und umgekehrt – erlaubt nicht nur die sinnliche Verkörperung, den technischen Vollzug der Schöpferkraft

---

[302] Cassirer, Ernst, *Versuch über den Menschen*, A.a.O., S. 218. Croce, wie Cassirer pointiert, macht keine Unterscheidung zwischen „'Ausdruck' im allgemeinen Sinn" (*„expression" in general*) und „ästhetischem Ausdruck'" (*aesthetik" expression*). So ist er nur an der „Tatsache des Ausdrucks" (the *fact* of expression) und nicht am „Modus des Ausdrucks" (the *mode* of expression) interessiert. Cassirer, Ernst, *The educational value of art*, In: *Symbol, Myth, and Culture*, A.a.O., S. 207. Für ihn ist die Expression, wie er sie bezeichnet, nur eine „Form des Bewusstseins" (*forma della coscienza*), „eine Kategorie" (*una categoria*), die keine besondere Wandlung kennt, auch wenn er sie mit der Intuition verknüpft. Croce, Benedetto, *Estetica come scienza dell'espressione e linguistica generale*, A cura di Giuseppe Galasso, Milano, Adelphi Edizioni, Seconda edizione, 2005, S. 167.
[303] Vgl. Cassirer, Ernst, *Form und Technik*, In: *Symbol, Technik, Sprache*, A.a.O., S. 82-85.
[304] Liebermann, Max, *Die Phantasie in der Malerei. Schriften und Reden*, Berlin, Buchverlag Der Morgen, 1983, S. 46.

des Malers; sie ist auf entscheidende Weise ein konstitutives Moment – das zum Bildelement wird – seiner kreativen Arbeit. Gemäß Cassirers Auffassung bestimmt eine solche Umwandlung in der Kunst bereits und von Anfang an die Differenz von jeder künstlerischen Kulturform. Der Akt des Ausdrucks oder, nach seiner Sprache, des „Entäußerns" ist kein unartikuliertes Moment, das zu einem bloßen zufälligen und unbeabsichtigten Zusammentreffen von Materialität und Sinnlichkeit im künstlerischen Schaffensprozess führt. Oder wie er auch ausdrücklich sagt:

„Entäußerung bedeutet sichtbare oder greifbare Verkörperung nicht einfach in einem bestimmten materialen Medium – in Ton, Bronze oder Marmor –, sondern in sinnlichen Formen, in Rhythmen, in Farbstrukturen, in Linien und Zeichnung, in plastischen Formen. Durch die Struktur, das Gleichgewicht, die Ordnung dieser Formen wirkt das Kunstwerk auf uns. Jede Kunst verfügt über ihre eigene unmißverständliche und unverwechselbare Sprache. Die Sprachen der verschiedenen Künste lassen sich zwar miteinander verbinden, etwa wenn ein Gedicht vertont oder eine Dichtung illustriert wird; aber sie lassen sich nicht ineinander übersetzen."[305]

Wenn man diese Formulierung von Cassirer zusammenfasst, bedeutet das in erster Linie, dass die Individualisierung des Materials in sinnliche Formen während des künstlerischen Schaffens zugleich die Individualisierung der Form und damit ihrer ästhetischen Originalität ermöglicht.

Die Besonderheit des Schaffens beruht daher auch auf einer solchen kreativen Spannung von materiellen Mitteln und Formkomposition. Unter dieser Voraussetzung kann eigentlich plausibel gemacht werden, warum in der Malerei der Verwandlungsprozess des Materiellen in Form eine gesteigerte Relevanz zur Gründung neuer Kompositionstechniken und Bildgestaltungen beigetragen hat. Beispielhaft dafür sind die von Mark Rothko und Jackson

---

[305] Cassirer, Ernst, *Versuch über den Menschen*, A.a.O., S. 237-238.

Pollock verwendeten malerischen Ausführungen, die eine echte Reformulierung und Intensivierung des Verhältnisses zwischen Malfläche und Bildfläche, zwischen Schaffensprozess und Bildprozess gebracht haben. Rothko gibt als Hauptgrund für die Dimensionen seiner Leinwände folgende Erklärung: „To paint a small picture is to place yourself outside your experience, to look upon an experience as a stereopticon view or with a reducing glass. However you paint the larger picture, you are in it. It isn't something you command."[306] Und auch Pollock fühlt das Bedürfnis „im Bild zu sein" um die Spontaneität des Malprozesses zu erfahren. Mit seiner „Dripping-Technik", die den Widerstand des Materials als Technik der Bildkomposition benützt, möchte Pollock keine kontrollierbare Distanz zum Bild haben. So erklärt er:

„My painting does not come from the easel. I hardly ever stretch my canvas before painting. I prefer to tack the unstretched canvas to the hard wall or the floor. I need the resistance of a hard surface. On the floor I am more at ease. I feel nearer, more a part of the painting, since this way I can walk around it, work from the four sides and literally be *in* the painting. (…) When I am *in* my painting, I'm not aware of what I'm doing. It is only after a sort of „get acquainted" period that I see what I have been about. I have no fears about making changes, destroying the image, etc., because the painting has a life of its own."[307]

Der Weg zum Bild der abstrakten Expressionisten, wie ihn beispielsweise Rothko und Pollock verstehen, setzt in erster Linie eine Immanenz des Physischen, eine Art Fusion von Körper und Bild voraus.[308] Er offenbart und verwirklicht sich in der ständigen Durchdringung von Malfläche und Bildfläche,

---

[306] Rothko, Mark, *Writings on Art*, Edited by Miguel López-Remiro, New Haven and London, Yale University Press, 2006, S. 74.
[307] Pollock, Jackson, *My Painting*, In: *American Artists on Art: from 1940 to 1980*, Edited by Ellen H. Johnson, New York, Harper & Row, 1982, S. 4-5, S. 4.
[308] Sowohl Rothko als auch Pollock, wenn wir spekulieren dürfen, scheinen dem Grundsatz von R. G. Collingwood aus seinem *Principles of Art* zu folgen: „What one paints is what can be painted; no one can do more, and what can be painted must stand in some relation to the muscular activity of painting it." Collingwood, R. G., *op. cit.*, S. 145.

denn beide sind aufgrund des exzentrischen Standorts des Malers *im* Bild und bleiben damit ungetrennt und undifferenziert im Akt des Malens. Aus dieser piktorischen Kopplung folgt, dass der Künstler in seinem Schaffensprozess – und im Gegenteil zu einer distanzierten Wahrnehmung des Werks, obwohl, so weit es mir scheint, Rothkos und Pollocks Bilder einen starken physiognomischen Eindruck hervorrufen, die gewissermaßen die normale physische Grenzen zwischen Leinwand und Beobachter bezwingen – nie einwandfrei das Bild als vollendetes Bild sieht, das heißt, im Bildentwurf zeigt sich sozusagen das Bild simultan als Bild und als Nicht-Bild. Der Bewegungseindruck wird also damit verstärkt. Nach Rothkos metaphorischen Wörtern wird auch der Betrachter vom Maler „zu einer Reise durch den Bildraum auf der Leinwand" eingeladen. Der Bildbetrachter muss die Bewegung der sinnlichen Formen spüren, „muss sich innerhalb dieser vom Künstler gestalteten Formen nach innen und außen, oben und unten sowie diagonal und horizontal durch das Bild bewegen."[309] Dank dieser sinnlichen „Reise" eröffnen sich die Erfahrungshorizonte des Bildes, steigern sich die Möglichkeiten, immer neue Formerlebnisse zu erfahren – und die Fülle der Bildlichkeit wird gleicherweise auch immer neue ästhetische Ausdruckskraft gewinnen.

6.3.2 Reproduzierbarkeit und Prägnanzverlust

Auf der Ebene der Beziehung von Formschaffung und materieller Verkörperung drängt sich eine Frage auf, die im Rahmen einer kulturphilosophischen Bestimmung des Bildbegriffs eine ausgeprägte Bedeutung gewinnt: diese Frage betrifft hauptsächlich den eigenen physischen Status des Bildes und sie stellt uns vor ein philosophisches Problem, das – wenn man es kurz formulie-

---

[309] Rothko, Mark, *Die Wirklichkeit des Künstlers. Texte zur Malerei*, Hrsg. von Christopher Rothko, Übers. von Christian Quatmann, München, C. H. Beck, 2005, S. 109.

ren möchte –, im Zusammenhang von *Ausdrucks-* und *Reproduktionsmöglichkeiten* besteht. Wollen wir diesen Zusammenhang in unsere bisherige Sprache übersetzen, so lässt sich dieser als Korrelation von Form und materiellem Medium begreifen. Was genau macht diese Korrelation zum Schlüsselwort für das Verständnis der kunstästhetischen Prägnanz des Bildes? Unter der Voraussetzung einer Erweiterung und Bildung der menschlichen Kultur würde das technische Erzeugen von neuen Reproduktionsmöglichkeiten auch dazu dienen, eine Art Rivalität zwischen Kulturmedien einzurichten. In einem Teil seines Romans *Notre-Dame de Paris* macht Victor Hugo zum Beispiel ein enthusiastischen Lob an die Buchdruckerkunst, die seiner Meinung nach zu einer Ohnmacht der Baukunst geführt hat. „Das Buch" – so diagnostiziert er – „tötet das Bauwerk" (*Le livre va tuer l'édifice*), weil es, ganz anders als das Bauwerk, ein „dauerhaftes" und „einfaches" Mittel ist, der seinerseits eine grenzlose Übertragung des Denkens überall erlaubt.[310] Den physischen Grenzen der Baukunst entspricht also nach Victor Hugo eine statische Bewegung des Geistes, die überwunden werden muss, damit sich die menschliche Kultur emanzipiert. Der Filmtheoretiker Béla Balázs, der Victor Hugos Lob der Buchkultur nicht ganz zustimmt, sieht genau in diesem Übergang zur gedruckten Sprache (der „lesbare Geist") nicht nur einen Triumph der Begrifflichkeit und der abstrakten Fähigkeiten des Menschen, sondern auch gleichzeitig eine echte Verarmung der menschlichen Sinnlichkeit beziehungsweise der menschlichen Körperkultur (der „sichtbare Geist"): „In der Zeit der Wortkultur begann die Seele zu sprechen, aber sie wurde fast unsichtbar dabei." Mit der Erfindung der Kinematographie aber glaubt Balázs an eine neue Wiedergeburt der sichtbaren Sinnlichkeit des Körpers, an eine Neu-

---

[310] Hugo, Victor, *Notre-Dame de Paris I*, V Livre, Paris, Librairie de L. Hachette et Cie., 1861, S. 207-224, S. 216.

belebung der „Grammatik der Gesten" vermittelt durch die Ausdrucksmöglichkeiten der Filmkunst. Damit hat sich der „sichtbare Geist" regeneriert, oder mit seinen Worten: „Der Mensch wurde wieder sichtbar."[311] Auf den ersten Blick scheinen beide Auffassungen – die von Victor Hugos Lob der Begrifflichkeit und die von Balázs' Lob der Sinnlichkeit – gar nichts gemeinsam zu haben. Genauer betrachtet, konvergieren sie doch in einem Hauptpunkt, der vor allem mit dem technischen Übertragungsmodus des Buchs und des Films zu tun hat, nämlich sowohl das erste als auch der zweite sind reproduzierbare Medien – das heißt, der Film gleicht beinahe dem Buch angesichts seiner Reproduktionsmöglichkeiten.[312]

Diese Konvergenz von Ausdrucks- und Reproduktionsmöglichkeiten darf als Anzeichen dafür gelten, dass die Frage nach der Individualität des Bildes als Kunstwerk eine andere Verbindung zwischen sinnlichen Formen und materiellen Medium voraussetzt. Wir reden hier natürlich insbesondere von künstlerischen Tafelbildern, die in ihrer spezifischen sinnlichen Konfiguration in der Lage sind, die technisch-symbolische Kluft von materiellem Medium und sinnlichen Formen zu überbrücken (im Übrigen ein Charakteristikum, das die Tafelbilder mit anderen Werken der bildenden Kunst teilen, obwohl sie, anders als Bauwerke oder gar manche Werke der Bildhauerei, jedoch leichter und besser zu transportieren sind). Der Inhalt dieser Formulierung ist daher

---

[311] Balázs, Béla, *Der Sichtbare Mensch*, In: *Der Film. Werden und Wesen einer neuen Kunst*, Wien, Globus Verlag, 1961, S. 31-39, S. 32-34.

[312] Die technische Reproduzierbarkeit des Films ist, wie Walter Benjamin bemerkt, *„unmittelbar in der Technik ihrer Produktion begründet."* Benjamin, Walter, *Das Kunstwerk im Zeitalter seiner technischen Reproduzierbarkeit*, in: Walter Benjamin, Medienästhetische Schriften, Auswahl und Nachwort von Detlev Schöttker, Frankfurt am Main, Suhrkamp Verlag, 2002, S. 351-383, Fußnote 9, S. 359. Aber sogar in dieser Reproduzierbarkeit – und wenn wir den Film als Kunst gegen den Film im Allgemeinen abgrenzen möchten – gibt es einen wesensgemäßen Unterschied: die Reproduktion zum Beispiel eines schwarz-weißen Stummfilms durch ein neues technisches Verfahren wirkt ästhetisch nicht auf dieselbe Weise wie das ursprüngliche Medium des Ausgangswerks – denn dieses hat bereits eine eigene kennzeichnende Ästhetik oder ein Spektrum von Ausdrucksmöglichkeiten, die nicht unbedingt durch das neue Reproduktionsmedium ersetzt werden kann.

erklärungsbedürftig. Wir müssen besser verstehen, warum die Ausdrucksmöglichkeiten einer kunstbildlichen Symbolkonfiguration sich von ihrer materiellen Struktur nicht ablösen lassen.

Künstlerische Bilder besitzen, wie wir schon gesehen haben, einen Immanenz-Charakter, der in diesem Sinne nicht von seiner materiellen Existenz getrennt werden kann. Zwei grundlegende Unterschiede, so möchten wir nach Cassirer feststellen, sind hiermit deshalb vorauszusetzen: 1. In Bezug auf seine physische Existenz besitzt zum Beispiel ein Dichtwerk „keine physische Individualität", weil es „nicht in derselben Weise der physischen Welt, wie ein Werk der bildenden Kunst" verhaftet ist, sondern es ist vielmehr im „beweglichen Medium des Wortes" verankert. Die Abwesenheit einer physischen Individualität gibt dem Dichtwerk die freie Möglichkeit seiner Reproduzierbarkeit, ohne damit seinen Sinn zu verlieren. Sein Sinn ist daher „ganz anders »frei« [,] losgebunden vom »Sein« des Materials, als es in den bildenden Künsten der Fall ist." Auch wenn das Dichtwerk in „verschiedene Pergamente" oder in „verschiedene Schriftzüge" fixiert ist, auch wenn diese Pergamente zerstört werden, bleibt der Sinn des Werks – „solange Menschen da sind, die ihn fassen, erneuern, erinnern können" – „frei reproduzierbar"[313]; 2. Die freie Reproduzierbarkeit eines Werks gilt andererseits jedoch nicht nur als materielles Kriterium für die Werke der Sprache. Wie man zum Beispiel einen Text mit einer gewissen semantischen Genauigkeit in eine fremde Spra-

---

[313] Cassirer, Ernst, *Nachgelassene Manuskripte und Texte*, Hrsg. von Klaus Christian Köhnke, John Michael Krois und Oswald Schwemmer, Band 3: *Geschichte. Mythos. Mit Beilagen: Biologie, Ethik, Form, Kategorienlehre, Kunst, Organologie, Sinn, Sprache, Zeit*, Hrsg. von Klaus Christian Köhnke, Herbert Kopp-Oberstebrink und Rüdiger Kramme, Hamburg, Felix Meiner Verlag, 2002, S. 258-259.

che übersetzen kann, so kann man in ähnlicher Weise die Figur einer Gottheit „in Marmor oder in Holz bilden".[314]

Der Weg zur künstlerischen Immanenz des Bildes hat dadurch einen materiellen Grund. Ohne die physische Bestimmung des Bildes und weil Immanenz kein idealistischer Begriff ist, würde man also die Differenz des Ästhetischen nur im Hinblick auf die Inhalte und Motive der Kunst beachten, dann würde man somit dem kunstästhetischen Formbegriff buchstäblich seine Verbindung mit dem Schaffensprozesses des Werks abstreifen. Das ästhetische Gleichgewicht von Form und Sinn – wie Cassirer es in der Kunst bezeichnet – ist seinerseits nicht denkbar ohne ein Gleichgewicht von Form und materiellem Medium: die Individualisierung der Formschaffung setzt in diesem Punkt die Individualisierung des Ausgangsmediums voraus. Man kann auch diese Voraussetzung nach Niklas Luhmanns Formulierung über das Verhältnis von Medium und Form in der Kunst weiter verdeutlichen: „Was immer als Medium dient, wird Form, sobald es einen Unterschied macht, sobald es einen Informationswert gewinnt, den es nur dem Kunstwerk verdankt."[315] Würden wir von Anbeginn an eine Ähnlichkeitstheorie des Bildes annehmen, dann würden wir zum Beispiel mit folgender Formulierung von Hans Jonas auch unvermeidlich mit einer Trennung von Form und materiellem Medium in der Kunst zustimmen:

„Im Besonderen liegt der Unterschied von Bild und physischem Träger der technischen Möglichkeit des Kopierens und Reproduzierens in der Kunst zugrunde. Wenn ein Gemälde oder eine Statue genau kopiert wird, so haben wir in der Kopie nicht ein Bild eines Bildes, sondern die Verdoppelung ein und desselben Bildes. Die vielen Abzüge einer Fotografie, oder die einer Druckplatte in allen Exemplaren einer

---

[314] Cassirer, Ernst, *Nachgelassene Manuskripte und Texte*, Band 5: *Kulturphilosophie. Vorlesungen und Vorträge 1929-1941*, A.a.O., S. 129.
[315] Luhmann, Niklas, *Die Kunst der Gesellschaft*, Frankfurt am Main, Suhrkamp Verlag, 1995, S. 176.

Buchauflage, sind nicht soundsoviele zusätzliche Bilder, sondern *ein* Bild, *eine* Repräsentation soundsooft präsentiert, so unterschieden die individuellen Stücke Papier, Farbstoff und sonstige Materie sind, die zur Verkörperung der Ähnlichkeit dienen."[316]

Hans Jonas scheint hier insbesondere Edmund Husserls Unterscheidung von Bildding, Bildobjekt und Bildsujet zu folgen. Die Frage der Ähnlichkeit wird von ihm aber nicht nur auf die Darstellungsbeziehung zwischen Bildobjekt und Bildsujet anwendbar – das heißt, das Referenzverhältnis von Bild und Wirklichkeit –, sondern auch auf die technische Reproduktionsbeziehung von Bild und reproduziertem Bild. Die Repräsentation, die das Bildobjekt ans Licht bringt, bleibt immer dieselbe, wenn auch der Bildträger mit seiner technischen Reproduktion nicht mehr derselbe ist – die Reproduktion verändert deshalb nicht die Repräsentation.

In nicht-künstlerischen Bildern sind Reproduktionsmöglichkeiten natürlich immer ein wichtiger Prüfstein für die Erweiterung ihrer Ausdrucksmöglichkeiten. In diesem Sinne (aber nur in diesem Sinne) ist der von Jonas eingeführte Unterschied von Bild und Bildträger eine erforderliche Bedingung dafür. Ganz im Gegenteil geschieht das aber mit den künstlerischen Bildern: Form und Medium bilden eine irreduzible artikulierte Einheit; eine Einheit, mittels welcher uns möglich wird, wie Hans Belting bemerkt, die Spannung von „dargestelltem Raum und gemalter Leinwand, als einen hohen ästhetischen Reiz" zu erleben.[317] Mit der technischen, beziehungsweise photographischen Reproduktion eines künstlerischen Bildes, mit sozusagen der Ökonomisierung der Präsenz des Werks, wird das ursprüngliche Medium des Bildes (die Tafel) nicht sogleich reproduziert, sondern es ist vielmehr so – wie es oft

---

[316] Jonas, Hans, *Homo Pictor: Von der Freiheit des Bildens*, in: *Was ist ein Bild*, Hrsg. von Gottfried Boehm, München, Wilhelm Fink Verlag, 4. Aufl., 2006, S. 105-124, S. 113.
[317] Belting, Hans, *Bild-Anthropologie: Entwürfe für eine Bildwissenschaft*, A.a.O., S. 33.

mit Postern berühmter Kunstbilder geschieht –, dass die Formgestaltung des Bildes in einem neuen Medium umgewandelt wird. Die Reproduktion muss sich daher vom ursprünglichen Medium trennen, wenn sie durch diese Umwandlung die bloße sinnliche Gestaltung des Bildes reproduzieren will. Denn mit dem Reproduktionsakt wird die kreative Arbeit des Malers – die materielle Umformung, die sich mit der Formschaffung im Bild physisch verwirklicht – umgekehrt, und an ihre Stelle wird allein die Form ohne ihre schöpferische materielle Umformung ein Übergewicht gewinnen.

Dies sind die Grenzen der Reproduktionsmöglichkeiten, die als solche keineswegs in der Lage sind, die kunstästhetische Form ohne ihr Medium vollkommen nachzuahmen. Damit, so können wir an diesem Punkt feststellen, werden weder sinnliche Form noch materielles Medium genau nachgemacht, sondern was eigentlich nachgemacht wird ist immer mehr das technische „Vorbild" eines Bildes.[318] Ein Katalogbild einer Ausstellung oder ein Bild von Paul Cézanne in einem Buch über Kunst sind nicht einfach technische Reproduktionen von Bildern durch unterschiedliche materielle Medien; sie sind auch Zeichen von etwas, das als solches nicht einwandfrei reproduzierbar

---

[318] Susanne Langer zeigt uns eine weitere Erklärung zu dieser Formulierung, insbesondere die Idee einer unerlässlichen materiellen Trennung zwischen Bild und Kopie. Darüber schreibt sie: „Artistic forms are more complex than any other symbolic forms we know. They are, indeed, not abstractable from the works that exhibit them. We may abstract a shape from an object that has this shape, by disregarding color, weight and texture, even size; but to the total effect that is an artistic form, the color matters, the thickness of lines matters, and the appearance of texture and weight." Langer, Susanne, *Problems of Art. Ten Philosophical Lectures*, A.a.O., S. 25-26. Und sie deutet auch darauf hin, dass solch physische Eigenart des Kunstwerks nicht mit den möglichen und verschiedenen Reproduktionskopien verwechselt werden soll: „A work of art is and remains specific. It is „this", and not „this kind", unique instead of exemplary. A physical copy of it belongs to the class of its copies, but the original is not itself a member of this class to which it furnishes the class concept. We may, of course, classify it in numberless ways, for example, according to its theme, from which it may take its name – „Madonna and Child", „Last Supper", and so on. And as many artists as wish may use the same theme, or one artist may use it many times; there may be many „Raphael Madonnas" and many „Last Suppers" in the Louvre. But such class-membership has nothing to do with the artistic importance of a work (the classification of a scientific object, on the other hand, always affects its scientific importance)." Ebd., S. 177.

ist, nämlich die physische Individualität des Bildwerks und auf diese Weise auch Zeichen eines Nicht-Anwesenden, dessen Präsenz lediglich im Museum, in der Galerie oder in der privaten Sammlung zu spüren ist. Das Verhältnis von Reproduktion und Reproduziertem bildet demzufolge kein geradliniges Verhältnis. Die Reproduktion eines Kunstwerks aktualisiert nicht das Kunstwerk, sondern hingegen die Reproduktionstechnik des Reproduzierten selbst. Auch hier gibt es keine bloße Kontinuität. Offenkundig ist das, was wir als Bild erfahren, in den meisten Fällen eine Reproduktion nach Reproduktionen und weniger eine direkte Reproduktion nach dem Ausgangswerk – in Wahrheit ist es nicht immer einfach zu wissen, ob die Reproduktion eine direkte ist oder nicht.

In diesem Zusammenhang bedeutet der Verlust dieser physischen Individualität des Bildes auch gleichzeitig eine Verarmung seiner kunstästhetischen Prägnanz. Wenn wir annehmen dürfen, dass seine eigene Individualität bereits ein einflussreiches Unterscheidungsmerkmal hinsichtlich anderer Bildarten erlaubt, so ergibt sich aus einer Verneinung oder Nichtanerkennung dieses Merkmals ein echter Prägnanzverlust seiner sinnlichen piktorischen Qualitäten, seiner Bildlichkeit. Die symbolische Prägnanz, wie wir gesehen haben, erfüllt sich nicht nur dank der Art und Weise wie ein sinnliches Wahrnehmungserlebnis einen geistigen Sinn erwerben kann, sondern sie wirkt parallel auf die sinnliche Relevanz des materiellen Mediums mittels welchem die Artikulation ermöglicht wird. Mit der Reproduktion eines künstlerischen Bildwerks – und wenn man, wie übrigens Walter Benjamin darüber treffend bemerkt hat, keinen unüberbrückbaren Hiatus zwischen das Wahrnehmen eines reproduzierten Werks und das Wahrnehmen des Ausgangswerks stellt, sondern hingegen den Einfluss des ersten auf das zweite anerkennt[319] – wird im

---

[319] Benjamin, Walter, *op. cit.*

Endeffekt die immanente Geschlossenheit der Kunst auch gleichsam nieder gedrückt. Die Bildlichkeit, die aus einer ästhetischen Verstärkung der internen Zeichenstruktur des Bildes resultiert, gilt in diesem Sinne nicht nur mehr für sich, sondern sie gilt jetzt als Verweis auf das Ausgangswerk oder, wenn man dieses nicht direkt kennt, zu anderen Werkreproduktionen. Mit dieser Umkehrung der Immanenz des Werks wird sich die Bildlichkeit auch in externe Zeichenstruktur verwandeln – das heißt, das Bild gewinnt hiermit einen Korrespondenz-Charakter, typisch für die nicht-künstlerischen Kulturformen. Bilder, die frei reproduzierbar sind, wie diejenigen, die einen Korrespondenz-Charakter besitzen, haben folglich ein Verhältnis zu ihrem materiellen Medium, das quasi identisch ist mit dem der sprachlichen Symbolkonfigurationen, da sie wie diese keine physische Individualität erfordern.

Mit Rücksicht auf die Beziehung vom Kunstbild zu seiner individuellen Materialität ist noch das Folgende zu ergänzen: die physische Individualität des Bildes als Kunstwerk ist aus diesem Grunde immer eng mit einem ästhetischen physiognomischen Formerlebnis verbunden. Dass die Prägnanzbildung nicht ohne ein physiognomisches Schauen vorstellbar ist, haben wir bereits mit Cassirer festgestellt. Und so gesehen, kann man schließlich sagen – oder zumindest metaphorisch –, dass diese physiognomische Individualität des Bildes sich stark an die physiognomische Individualität unseres eigenen Körpers annähert. Wie unser eigener Körper ist der Bildträger auch unersetzbar.

6.4 Der Weg zur Wirklichkeit. Die Rekonfiguration des Außerbildlichen

Aus dem Zusammenhang der expressiven und physischen Individualität des Bildes – den Weg, den wir mit Cassirer bezeichnet haben, der zur Kunstimmanenz des Bildes führt – ergibt sich eine echte neue Möglichkeit, die Welt des Bildlichen mit der Welt des Wirklichen zu verbinden (obenstehende, letztgenannte Bemerkung – die physische Individualität des künstlerischen Bildes als Beispiel unserer Körperindividualität – zeigt übrigens bereits auf eine Annäherung der Kunstformen an die Welt des Wirklichen). Das theoretische Ziel, was in dieser Hinsicht anliegt, ist, kurz gefasst, die *werksbezogene Ebene* (Bildlichkeit) und die *weltbezogene Ebene* (Wirklichkeit) der symbolischen Artikulation miteinander zu verweben. Der Anspruch, der mit dieser Verbindung erhoben wird, ist tatsächlich der, dass die Artikulation sich nicht nur im „Werk", sondern auch in der „Welt" vollzieht, nämlich in der Wahrnehmung und dem Verstehen unserer außerbildlichen Wirklichkeit.

Es ist dennoch ersichtlich, dass die Frage nach dem Verhältnis von Bild und Wirklichkeit fast immer ein wichtiger Ausgangspunkt für manche Bildtheorien war und ist; und nach diesem Verhältnis wird auch der Status des Bildes begründet, der zum Beispiel gemäß einer reinen figurativen Abbildung des Wirklichen zu einer Ähnlichkeitstheorie tendiert. Wir haben nach Cassirers Philosophie aber eine andere Richtungslinie skizziert und entwickelt, die sich hauptsächlich auf den Begriff der „symbolischen Prägnanz" stützt. Deswegen müssen wir – und weil Prägnanz ein allgemeingültiger Begriff ist, der als solcher nicht nur die Bildwahrnehmung umfasst, sondern zugleich jede symbolische Konfiguration des sinnlich Wahrgenommen – auch hier das Verhältnis von Bildlichkeit und Wirklichkeit in direkten Zusammenhang mit dem spezifischen Wesen der kunstästhetischen Prägnanz und dem allgemeinen Wesen der Prägnanz unserer Wahrnehmung voraussetzen. Rekapitulieren wir nun deshalb zwei Hauptideen, die sich aus unserer bisherigen Überlegung über den Bildbegriff ergeben und die ihrerseits eine Art Spannung zwischen Kunst und Wahrnehmung enthüllen: Auf der einen Seite ist die Prägnanz unserer Wahrnehmung durch eine innere immanente Gliederung bestimmt, mittels welcher die sinnlichen Erlebnisse artikuliert werden und ihre Fülle und

Differenz bewahrt und betont; auf der anderen Seite sind die künstlerischen Bilder – in ihrer nicht-reproduzierbaren Einheit von Form und Medium – dadurch gekennzeichnet, dass ihre spezifische Prägnanzbildung immerzu eine symbolische Immanenz unterstellt, die ihre eigene Individualität ermöglicht. Aus diesen Hauptideen ergibt sich dann folgende Frage: Was bedeutet dieses Spannungsverhältnis von der allgemeinen, inneren immanenten Gliederung der Prägnanz unserer Wahrnehmung und der spezifischen Immanenz der künstlerischen Symbolisierungsprozess für eine denkbar mögliche Verbindung von Bildlichkeit und Wirklichkeit?

Eine Antwort auf diese Frage, so weit es mir scheint, lässt sich geben, wenn man eine wichtige Überlegung von Cassirer über die Konsequenzen unseres symbolgesteuerten kulturellen Lebens in diesem Zusammenhang ins Spiel bringt, nämlich den Gedanken eines Intuitionsverlustes des Lebens selbst. Am Ende seiner Einleitung zum ersten Band der *Philosophie der symbolischen Formen* beschreibt Ernst Cassirer die ständige Erschaffung von symbolischen Kulturäußerungen als „das notwendige Schicksal der Kultur". Der Ausdruck „Schicksal" dient hier keiner pessimistischen Kulturtheorie, sondern bezeichnet eine unvermeidliche Distanz, die die kulturellen Artikulationsformen in ihrer wachsenden Polysemie von Bildern und anderen sinnlichen Zeichen in Bezug auf die intuitive Kraft der menschlichen Erkenntnis oder, wie Cassirer es formuliert, auf die „Ursprünglichkeit des Lebens" schaffen. So lautet nach Cassirers Wort das Prinzip einer solchen Entfernung: „Je reicher und energischer der Geist sich bildend betätigt, um so weiter scheint ihn eben dieses sein Tun von dem Urquell seines eigenen Seins abzuziehen".[320] Cassirers Antwort auf diese fortwährende Symbolisierung des Lebens

---

[320] Cassirer, Ernst, *Philosophie der symbolischen Formen, Erster Teil: Die Sprache*, A.a.O., S. 50-51.

bringt in erster Linie die Notwendigkeit eines medialen Kulturbewusstseins zum Ausdruck. Die Philosophie beziehungsweise eine Kulturphilosophie kann weder diese Distanz überwinden noch besteht ihre Aufgabe darin, „hinter diese Schöpfungen zurückzugehen, sondern vielmehr darin, sie in ihrem gestaltenden Grundprinzip zu verstehen und bewußt zu machen. In dieser Bewußtheit erst erhebt sich der Gehalt des Lebens zu seiner echten Form."[321] Ein Bewusstsein der menschlichen Symbolfähigkeit ist gründlich mit einem Bewusstwerden des Sinnlichen verknüpft. Mit den verschiedenen Weisen der Symbolisierung und ihrer entsprechenden Prägnanzbildung wird nach Cassirer ein Verlust des Sinnlichen selbst, der konkreten Erfahrung – oder wie er selbst sagt, der „immediate experience"[322] – hervorgerufen.

Die Bedingung der Sinnlichkeit für jede kulturelle symbolische Artikulation tendiert zugleich zu ihrer Verarmung. So ist die Kunst nach Cassirers Auffassung aber die symbolische Form, bei der sich der Mensch mit intuitiver Kraft dem Leben annähert. „If this immediate intuitive approach to reality is to be preserved and to be regained" – so betont er ausdrücklich – „it needs a new activity and a new effort. It is not by language but by art that this task is to be performed."[323] Denn die Kunstformen befreien uns von der Welt der bloßen Bezeichnung, von den konventionellen Symbolen. Indem die Kunst diese Befreiung vollzieht, gibt sie uns auch einen privilegierten Blick auf den kulturellen Prozess der Symbolisierung selbst, weil sie – und mag sie unterschiedliche Formen und Richtungen annehmen – immer an das Sinnliche gebunden bleibt, „bleibt dem anschaulichen Sein verhaftet und muß sich an ihm

---

[321] Ebd., S. 51.
[322] Cassirer, Ernst, *Language and Art I*, In: *Symbol, Myth, and Culture*, A.a.O., S. 154.
[323] Ebd.

mit klammernden Organen festhalten."[324] Angesichts seiner festen intuitiven Beziehung zum Sinnlichen ist das Kunstwerk diejenige kulturelle Symbolkonfiguration, die sozusagen eine Art Widerstand gegen seinen eigenen Symbolisierungsprozess leistet. Die Kunst scheint paradoxerweise den Prozess der symbolischen Artikulation zu benutzen und gleichzeitig zu verneinen. Genauer gesagt, Kunstwerke sind Symbole – immanente Symbole –, aber sie sind auch zugleich Symbole, wie übrigens Susanne Langer lapidar bemerkt, die nicht zu Symbolen werden möchten.[325] Alles, was sie artikulieren können, ist mit einer intuitiven Dimension der menschlichen Spontaneität so eng verknüpft, dass die lebendige Einheit der Form, die wir im Rhythmus, im Kontrast und in der Harmonie sinnlich erfahren, keine mögliche Trennung von den Werken selbst erlaubt. Ein Kunstwerk, wie Langer auch sagt, ist in diesem Sinne ein „indivisible symbol"[326], eine einheitliche Präsenz.

Mit diesem intensiven Individualisierungsprozess der Präsenz, der sinnlichen Konfiguration des Werks bildet sich seinerseits die Möglichkeit einer Wiedererkennung und Rekonfiguration der Sinnlichkeit des Außerbildlichen. Die Entstehung der künstlerischen Bilder fängt mit einer Umdrehung unseres alltäglichen Sehens an, mit sozusagen einer „Entkonfiguration" der gewöhnli-

---

[324] Cassirer, Ernst, *Das Symbolproblem und seine Stellung im System der Philosophie*, In: *Symbol, Technik, Sprache*, A.a.O., S. 17-18. Sogar die sogenannte *Conceptual Art*, in der die Idee des Künstlers wichtiger ist als ihre materielle Vollendung, ist nicht in der Lage die sinnliche Dimension der Kunsterfahrung – die des Künstlers sowie des Zuschauers – zu leugnen. Trotz eines Primats des Geistigen vor dem Sinnlichen kann der Künstler sich nicht von der materiellen Vorbereitung seiner reinen „konzeptuellen Formen" vollkommen befreien. Das Konzeptuelle impliziert immer das Perzeptuelle. Eine Tatsache übrigens, die Sol LeWitt in seinen Schriften über der *Conceptual Art* klar herausstellt: „If the artist carries through his idea and makes it into visible form, then all the steps in the process are of importance. The idea itself, even if not made visual is as much a work of art as any finished product. All intervening steps – scribbles, sketches, drawings, failed work, models, studies, thoughts, conversations – are of interest. Those that show the thought process of the artist are sometimes more interesting than the final product." LeWitt, Sol, *Paragraphs on Conceptual Art*, In: *Theories and documents of contemporary art: a sourcebook of artists' writings*, Edited by Kristine Stiles, Peter Howard Selz, California/London, University of California Press, 1996, S. 822-827, S. 825.
[325] Langer, Susanne, *op. cit.*, S. 42-43.
[326] Ebd., S. 135.

chen Gegenstandwelt. Aber genau deshalb bietet dieser neue Blick eine tiefe und kreative Rekonfiguration unserer sichtbaren Wirklichkeit. Das *saper vedere*, das Leonardo da Vinci als eine der Hauptaufgaben der Malerei und Bildhauerei anerkennt, gilt auch für Cassirer als eine wichtige kulturelle Bestimmung der Kunst. „Der Künstler", so formuliert er,

„ist ebensosehr Entdecker von Naturformen, wie der Naturwissenschaftler Entdecker von Tatsachen und Naturgesetzen ist. Zu allen Zeiten haben die großen Künstler von dieser besonderen Aufgabe und diesem besonderen Vermögen der Kunst gewußt. Leonardo da Vinci formulierte den Zweck von Malerei und Bildhauerei mit den Worten »saper vedere«. Für ihn sind der Maler und der Bildhauer die großen Lehrer in der Welt des Sichtbaren. Denn das Bewußtsein von den reinen Formen der Dinge ist keineswegs instinktiv oder naturgegeben. Wir können einem Gegenstand in unserer Alltagswahrnehmung tausendmal begegnen, ohne jemals seine Form »gesehen« zu haben, und geraten in Verlegenheit, wenn wir nicht seine physikalischen Eigenschaften oder Wirkungen, sondern seine visuelle Gestalt und seine Struktur beschreiben sollen. Die Kunst überbrückt diese Kluft. Hier haben wir es mit reinen Formen zu tun und nicht mit der Analyse oder Überprüfung von Sinnesobjekten oder der Untersuchung ihrer Wirkungen."[327]

So schafft jedes Kunstwerk, wie Cassirer an anderer Stelle auch sagt, „eine innere (»organische«) Modifikation des Sehens"[328], die in der Lage ist, das Sinnliche von seiner eigenen Diskretion zu befreien.[329] Wir finden also bei

---

[327] Cassirer, Ernst, *Versuch über den Menschen*, A.a.O., S. 221-222.
[328] Cassirer, Ernst, *Nachgelassene Manuskripte und Texte*, Band 3: *Geschichte. Mythos. Mit Beilagen: Biologie, Ethik, Form, Kategorienlehre, Kunst, Organologie, Sinn, Sprache, Zeit*, A.a.O., S. 34. Diese organische Modifikation ist nach Roger Frys Ansicht eine echte, wie er sie metaphorisch nennt, „blasphemy". So Fry: „Biologically speaking, art is a blasphemy. We were given our eyes to see things, not to look at them. Life takes care that we all learn the lesson thoroughly, so that at a very early age we have acquired a very considerable ignorance of visual appearances. We have learned the meaning-for-life of appearances so well that we understand them, as it were, in shorthand. The subtilest differences of appearance that have a utility value still continue to be appreciated, while large and important visual characters, provided they are useless for life, will pass unnoticed." Fry, Roger, *Vision and Design*, London, Chatto and Windus, 1929, S. 47.
[329] Diese Befreiung ist nicht nur wesentlich für die Kunst selbst, sondern auch für die gesamte Welt der symbolischen Formen. Selbst die Sprache, wie Herbert Read nach Cassirers Philosophie formuliert hat, braucht die Dimension der Bildlichkeit um sich zu artikulieren und kulturell zu

Cassirer kein theoretisches Prinzip wie dasjenige wohlbekannte romantische Prinzip des *L'art pour l'art* oder, was das Bild angeht, *L'image pour l'image*. Die Kunst ist keine bloße autotelische Form; sie ist vielmehr ein inhaltsreicher Bestandteil der gesamten menschlichen Erkenntnis. Was die Kunst in ihrem originellen Weltbezug zur Möglichkeit bringt ist daher „eine rein visuelle Tiefe" die im Gegenteil zur „begrifflichen Tiefe" der wissenschaftlichen Phänomene uns die sinnlichen Formen der Wirklichkeit in ihrer konkreten Erscheinung sehen lehrt.[330] „Das »rerum videre formas«„ – wie Cassirer darüber betont – „ist keine geringere und eine ebenso notwendige Aufgabe wie das »rerum cognoscere causas«."[331] Denn die kunstästhetische Wahrnehmung setzt sich durch und durch gegen das Nicht-Sehen, das, wie wir im vorletzten Kapitel gesehen haben, sich aus dem menschlichen Symbolisierungsprozess der Realität ergibt. Die Individualität des künstlerischen Bildes erzeugt in diesem Sinne desgleichen eine Art Individualisierung des Sehens, die auf unsere sinnliche Erfahrung übertragbar wird. Dass mit dieser Übertragung eine wahre Entdeckung und Rekonfiguration des Wirklichen einhergeht, ist auch ein besonderes Charakteristikum der innewohnenden Freiheit, die von Anfang an die Prägnanz der Kunst und die schöpferische Arbeit des Künstlers durchdringt. Mit Oswald Schwemmer lässt sich dieser Gedanke so formulieren: „Im Bild des Malers wie in seinem Blick wird sozusagen eine *Basisdemokratie des überhaupt Sichtbaren* errichtet, in der die Herrschaft der Gegenstände aufgehoben ist und das durch unser alltäglich

---

wirken. Read sagt uns, dass die Bildung von diskursiven Formen notwendigerweise von der symbolischen Artikulation unserer sinnlichen Welt abhängt. Deshalb sind Bilder und andere sinnlichen Formen wichtige Symbole für die Erfüllung und Entwicklung der Sprache. Die Bilder der Kunst aufgrund ihrer sinnlichen Immanenz erneuern auf dieser Weise unsere Aufmerksamkeit, verstärken unser Bewusstsein von Präsenz. Read, Herbert, *Icon an Idea. The Function of Art in the Development of Human Consciousness*, London, Faber and Faber, 1955, S. 53.

[330] Cassirer, Ernst, *Versuch über den Menschen*, A.a.O., S. 260.
[331] Ebd.

übersehendes Sehen visuell Entrechtete und Vergessene wieder zum Vorschein gebracht wird."[332] „Basisdemokratie", so möchte ich hiermit zuletzt hinzufügen, denn ihre ästhetische Begründung erlaubt parallel – oder zumindest evoziert – einen utopischen Vorblick des Neuen, des Noch-Nicht-Gesehenen, des Noch-Nicht-Geschaffenen.

6.5 Schluss

Mit unserer letzten Bemerkung über die Verbindung von „Werk" und „Welt" haben wir den Weg zum Bild – die Zielrichtung zur Immanenz der Kunst – als einen möglichen Weg zur Wirklichkeit charakterisiert, und damit hat sich auch gezeigt, dass eine ikonophobische Auffassung des Bildes wegen seiner angeblichen Kongruenz oder Fusion mit den wirklichen Gegenstandsformen keinen Grund hat, solange der Ausgangspunkt einer Bildtheorie kein Ähnlichkeitsverhältnis voraussetzt, sondern vielmehr ein Symbolverhältnis. Dies bleibt immer als eine wichtige Voraussetzung sowohl für eine Analyse der allgemeinen konventionellen Bildarten, als auch für eine Auslegung der kunstbildlichen Symbolkonfigurationen bezüglich ihrer Wirkung auf unser alltägliches Wahrnehmen. Denn die Umdrehung der Prägnanzbildung in der Kunst bedeutet im Endeffekt ein *Zurückkehren* in die Welt unserer sinnlichen Erfahrung. Die Vorbereitung auf dieses Zurückkehren fängt bereits, wie vorher erwähnt, mit der kreativen Schaffung einer individuellen und damit nichtreproduzierbaren Präsenz an. Ein zweiter Schritt geschieht dann, wenn das Einheitserlebnis der expressiven und physischen Individualität des Bildes auf unsere Wahrnehmung der Welt übertragbar wird und zu einer wahren Entdeckung und Individualisierung unserer Wirklichkeit führt. Aus diesem Grunde

---

[332] Schwemmer, Oswald, *op. cit.*, S. 169. Die Hervorhebung ist von mir.

können wir auch und zuletzt über eine echte Pädagogie des Sinnlichen sprechen, die die künstlerischen Bilder mit ihrer Betonung und Verstärkung des Konkreten, des Physiognomischen, der materiellen Präsenz ans Licht bringen.

KONKLUSION

Die von uns eingeführten vier Hauptfragen am Anfang dieser Reflexion über den Bildbegriff haben eine Gliederung der bildlichen Wahrnehmungsprozesse in kulturelle Sinnerzeugungsprozesse der Prägnanzbildung zur Folge gehabt. Mit Hilfe von Cassirers Philosophie war es möglich, eine plausible Begründung für den Zusammenhang von Bild, Wahrnehmung und symbolischen Formen ans Licht zu bringen und daraus andererseits kritische Maßstäbe für die Bestimmung und Differenzierung der menschlichen Bilderfahrungen zu erkennen. Der Cassirersche Begriff der „symbolischen Prägnanz", der im Mittelpunkt unserer Reflexion steht, hat den Weg für eine solche Bestimmung und Differenzierung frei gemacht. Sowohl das Spannungsverhältnis von Sinnmodalitäten innerhalb des Prägnanzprozesses, als auch das Spannungsverhältnis von künstlerischen und nicht-künstlerischen Bildern haben so gesehen die theoretische Idee unterstrichen, dass jede bildliche Symbolkonfiguration keinem linearen Symbolisierungsprozess entspricht – das heißt, in unserer Sprache, sie ist kein bloßer phänomenologischer oder semiotischer Transparenzprozess. Es ist anzunehmen – wenn man diese Sichtweise noch verschärfen möchte –, dass aufgrund solcher Spannungsverhältnisse das, was wir im Endeffekt als Bild erleben, eine hochkomplexe Wahrnehmungsgliederung erfordert, die nicht nur – wie üblicherweise gedacht – in den Symbolisierungsmodi der Sprache zu finden ist. Diese Komplexität verweist im Grunde genommen auf die prägnante Gliederung von Sinnlichkeit und Sinn, die, wie Cassirer sie verstanden hat, eine der Hauptschlüssel für das Verstehen der menschlichen Symbolfähigkeit und ebenso der Differenz ist, die sich aus seinen kulturellen Schöpfungen ergibt.

Was das Bild angeht, haben wir aus diesem Grunde zwei typische Prägnanzrichtungen, zwei Gliederungsmodi von Sinnlichkeit und Sinn anerkannt: den Korrespondenz-Charakter der nicht-künstlerischen Bilder und den Immanenz-Charakter der künstlerischen Bilder. In der Erscheinungsbewegung der nicht-künstlerischen Bilder, wie wir gesehen haben, zeigt und verstärkt sich eine Art Dissonanz zwischen Bild und Sinnlichkeit, Form und Medium: das Bild bringt zur Erscheinung vornehmlich seine außerbildliche Bedeutung. Als Kunstwerk verstanden bringt sich im Gegenteil das Bild selbst zur Erscheinung. Es ist genau dieser „Weg zum Bild", der sich im Kunstästhetischen erfüllt, der uns zugleich eine klare Antwort auf unsere vierte Hauptfrage – die Frage nach einer normativen Bestimmung des Bildbegriffs – geben kann. Die normative Bestimmung des Bildbegriffs beruht in diesem Sinne auf zwei Seiten, die mit unserer Analyse des Kunstästhetischen erkennbar geworden sind. Auf der einen Seite hat sich grundlegend gezeigt, dass dem Bild als Kunstwerk verstanden ein eigener Prägnanzmodus mit einem Immanenz-Charakter inhäriert, der ihm zugleich einen Symbol- und Kulturstatus *sui generis* gibt. Es ist ein Kulturobjekt, ein geschaffenes Symbol, mittels welchem wir unsere ästhetische Erfahrung artikulieren und erleben; aber es ist auch ein Kulturobjekt seinerseits, das aufgrund seiner Immanenz, seiner untrennbaren Einheit von Symbol und Symbolisiertem immer die Möglichkeit seiner expressiven sinnlichen Individualität zu erneuern trägt – es ist ein lebendiges Symbol. Auf der anderen Seite hat sich offenbart, dass eine solche Einheit von Symbol und Symbolisiertem auch einer Einheit von Form und materiellen Medium entspricht. Eine bloß repräsentationistische Auffassung des bildlichen Symbolisierungsprozesses wurde damit vermieden, ebenso die auf eine Ähnlichkeitstheorie gestützte Annahme einer linearen Reproduzierbarkeit des Bildwerks.

Die Normativität kommt in diesem Sinne aus diesen beiden Grunddimensionen. Und deswegen ist sie nicht als eine reine „begriffliche" zuerst zu verstehen, sondern vielmehr als eine echte „sinnliche" – expressive und physische – Normativität. Begrifflich ist jedoch ihre Verwendungsmöglichkeit. Denn wenn wir diese normative Prämisse, die das Bild als Kunstwerk in seiner irreduziblen Individualität und Prägnanzbildung zum Ausdruck bringen, berücksichtigen, kommt auch die Möglichkeit eines kritischen Kriteriums bezüglich einer so oft propagierten Rede des „Bildersturms" und der „Ohnmacht des Worts" gegen ein angebliches „visuelles Zeitalter" unserer Kulturen ins Spiel. Inwieweit aber stellt solch eine vermeintliche Bildstörung die Macht des Worts in Frage? Und bedeutet sie notwendigerweise ein Übergewicht des Visuellen? Wenn man eine klare Demarkationslinie zwischen künstlerischen Bildern und konventionellen Abbildungen feststellt, und wenn man andererseits letztere mit der kennzeichnenden Dynamik der sprachlichen Zeichen vergleicht – insbesondere bezüglich der Art und Weise der Symbolisierung und der Reproduktionsmöglichkeiten –, dann wird auch deutlich, dass die Rede des Bildersturms und des visuellen Zeitalters keinen eindeutigen gerechtfertigten Grund hat. Allein die Tatsache, dass Bilder ein Sehen und ein Gesehenwerden erfordern und hervorrufen, bedeutet jedoch noch nicht, dass ihre Artikuliertheit nur gemäß einer Ordnung des Visuellen geformt ist. Sichtbares und Visuelles sind keineswegs Synonyme. Das, was sichtbar ist, hat nicht immer eine reine visuelle Natur. Ein durchsichtiges Beispiel dafür bieten die neuen elektronischen Medien: das Verhältnis von Text und Bild – wie zum Beispiel auf Internetseiten – enthüllt in manchen Fälle eine Subordination der Artikulation des Bildes unter die Artikulation des Textes, nämlich das Bild wird gesehen durch die Konfigurationsweise des Lesens, weil es erscheint (und verschwindet) buchstäblich im abhängigen Zusammenhang mit der sukzessiven Linearität des Textes. So betrachtet, muss man auch vielmehr von einer sozusagen Versprachlichung beziehungsweise Verschriftlichung des Bildes sprechen, von einem Individualitätsverlust seiner Sinnlichkeit und einer Verschärfung seines Verhältnisses zur Sprache. Dass aufgrund dieses Verhältnisses andererseits selbst die Sprache neue Bestimmungen und Artikulationsprofile erwirbt, dass sie gewissermaßen aus diesem Grunde eine Art Verbildlichung auch widerspiegeln kann, bleibt heute wie zuvor als grundlegendes Indiz dafür, dass die Selbständigkeit und Wirkung eines Kulturmediums immer im direkten Zusammenhang mit dem gesamten Spektrum der Kulturmedien und ihrer zugehörigen symbolischen Formen angeschaut werden soll. Darum impliziert meiner Meinung nach eine Bildreflexion mehr nur als ein bildtheoretisches Feld, sondern sie soll in erster Linie versuchen zu erläutern, wie die Welt der kulturellen Artikulationsformen und die verschiedenen bildlichen Formen in Bezug zueinander gesetzt werden können. Unsere Reflexion über den Bildbegriff, die an diesem Punkt zu Ende kommt, war nur ein kleiner Beitrag dazu.

BIBLIOGRAPHIE

Alberti, Leon Battista, *Della Pittura – Über die Malkunst*, Hrsg. und übers. von Oskar Bätschmann und Sandra Gianfreda, Darmstadt, Wissenschaftliche Buchgesellschaft, 2007.

Baensch, Otto, *Art and Feeling*, in: *Reflections on Art. A source book of writings by artists, critics, and philosophers*, Edited by Susanne Langer, New York, Oxford University Press, 1961, S. 10-36.

Balázs, Béla, *Der Sichtbare Mensch*, In: *Der Film. Werden und Wesen einer neuen Kunst*, Wien, Globus Verlag, 1961, S. 31-39.

Bell, Clive, *Art*, London, Chatto & Windus, 1949.

Belting, Hans, *Bild-Anthropologie. Entwürfe für eine Bildwissenschaft*, München, Wilhelm Fink Verlag, 3. Aufl., 2006.

Belting, Hans, *Bild und Kult. Eine Geschichte des Bildes vor dem Zeitalter der Kunst*, München, Verlag C. H. Beck, 6. Aufl., 2004.

Benjamin, Walter, *Das Kunstwerk im Zeitalter seiner technischen Reproduzierbarkeit*, in: Walter Benjamin, Medienästhetische Schriften, Auswahl und Nachwort von Detlev Schöttker, Frankfurt am Main, Suhrkamp Verlag, 2002, S. 351-383.

Boehm, Gottfried, *Sehen. Hermeneutische Reflexionen*, In: *Kritik des Sehens*, Hrsg. von Ralf Konersmann, Leipzig, Reclam Verlag, 2. Aufl., 1999, S. 272-298.

Boehm, Gottfried (Hrsg.), *Was ist ein Bild?*, München, Wilhelm Fink Verlag, 4. Aufl., 2006.

Bourdieu, Pierre, *Zur soziologie der symbolischen Formen*, Übers. von Wolfgang Fietkau, Frankfurt am Main, Suhrkamp Verlag, 1974.

Bühler, Karl, *Ausdruckstheorie. Das System an der Geschichte aufgezeigt*, Jena, Verlag Gustav Fischer, 1933.

Burke, Edmund, *A philosophical inquiry into the origins of our ideas of the sublime and beautiful: with an introductory discourse concerning taste*, Baltimore, William & Joseph Neal, 1833.

Cassirer, Ernst, *Die Philosophie der Aufklärung*, Mit einer Einl. von Gerald Hartung und einer Bibliogr. der Rezensionen von Arno Schubbach, Hamburg, Felix Meiner Verlag, 1998.

Cassirer, Ernst, *Erkenntnis, Begriff, Kultur*, Hrsg., eingeleitet sowie mit Anm. und Reg. versehen von Rainer A. Bast, Hamburg, Felix Meiner Verlag, 1993.

Cassirer, Ernst, *Freiheit und Form. Studien zur deutschen Geistgeschichte*, Gesammelte Werke, Hamburger Ausgabe, Hrsg. von Birgit Recki, Band 7, Text und Anm. berarb. von Reinold Schmücker, Hamburg, Felix Meiner Verlag, 2001.

Cassirer, Ernst, *Geist und Leben. Schriften zu den Lebensordnungen von Natur und Kunst, Geschichte und Sprache*, Hrsg. von Ernst Wolfgang Orth, Leipzig, Reclam Verlag, 1993.

Cassirer, Ernst, *Idee und Gestalt*, Darmstadt, Wissenschaftliche Buchgesellschaft, 1971.

Cassirer, Ernst, *Nachgelassene Manuskripte und Texte*, Hrsg. von Klaus Christian Köhnke, John Michael Krois und Oswald Schwemmer, Band 3: *Geschichte. Mythos. Mit Beilagen: Biologie, Ethik, Form, Kategorienlehre, Kunst, Organologie, Sinn, Sprache, Zeit*, Hrsg. von Klaus Christian Köhnke, Herbert Kopp-Oberstebrink und Rüdiger Kramme, Hamburg, Felix Meiner Verlag, 2002.

Cassirer, Ernst, *Nachgelassene Manuskripte und Texte*, Hrsg. von Klaus Christian Köhnke, John Michael Krois und Oswald Schwemmer, Band 5: *Kulturphilosophie. Vorlesungen und Vorträge 1929-1941*, Hrsg. Von Rüdiger Kramme unter Mitarbeit von Jörg Fingerhut, Hamburg, Felix Meiner Verlag, 2004.

Cassirer, Ernst, *Philosophie der symbolischen Formen, Erster Teil: Die Sprache*, Darmstadt, Wissenschaftliche Buchgesellschaft, 10. Aufl., 1994.

Cassirer, Ernst, *Philosophie der symbolischen Formen, Zweiter Teil: Das mythische Denken*, Darmstadt, Wissenschaftliche Buchgesellschaft, 9. Aufl., 1994.

Cassirer, Ernst, *Philosophie der symbolischen Formen, Dritter Teil: Phänomenologie der Erkenntnis*, Darmstadt, Wissenschaftliche Buchgesellschaft, 10. Aufl., 1994.

Cassirer, Ernst, *Symbol, Myth, and Culture. Essays and Lectures of Ernst Cassirer 1935-1945*, Edited by Donald Phillip Verene, New Haven and London, Yale University Press, 1979.

Cassirer, Ernst, *Symbol, Technik, Sprache. Aufsätze aus den Jahren 1927-1933*, Hrsg. von Ernst Wolfgang Orth und John Michael Krois unter Mitwirkung von Josef M. Werle, Hamburg, Felix Meiner Verlag, 2. Aufl., 1995.

Cassirer, Ernst, *Versuch über den Menschen. Einführung in eine Philosophie der Kultur*, Aus dem Englischen übers. von Reinhard Kaiser, Hamburg, Felix Meiner Verlag, 1996.

Cassirer, Ernst, *Vom Mythus des Staates*, Übers. von Franz Stoessl, Hamburg, Felix Meiner Verlag, 2002.

Cassirer, Ernst, *Wesen und Wirkung des Symbolbegriffs*, Darmstadt, Wissenschaftliche Buchgesellschaft, 8. Aufl., 1994.

Cassirer, Ernst, *Zur Logik der Kulturwissenschaften: fünf Studien*, Darmstadt, Wissenschaftliche Buchgesellschaft, 5. Aufl., 1989.

Cassirer, Ernst, *Zur Modernen Physik*, Darmstadt, Wissenschaftliche Buchgesellschaft, 7. Aufl., 1994.

Cohnitz, Daniel & Rossberg, Marcus, *Nelson Goodman*, Chesham, Acumen, 2006.

Collingwood, R. G., *The Principles of Art*, London/New York, Oxford University Press, 1958.

Coulmas, Florian, *Über Schrift*, Frankfurt am Main, Suhrkamp Verlag, 1982.

Croce, Benedetto, *Estetica come scienza dell'expressione e linguistica generale*, A cura di Giuseppe Galasso, Milano, Adelphi Edizioni, Seconda edizione, 2005.

Dagognet, François. *Philosophie de l'image*, Paris, Éditions Vrin, 1989.

Damásio, António, *Emotion and the Human Brain*, In: *Unity of knowledge: the convergence of natural and human science*, Edited by António Damásio [et al.], Annals of the New York Academy of Sciences, Vol. 935, New York, 2001, S. 101-106.

Darwin, Charles, *The Expression of the Emotions in Man and Animals*, With a Preface by Konrad Lorenz, Chicago & London, The University of Chicago Press, 1965.

Deregowski, Jan B., *Pictorial Perception and Culture*, In: *Image, Object, and Illusion*, San Francisco, Scientific American, 1974, S. 79-85.

Dewey, John, *Kunst als Erfahrung*, Übers. von Christa Velten, Gerhard vom Hofe und Dieter Sulzer, Frankfurt am Main, Suhrkamp Verlag, 1988.

Dewey, John, *Philosophie und Zivilisation*, Übers. von Martin Suhr Frankfurt am Main, Suhrkamp Verlag, 2003.

Durkheim, Émile, *Les formes élémentaires de la vie religieuse*, Paris, Presses Universitaires de France, 5. Édition, 2005.

Eco, Umberto, *Zeichen. Einführung in einem Begriff und seine Geschichte*, Übers. von Günter Memmert, Frankfurt am Main, Suhrkamp Verlag, 1977.

Elkins, James, *Pictures & Tears. A History of People Who Have Cried in Front of Paintings*, New York/London, Routledge Chapman & Hall, 2001.

Fineman, Mark, *The Inquisitive Eye*, New York, Oxford University Press, 1981.

Fink, Eugen, *Studien zur Phänomenologie 1930-1939*, Den Haag, Martinus Nijhoff, 1966.

Focillon, Henri, *Vie des Formes*, Paris, Presses Universitaires de France, 3. Édition, 1947.

Fodor, Jerry A., *The Language of Thought*, Cambridge, Massachusetts, Harvard University Press, 1975.

Frazer, James, *The Golden Bough. A study of magic and religion*, London, Wordsworth Editions, 1993.

Friedrich, Johannes, *Geschichte der Schrift. Unter besonderer Berücksichtigung ihrer geistigen Entwicklung*, Heidelberg, Carl Winter, Universitätsverlag, 1966.

Frisby, John P., *Seeing: Illusion, Brain and Mind*. Oxford, Oxford University Press, 1979.

Fry, Roger, *Vision and Design*, London, Chatto and Windus, 1929.

Gadamer, Hans-Georg, *Wahrheit und Methode. Grundzüge einer philosophischen Hermeneutik*, 6. Aufl., Tübingen, J. C. B. Mohr (Paul Siebeck), 1990.

Gehlen, Arnold, *Der Mensch. Seine Natur und seine Stellung in der Welt*, Wiebelsheim, Aula-Verlag, 14. Aufl., 2004.

Gehlen, Arnold, *Studien zur Anthropologie und Soziologie*, Neuwied am Rhein und Berlin, Luchterhand Verlag, 1963.

Gibson, James J., *A theory of Pictorial Perception*, Audio-Visual Communication Review 1, 3, 1954, S. 3-23.

Gibson, James J., *The Ecological Approach to Visual Perception of Pictures?*, Leonardo, Vol. 11, Pergamon Press, 1978, S. 227-235.

Gibson, James J., *The information available in pictures*, Leonardo, Vol. 4, Pergamon Press, 1971, S. 27-35.
Goethe, Johann Wolfgang von, Werke, Hamburger Ausgabe in 14 Bänden., Hrsg. Von Erich Trunz, München, Beck, 1982.
Gombrich, E. H., *Art and Illusion. A study in the psychology of pictorial representation*, Oxford, Phaidon Press, Fifth Edition, 1977.
Gombrich, E. H., *The Image and the Eye. Further studies in the psychology of pictorial representation*, Oxford, Phaidon Press, Second Edition, 1986.
Goodman, Nelson, *Kunst und Erkenntnis*, In: *Theorien der Kunst*, Hrsg. von Dieter Henrich und Wolfgang Iser, Übersetzt von Jürgen Schlaeger, bearbeitet von Dieter Henrich, Frankfurt am Main, Suhrkamp Verlag, 4. Aufl., 1993, S. 569-591.
Goodman, Nelson, *Sprachen der Kunst. Entwurf einer Symboltheorie*, Übers. von Bernd Philipi, Frankfurt am Main, Suhrkamp Verlag, 2. Aufl., 1998.
Goodman, Nelson, *Vom Denken und anderen Dingen*, Übers. von Bernd Philippi, Frankfurt am Main, Suhrkamp, 1987.
Goodman, Nelson, *Weisen der Welterzeugung*, Übers. von Max Looser, Frankfurt am Main, Suhrkamp Verlag, 1990.
Goodman, Nelson, Elgin, Catherine Z., *Revisionen: Philosophie und andere Künste und Wissenschaften*, Übers. von Bernd Philippi, Frankfurt am Main, Suhrkamp Verlag, 1993.
Gregory, Richard L. *Eye and Brain: The Psychology of Seeing*, Oxford, Oxford University Press, 4. Edition, 1990.
Gregory, Richard L & Gombrich, E. H. (Eds.), *Illusion in Nature and Art*, London, Duckworth, 1973.
Gregory, Richard L. *The Intelligent Eye*, London, Weidenfeld & Nicolson, 1970.
Hegel, G. W. F., *Vorlesungen über die Ästhetik*, In: *Ästhetik*, Band I, Hrsg. von Friedrich Bassenge, Berlin und Weimar, Aufbau-Verlag, 3. Aufl., 1976.
Hegel, G. W. F., *Vorlesungen über die Philosophie der Kunst*, Hrsg. von Annemarie Gethmann-Siefert, Hamburg, Felix Meiner Verlag, 2003.
Heidegger, Martin, *Der Ursprung des Kunstwerkes*, In: *Holzwege*, Gesamtausgabe, I. Abteilung: Veröffentliche Schriften 1914-1970, Band 5, Frankfurt am Main, Vittorio Klostermann, 1977, S. 1-75.
Helmholtz, Hermann von, *Die Thatsachen in der Wahrnehmung*, in: *Vorträge und Reden von Hermann von Helmholtz*, 2. Band, 5. Aufl., Braunschweig, Verlag von Friedrich Vieweg und Sohn, 1903, S. 213-247.
Hogarth, William, *The Analysis of Beauty*, Edited with an Introduction and Notes by Ronald Paulson, New Haven & London, Yale University Press, 1997.
Hopkins, Robert, *Picture, Image and Experience*, Cambridge, Cambridge University Press, 1998.
Hugo, Victor, *Notre-Dame de Paris I*, V Livre, Paris, Librairie de L. Hachette et Cie., 1861, S. 207-224.

Humboldt, Wilhelm von, *Schriften zur Sprachphilosophie*, Werke in fünf Bänden, Band III, Hrsg. von Andreas Flitner und Klaus Giel, Berlin, Rütten & Loening, 1963.

Husserl, Edmund, *Cartesianische Meditationen. Eine Einleitung in die Phänomenologie*, Hrsg., eingeleitet und mit Reg. vers. von Elisabeth Ströker, 3. Aufl., Hamburg, Felix Meiner Verlag, 1995.

Husserl, Edmund, *Ding und Raum: Vorlesungen 1907*, Hrsg. von Karl-Heinz Hahnengress und Smail Rapic, Mit einer Einl. von Smail Rapic, Text nach Husserliana, Band XVI, Hamburg, Felix Meiner Verlag, 1991.

Husserl, Edmund, *Ideen zu einer reiner Phänomenologie und phänomenologischen Philosophie: allgemeine Einführung in die reine Phänomenologie*, Tübingen, Max Niemeyer Verlag, 6. Aufl., 2002.

Husserl, Edmund, *Logische Untersuchungen*, Bd. 2, Teil 1: *Untersuchungen zur Phänomenologie und Theorie der Erkenntnis*, Tübingen, Max Niemeyer Verlag, 7. Aufl., 1993.

Husserl, Edmund, *Logische Untersuchungen*, Bd. 2, Teil 2: *Elemente einer phänomenologischen Aufklärung der Erkenntnis*, Tübingen, Max Niemeyer Verlag, 6. Aufl., 1993.

Husserl, Edmund, *Phänomenologische Psychologie*, Hrsg. und eingeleitet von Dieter Lohmar, Text nach Husserliana, Band IX, Hamburg, Felix Meiner Verlag, 2003.

Husserl, Edmund, *Phantasie und Bildbewußtsein*, Hrsg. und eingeleitet von Eduard Marbach, Text nach Husserliana, Band XXIII, Hamburg, Felix Meiner Verlag, 2006.

Husserl, Edmund, *Phantasie, Bildbewusstsein, Erinnerung. Zur Phänomenologie der Anschaulichen Vergegenwärtigungen*, Texte aus dem Nachlass (1898-1925), Husserliana Band XXIII, Hrsg. von Eduard Marbach, The Hague, Netherlands, Martinus Nijhoff, 1980.

Imdahl, Max, *Zur Kunst der Moderne*, In: Gesammelte Schriften, Band. I, Hrsg. von Angeli Janhsen-Vukićević, Frankfurt am Main, Suhrkamp Verlag, 1996.

Imdahl, Max, *Zur Kunst der Tradition*, Gesammelte Schriften, Band 2, Hrsg. von Gundolf Winter, Frankfurt am Main, Suhrkamp Verlag, 1996.

Imdahl, Max, *Reflexion – Theorie – Methode*, Gesammelte Schriften, Band 3, Hrsg. von Gottfried Boehm, Frankfurt am Main, Suhrkamp Verlag, 1996.

Jonas, Hans, *Die Freiheit des Bildens: Homo pictor und die differentia des Menschen*, In: *Zwischen Nichts und Ewigkeit. Zur Lehre vom Menschen*, Göttingen, Vandenhoeck & Ruprecht, 1963, S. 26-43.

Jonas, Hans, *Homo Pictor: Von der Freiheit des Bildens*, in: *Was ist ein Bild*, Hrsg. von Gottfried Boehm, München, Wilhelm Fink Verlag, 4. Aufl., 2006, S. 105-124.

Kandinsky, Wassily, *Essays über Kunst und Künstler*, Hrsg. und kommentiert von Max Bill, Bern, Benteli-Verlag, 2. Aufl., 1963.

Kant, Immanuel, *Kritik der Urteilskraft*, Hrsg. von Wilhelm Weischedel, Frankfurt am Main, Suhrkamp Verlag, 1974.

Kaufman, Lloyd, *Sight and Mind: An Introduction to Visual Perception*, New York, Oxford University Press, 1974.

Keifenhein, Barbara, *Wege der Sinne. Wahrnehmung und Kunst bei den Kashinawa-Indianern Amazoniens*, Frankfurt/New York, Campus Verlag, 2000.
Krois, John Michael, *Cassirer und die Politik der Physiognomik*, In: *Der exzentrische Blick: Gespräch über Physiognomik*, Hrsg. von Claudia Schmölders, Berlin, Akademie Verlag, 1996, 213-226.
Krois, John Michael, *Cassirer, Symbolic Forms and History*, New Haven, London, Yale University Press, 1987.
Langer, Susanne, *Feeling and Form. A theory of art developed from Philosophy in a New Key*, New York, Charles Scribner's Sons, 1953.
Langer, Susanne, *Philosophy in a new key. A study in the symbolism of reason, rite, and art*, Cambridge, Massachusetts, London, Harvard University Press, Third Edition, 1956.
Langer, Susanne K., *Philosophical Sketches*, New York und London, Mentor, 1964.
Langer, Susanne K., *Problems of Art. Ten Philosophical Lectures*, London, Routledge & Kegan Paul, 1957.
Langer, Susanne (Ed.), *Reflections on Art. A source book of writings by artists, critics, and philosophers*, New York, Oxford University Press, 1961
Leibniz, Gottfried Wilhelm, *Meditationes de Cognitione, Veritate et Ideis/Betrachtungen über die Erkenntnis, die Wahrheit und die Ideen*, In: *Opuscules Méthaphysiques/Kleine Schriften zur Metaphysik*, Hrsg. und Übers. von Hans Heinz Holz, Darmstadt, Wissenschaftliche Buchgesellschaft, 1985, S. 25-47.
Leroi-Gourhan, André, *Le geste et la parole. I. Technique et langage*, Paris, Éditions Albin Michel, 1964.
Lessing, G. E., *Laokoon, oder über die Grenzen von Poesie und Malerei*, Hrsg. von Wilfried Barner, Frankfurt am Main, Deutscher Klassiker Verlag, 2007.
LeWitt, Sol, *Paragraphs on Conceptual Art*, In: *Theories and documents of contemporary art: a sourcebook of artists' writings*, Edited by Kristine Stiles, Peter Howard Selz, California/London, University of California Press, 1996, S. 822-827.
Liebermann, Max, *Die Phantasie in der Malerei. Schriften und Reden*, Berlin, Buchverlag Der Morgen, 1983.
Lopes, Dominic, *Understanding Pictures*, Oxford, Oxford University Press, 1996.
Lüdeking, K., *Zwischen den Linien. Vermutungen zum aktuellen Frontverlauf im Bilderstreit*, in: *Was ist ein Bild?*, Hrsg. von Gottfried Boehm, München, Wilhelm Fink Verlag, 4. Aufl., 2006, S. 344-366.
Luhmann, Niklas, *Die Kunst der Gesellschaft*, Frankfurt am Main, Suhrkamp Verlag, 1995.
Magritte, René, *Écrits complets*, Édition établie et annotée par André Blavier, Paris, Flammarion, 2009.
Malewitsch, Kasimir, *Die Gegenstandlose Welt*, Übers. von Alexander von Riesen, Mainz/Berlin, Florian Kupferberg Verlag, 1980.
Matisse, Henri, *Écrits et propos sur l'art*, Texte, Notes et index établis par Dominique Fourcade, Paris, Hermann, 2005.
Matravers, Derek, *Art and Emotion*, New York, Oxford University Press, 2001.

Mayer, Anton, *Der Gefühlsausdruck in der bildenden Kunst*, Verlegt bei Paul Cassirer in Berlin, 1913.
Merleau-Ponty, Maurice, *Das Auge und der Geist: philosophische Essays*, Hrsg. und übers. von Hans Werner Arndt, Hamburg, Felix Meiner Verlag, 2003.
Merleau-Ponty, Maurice, *Le visible et l'invisible*, Suivi de *Notes de travail*, Texte établi par Claude Lefort, Paris, Galimard, 1964.
Merleau-Ponty, Maurice, *Phénoménologie de la perception*, Paris, Gallimard, 2006
Mitchell, W. J. T., *Iconology: image, text, ideology*, Chicago and London, The University of Chicago Press, 1986.
Mitchell, W. J. T., *Picture Theory: Essays on Verbal and Visual Representation*, Chicago and London, The University of Chicago Press, 1995.
Morris, C. W., *Grundlagen der Zeichentheorie. Ästhetik der Zeichentheorie*, Übers. von Roland Posner unter Mitarbeit von Jochen Rehbein, Frankfurt am Main, Fischer Verlag, 1988.
Nöth, Winfried, *Handbuch der Semiotik*, Stuttgart/Weimar, Verlag J. B. Metzler, 2., vollständig neu bearb. und erw. Aufl., 2000.
Nöth, Winfried, *Warum Bilder Zeichen sind*, In: *Bild-Zeichen. Perspektiven einer Wissenschaft vom Bild*, Hrsg. von Stefan Majetschak, München, Wilhelm Fink Verlag, 2005, S. 49-61.
Panofsky, Erwin, *Die Perspektive als symbolische Form*, In: *Aufsätze zu Grundfragen der Kunstwissenschaft*, Berlin, Haude & Spencer, 2., durchgesehene, erweiterte und verbesserte Aufl., 1974, S. 99-167.
Peirce, Charles S., *Semiotische Schriften*, Band I, Hrsg. und übers. von Christian Kloesel und Helmut Pape, Frankfurt am Main, Suhrkamp Verlag, 1986.
Pollock, Jackson, *My Painting*, In: *American Artists on Art: from 1940 to 1980*, Edited by Ellen H. Johnson, New York, Harper & Row, 1982, S. 4-5.
Read, Herbert, *A Coat of many colours. Occasional Essays*, London, George Routledge & Sons, 1945.
Read, Herbert, *Icon an Idea. The Function of Art in the Development of Human Consciousness*, London, Faber and Faber, 1955.
Reinach, Salomon, *De l'influence des images sur la formation des mythes*, In: Cultes, Mythes et Religions, Édition établie, présentée et annotée par Hervé Duchêne, Paris, Éditions Robert Laffont, 2000, S. 705-715.
Reinhardt, Ad, *Art-as-Art: the selected Writings of Ad Reinhardt*, Edited by Barbara Rose, Berkeley and Los Angeles, University of California Press, 1991.
Rorty, Richard (Edited by), *The Linguistic Turn: Essays in Philosophical Method*, With two Retrospective Essays, Chicago and London, The University of Chicago Press, 1992.
Rothko, Mark, *Die Wirklichkeit des Künstlers. Texte zur Malerei*, Hrsg. von Christopher Rothko, Übers. von Christian Quatmann, München, C. H. Beck, 2005.
Rothko, Mark, *Writings on Art*, Edited by Miguel López-Remiro, New Haven and London, Yale University Press, 2006.

Santayana, George, *The sense of Beauty. Being the outline of aesthetic theory*, New York, Dover Publications, 1955.

Saussure, Ferdinand de, *Cours de linguistique générale*, Édition critique préparée par Tullio de Mauro, Éditions Payot & Rivages, Paris, 2005.

Schapiro, Meyer, *Über einige Probleme in der Semiotik der visuellen Kunst: Feld und Medium beim Bild-Zeichen*, Übers. von Heinz Jatho und Thomas Kisser, In: *Was ist ein Bild?*, Hrsg. von Gottfried Boehm, München, Wilhelm Fink Verlag, 4. Aufl., 2006, S. 253-274.

Scheler, Max, *Die Stellung des Menschen im Kosmos*, Bonn, Bouvier Verlag, 16., durchgesehene Aufl., 2005.

Scheler, Max, *Wesen und Formen der Sympathie*, Hrsg. und mit einen Anhang versehen von Manfred S. Frings, Bonn, Bouvier Verlag, 6. Aufl., 2005.

Schier, Flint, *Deeper into Pictures. An essay on pictorial representation*, Cambridge, Cambridge University Press, 1986.

Schleiermacher, Friedrich, *Ästhetik (1819/25). Über den Begriff der Kunst (1831/32)*, Hrsg. von Thomas Lehnerer, Hamburg, Felix Meiner Verlag, 1984.

Scholz, Oliver R., *Bild, Darstellung, Zeichen. Philosophische Theorien bildlicher Darstellung*, Frankfurt am Main, Klostermann, 2004.

Schwemmer, Oswald, *Die kulturelle Existenz des Menschen*, Berlin, Akademie Verlag, 1997.

Schwemmer, Oswald, *Die Vielfalt der symbolischen Welten und die Einheit des Geistes. Zu Ernst Cassirers "Philosophie der symbolischen Formen"*, In: *Ernst Cassirers Werk und Wirkung. Kultur und Philosophie*, Hrsg. von Dorothea Frede und Reinhold Schmücker, Darmstadt, Wissenschaftliche Buchgesellschaft, 1997, S. 1-57.

Schwemmer, Oswald, *Ernst Cassirer: ein Philosoph der europäischen Moderne*, Berlin, Akademie Verlag, 1997.

Schwemmer, Oswald, *Kulturphilosophie. Eine medientheoretische Grundlegung*, München, Wilhelm Fink Verlag, 2005.

Simmel, Georg, *Der Bildrahmen. Ein ästhetischer Versuch*, In: *Zur Philosophie der Kunst. Philosophische und kunstphilosophische Aufsätze*, Hrsg. von Gertrud Simmel, Potsdam, Gustav Kiepenheuer Verlag, 1922, S. 46-54.

Simmel, Georg, *Philosophie des Geldes*, Gesammelte Werke, Erster Band, Berlin, Duncker & Humblot, 7. Aufl., 1977.

Simmel, Georg, *Philosophie der Landschaft*, in: *Jenseits der Schönheit. Schriften zur Ästhetik und Kunstphilosophie*, Ausg. von Ingo Meyer, Frankfurt am Main, Suhrkamp Verlag, 2008, S. 42-52.

Singer, Wolf, *Das Bild in uns – Vom Bild zur Wahrnehmung*, In: *Iconic Turn. Die neue Macht der Bilder*, Hrsg. von Christa Maar und Hubert Burda, Köln, Dumont, 2004, S. 56-76.

Souriau, Étienne, *Time in the Plastic Arts*, In: *Reflections on Art. A source book of writings by artists, critics, and philosophers*, Edited by Susanne K. Langer, New York, Oxford University Press, 1961, S. 122-141.

Taylor, Richard & Micolich, Adam & Jonas, David, *Using Science to Investigate Jackson Pollock's Drip Paintings*, Journal of Consciousness Studies, 7, No. 8-9, 2000, S. 137-150.

Trabant, Jürgen, *Artikulationen. Historische Anthropologie der Sprache*, Frankfurt am Main, Suhrkamp Verlag, 1998.

Valéry, Paul, *Pièces sur l'art*, Paris, Gallimard, 1962.

Walton, K. L., *Mimesis as Make-Believe: on the foundations of the representational arts*, Cambridge, Massachusetts, London, Harvard University Press, 1990.

Wenzel, Horst, *Hören und Sehen, Schrift und Bild: Kultur und Gedächtnis im Mittelalter*, München, C. H. Beck, 1995.

Werner, Heinz, *Einführung in die Entwicklungspsychologie*, 3., Umgearbeitete Aufl., Johann Ambrosius Barth, München, 1953.

Werner, Heinz, *Grundfragen der Sprachphysiognomik*, Leipzig, Johann Ambrosius Barth, 1932.

Whitehead, A. N., *Process and Reality. An Essay in Cosmology*, Edited by David Ray Griffin and Donald W. Sherburne, New York, The Free Press, 1985,

Whitehead, A. N., *Symbolism. It's Meaning and Effect*, New York, Fordham University Press, 1985.

Wiesing, Lambert, *Artifizielle Präsenz. Studien zur Philosophie des Bildes*, Frankfurt am Main, Suhrkamp Verlag, 2005.

Wind, Edgar, *Warburgs Begriff der Kulturwissenschaft und seine Bedeutung für die Ästhetik*, In: *Bildende Kunst als Zeichensystem*, Band I, Ikonographie und Ikonologie: Theorie, Entwicklung, Probleme, Hrsg. von Ekkehard Kaemmerling, Köln, Dumont Buchverlag, 5. Aufl., 1991, S. 165-184.

Wittgenstein, Ludwig, *Logisch-philosophische Abhandlung/Tractatus logico-philosophicus*, Frankfurt am Main, Suhrkamp Verlag, 2003.

Wollheim, Richard, *Art and its Objects*, Cambridge, Cambridge University Press, Second Edition, 1990.

Centaurus Buchtipp

Magdalena Anna Wojcieszuk

»Der Mensch wird am DU zum ICH«

Eine Auseinandersetzung mit der Dialogphilosophie des XX. Jahrhunderts

Reihe Philosophie, Band 34
2010, 352 S., br.,
ISBN 978-3-86226-012-6, € **18,80**

Die Arbeit hat die Form einer vergleichenden Analyse der dialogischen Entwürfe von Ferdinand Ebner, Martin Buber, Karl Jaspers, Gabriel Marcel und Karl Löwith. Die Hauptintention ist es, die Bedeutung der Intersubjektivität, die als Zwischenmenschlichkeit und Dialog zu verstehen ist, für die Entwicklung der menschlichen Identität darzustellen. Auch wenn der Mensch aufgrund seiner psychischen und physischen Konstruktion ein einzigartiges Individuum ist, das eine einmalige Biographie und ein einmaliges Verhältnis zu sich selbst hat, gründet seine Identität letztendlich in der Relation zum anderen Menschen. Das dialogische Miteinandersein der Menschen soll jedoch nicht als eine unterschiedslose Einheit, sondern als eine zwischenmenschliche Begegnung innerhalb der unendlichen Vielfalt kultureller, sozialer, religiöser oder politischer Unterschiede verstanden werden. Der zwischenmenschliche Dialog ist daher zwangsläufig ein Wechselspiel von Verschiedenheit und Gleichheit, von Eigenständigkeit und Verbundenheit. Als Gegenpositionen zu den dialogischen Konzeptionen werden auch Sartre und Lévinas thematisiert.

»[...] lässt sich das Buch von Magdalena A. Wojcieszuk als fundierte Einführung ausdrücklich empfehlen.«
Meike Siegfried, in: Im Gespräch. Hefte der Martin Buber-Gesellschaft, Nr. 14, 2011, S. 79-84.

www.centaurus-verlag.de

Centaurus Buchtipps

Hellmuth Kiowsky
Anthropofugales Denken in Kontrast mit der Hybris Übermensch
Reihe Philosophie Band 40, 2012, ca. 200 S.,
ISBN 978-3-86226-164-2, **ca. € 23,-**

VHS Lörrach / VHS Weil am Rhein
TAMphilo
Sternstunden aus 10 Jahren philosophischer Erwachsenenbildung
Reihe Philosophie Band 36, 2011, 183 S., geb.
ISBN978-3-86226-015-7, **€ 19,80**

»Das Buch ist eine gute Gelegenheit sich mit philosophischem Denken auseinander zu setzen.«
Mag. Harald G. Kratochvila, Rezension vom 22.06.2011, auf: www.socialnet.de

Hellmuth Kiowsky
Irrweg ins Nichts
Eine kritisch-philosophische Auseinandersetzung mit der Frauenbewegung
Reihe Philosophie Band 37, 2011, 275 S.,
ISBN 978-3-86226-062-1, **€ 22,80**

Robert Langer
Rückentwicklung des Geistes
Reduktion von Komplexität um jeden Preis?
Eine Polemik
Reihe Philosophie Band 32, 2010, 114 S.,
ISBN978-3-8255-0769-5, **€ 23,80**

Roger Andreas Fischer
Vom offenen Geschehen und seiner Bewältigung
Ein Essay
Reihe Philosophie Band 33, 2010, 85 S.,
ISBN 978-3-8255-0771-8, **€ 16,90**

Lothar Stetz
Die gesellschaftstheoretischen Prämissen der Hegelschen Rechtsphilosophie
Eine Untersuchung zur Konzeptualisierung von Gesellschaft und Staat bei G.W.F. Hegel
Soziologische Studien, Bd. 5, 1991, 300 S.,
ISBN 978-3-89085-569-5, **€ 22,50**

Klaus Holz
Historisierung der Gesellschaftstheorie
Zur Erkenntniskritik marxistischer und kritischer Theorie
Soziologische Studien, Bd. 12, 1993, 332 S.,
ISBN 978-3-89085- 823-6, **€ 29,65**

Informationen und weitere Titel unter **www.centaurus-verlag.de**

MIX
Papier aus verantwortungsvollen Quellen
Paper from responsible sources
FSC® C105338

If you have any concerns about our products,
you can contact us on
ProductSafety@springernature.com

In case Publisher is established outside the EU,
the EU authorized representative is:
**Springer Nature Customer Service Center GmbH
Europaplatz 3, 69115 Heidelberg, Germany**

Printed by Libri Plureos GmbH
in Hamburg, Germany